改訂

外国人のための国際結婚手続マニュアル

佐野 誠　宮川 真史　著

日本加除出版株式会社

は じ め に

〜複雑化する国際結婚〜

　ビジネスの国際化や国を超えた民間交流の増加などにより，日本における国際結婚は，めずらしいものではなくなりつつある。

　また，昨今では外国人技能実習制度の改正や，国家戦略特区を活用した職種や地域限定での外国人の受入れが見受けられる。結果として介護，農業，家事支援などの分野においても外国人材の活用が進んでおり，少子高齢化による労働力不足に直面している日本にとって，外国人の受入れとそこから派生するのであろう国際結婚は，今後も増加することが予想される。

　しかし，日本人同士の婚姻に比べると依然として手続上のハードルが高いことは変わりがない。その最たるものが婚姻手続と外国人配偶者の在留資格の取得（ビザ手続）である。

　婚姻手続に関しては人的交流のグローバル化が進むにつれ，以前のように中国，韓国，フィリピンといった日本における国際結婚の大部分を占めていた国の他にも，アフリカや中近東，それに東欧諸国などの国籍者との国際結婚も見かけるようになった。また，様々な国際的バックグラウンドを持つ者が増えたため，二重国籍者や重婚者，それに不法滞在者など，従来の婚姻手続では考えられないような複雑なケースも増加している。そのため，婚姻届を受け付ける市区町村役場だけでは対応できないケースも頻繁に見られるようになり，状況によっては2か国間にわたる法律知識が必要になることも珍しくない。

　一方，ビザ手続に関しては，国際結婚を装って日本に不正に入国しようとする者が少なからず存在することは確かであり，このような者を排除するためにその審査は年々厳しさを増している。出会いや婚姻に至るまでの経緯が不自然であったり，配偶者のどちらかに法律違反の事実があるようなケースでは在留資格の取得は非常に難しくなる。もちろん誰とどのような経緯で婚

姻するかは本人たちの自由であるが，その結果として在留資格が与えられるかどうかは別の話である。そのため，婚姻が成立していても配偶者を日本に呼び寄せることができず，婚姻が破綻するケースもしばしば見られる。

　このように国際結婚においては様々な複雑な要素が入り混じることが多く，婚姻から外国人配偶者の日本滞在までの広範囲を見渡すマクロ的な視野と，個々の手続を進めていくための現場に入り込んだミクロ的視野の2つの視点をバランスよく使い分けることが要求される。とはいえ，複雑化した国際結婚手続においては決まった方法などが確立されている訳ではなく，その場の状況に応じて適宜ベストと思われる打ち手を考え実行しなければならないケースが大半を占める。本書では国際結婚における概略として基本的な事項を記載しているが，当然のように例外も多く存在する。また，国際結婚を巡る環境は，新たな条約の締結や法改正などにより，日々，変化している。そのため，個別具体的な判断においては，法務省，各国大使館，地方入国管理局，市区町村役場などに確認された上で行動されることを強く勧める。

　終わりに，黒木忠正氏（元東京入国管理局長・元国際研修協力機構常勤理事）には，初版の際，入管法に関わる部分においてご助言を頂くとともに細部にわたりご指導を頂いた。あらためてここに深く謝意を表する。

　本書が国際結婚手続を行う者にとって，少しでも役に立てば幸いである。

　2017年10月

　　　　　　ACROSEEDグループ代表　行政書士　佐　野　　誠

改訂 外国人のための
国際結婚手続マニュアル

目次

はじめに ～複雑化する国際結婚～ ──────────── 1

第1章 国際結婚手続総論

1. 国際結婚とは ─────────────────────── 1
2. 国際結婚をするために必要な手続 ─────────── 3
3. 国際結婚を前提とした民法知識 ──────────── 6
   1　婚姻の成立 ─────────────────────── 7
     (1)　婚姻の実質的要件 ───────────────── 7
       ア　婚姻意思の合致 ───────────────── 7
       イ　実質的意思説と形式的意思説 ──────── 7
     (2)　婚姻障害事由 ──────────────────── 9
       ア　婚姻適齢 ──────────────────── 10
       イ　重婚の禁止 ─────────────────── 10
       ウ　再婚禁止期間 ───────────────── 10
       エ　一定範囲の近親者間での婚姻禁止 ────── 12
       オ　婚姻の無効・取消し ──────────── 13

第2章 国際結婚と法律

1. 国際結婚に必要な法律知識 ─────────────── 19
   1　婚姻の成立 ─────────────────────── 20
   2　一方的要件と双方的要件 ─────────────── 21
   3　反　致 ───────────────────────── 23
   4　婚姻方式と挙行地法 ─────────────────── 25

3

5　当事者の一方の本国法 ————————————— 26

2．外国人との婚姻に際しての必要書類 ————————— 27

　1　創設的届出と報告的届出 ——————————————— 28

　2　婚姻要件具備証明書 ————————————————— 30

　3　外国人との婚姻手続総論 —————————————— 30

　⑴　「創設的届出」に必要となる書類 ———————————— 31

　⑵　「報告的届出」に必要となる書類 ———————————— 31

　⑶　婚姻要件具備証明書が提出できない場合 ——————— 33

第3章　国別の国際結婚手続

1．配偶者の国籍が中国の場合 ————————————— 35

　1　婚姻の実質的成立要件 ——————————————— 35

　2　婚姻の形式的成立要件 ——————————————— 38

　3　中国国内での婚姻手続に必要な日本人の婚姻要件具備

　　証明書 ————————————————————————— 44

　4　中国で婚姻手続を行う場合 ————————————— 45

　5　日本で婚姻手続を行う場合 ————————————— 47

2．韓国人との婚姻 ——————————————————— 49

　1　婚姻の実質的成立要件 ——————————————— 49

　2　婚姻の形式的成立要件 ——————————————— 50

　3　韓国で婚姻手続を行う場合 ————————————— 52

　4　日本で婚姻手続を行う場合 ————————————— 53

3．フィリピン人との婚姻手続 ————————————— 59

　1　婚姻の実質的成立要件 ——————————————— 59

　2　婚姻の形式的成立要件 ——————————————— 60

　3　フィリピンで婚姻手続を行う場合 —————————— 62

　　ア　婚姻要件具備証明書の取得 ————————————— 62

　　イ　婚姻許可証の取得 ————————————————— 63

ウ　挙　式 ——————————————————————— 64

エ　婚姻証明書の取得 ————————————————— 65

オ　婚姻届の提出 ————————————————————— 65

4　日本で婚姻手続を行う場合 ————————————— 65

第4章　在留手続の基礎

1．出入国管理制度と在留資格 ————————————— 67

1　日本人の配偶者等 ——————————————————— 77

(1)　日本人の配偶者 ——————————————————— 77

(2)　日本人の特別養子 ————————————————— 77

(3)　日本人の子として出生した者 —————————— 77

2　永住者の配偶者等 —————————————————— 78

3　定住者 ————————————————————————— 79

4　家族滞在 ——————————————————————— 82

2．ビザと在留資格 ————————————————————— 83

3．査証免除国と短期滞在 ————————————————— 85

4．上陸手続と在留資格認定証明書 ———————————— 96

1　事前協議方法（海外の在外公館に直接申請する方法）———— 96

2　「在留資格認定証明書」による方法 ————————— 98

5．在留期間更新許可申請 ————————————————— 100

6．在留資格変更許可申請 ————————————————— 101

7．再入国の許可（みなし再入国許可）（入管法第26条）と

は？ ————————————————————————————— 104

1　概　要 ————————————————————————— 104

2　再入国許可 —————————————————————— 104

3　みなし再入国許可 —————————————————— 106

第5章　ケース別の在留手続

1．日本人と外国人が結婚するケース ———————— 107

1　日本に呼び寄せるケース ———————————— 107
⑴　一般的なケース ————————————————— 107
ア　配偶者が海外（査証免除国ではない）に在住して
いて日本に呼び寄せる場合 ————————————— 107

イ　配偶者が海外（査証免除国）在住で日本に呼び寄
せる場合 —————————————————————— 124

⑵　退去強制歴があるケース ——————————————— 128
ア　在留特別許可が不許可となり，再度呼び寄せの手
続をするケース ——————————————————— 128

イ　今回の結婚とは別に，過去に退去強制されたこと
があるケース ———————————————————— 130

2　既に国内に滞在しているケース ———————— 132
⑴　一般的な国際結婚の場合 ——————————————— 132
ア　外国人配偶者が再婚で，既に「日本人の配偶者
等」の在留資格を保有している場合 ——————— 132

イ　外国人配偶者が「日本人の配偶者等」以外の在留
資格を保有しているケース ————————————— 133

⑵　不法滞在しているケース ——————————————— 139
ア　退去強制手続と在留特別許可 ————————————— 139

イ　在留特別許可に必要な資料 —————————————— 142

ウ　出国命令制度 ————————————————————— 154

エ　退去強制手続の流れ ————————————————— 156

オ　在留特別許可に係るガイドライン（その１）——————— 160

カ　在留特別許可に係るガイドライン（その２）——————— 164

2．国籍が異なる外国人同士の結婚 ———————— 175

1　日本に呼び寄せるケース ———————————— 175

2　国籍が異なる外国人同士の結婚で既に国内に滞在して

いるケース —————————————— 183

３．結婚後の在留手続 —————————————— 192

1　在留期間更新許可 —————————————— 192

2　子どもが生まれ在留資格を取得するケース ——————— 205

3　海外にいる子どもを日本に呼び寄せるケース —————— 208

⑴　未成年で未婚の実子 —————————————— 208

⑵　６歳未満の養子 —————————————— 216

⑶　日本人の実子・特別養子縁組 ————————— 218

4　永住許可 —————————————————— 220

5　帰化申請 —————————————————— 228

４．離婚したケースでの在留手続 ——————————— 243

第６章　国際結婚にまつわるQ&A

１．国際結婚（全般） ————————————————— 253

1　待婚期間の取扱い —————————————— 253

2　国際結婚と戸籍の扱い ————————————— 254

3　国際結婚と日本人の姓 ————————————— 255

4　海外での国際結婚手続 ————————————— 256

２．結婚手続 ———————————————————— 257

1　婚姻届と受理伺い —————————————— 257

2　中国（台湾）の人との結婚手続 ————————— 258

3　婚姻要件具備証明書を発行してもらえない場合 ————— 259

３．在留手続 ———————————————————— 260

1　在留資格認定証明書交付申請が不交付 —————— 260

2　発行された在留資格認定証明書を紛失 —————— 261

3　夫婦が別居している場合 ———————————— 262

4　日本人の夫が無職になってしまった ——————— 263

5　子どもを母国の学校に通わせたい ———————— 264

4．在留特別許可 ——————————————— 265

   1   出頭後の警察による逮捕 ————————————— 265

   2   在留特別許可を希望しているが，一時的に帰国したい —— 266

   3   出頭後に日本人の夫が転職をしたが，手続は必要か —— 267

   4   収容されている者との婚姻手続 ————————————— 268

5．日常生活 —————————————————— 269

   1   新たな在留管理制度 ———————————————— 269

   2   みなし再入国許可制度 —————————————— 270

   3   帰化した後の戸籍や氏名 ———————————— 271

   4   海外でパスポートを紛失 ————————————— 272

   5   指紋認証制度 —————————————————— 273

6．子どもの出生 ————————————————— 274

   1   日本国内で日本人と外国人の間に子が生まれた場合の

     手続 —————————————————————— 274

   2   二重国籍の子どもの国籍選択 ————————————— 275

7．国際結婚と年金制度 ——————————————— 276

   1   日本の年金の仕組み ————————————————— 276

   2   年金加入にかかる金額 ———————————————— 277

   3   外国人でも年金はもらえるのか？ ———————————— 278

   4   外国人が年金の加入期間の条件を満たせない場合は？ —— 279

8．渉外離婚と遺言 ————————————————— 280

   1   日本国内で，日本人と外国人が離婚する場合の法律

     は？ —————————————————————— 280

   2   日本国内で，外国人同士が離婚する場合の法律は？ —— 282

   3   外国人配偶者が亡くなった場合の適用法 ——————— 283

   4   外国人配偶者の遺言が見つかった場合 ———————— 283

巻 末 資 料

外国法規

Ⅰ 大韓民国国際私法（抄）————————————— 287

Ⅱ 大韓民国民法第四編（抄）————————————— 290

Ⅲ 中華人民共和国渉外民事関係法律適用法（抄）————— 295

Ⅳ 中華人民共和国婚姻法（抄）———————————— 298

Ⅴ 中華人民共和国婚姻登記条例（抄）————————— 303

Ⅵ フィリピン家族法（抄）————————————— 306

CHAPTER 1

第 1 章 　**国際結婚手続総論**

1 　国際結婚とは

　交通手段の発達は，人々の国境を越えた交流を容易にした。その結果，驚くべき速さで人流の国際化が進んだ。我が国でも随所にその影響が見られる。道を歩いていても中国の簡体字やハングルなどの外国語で書かれた看板や案内を目にすることが多くなったが，当然，その看板や案内を見るのは日本で暮らす外国人であろう。それほど日本で暮らす外国人が増えたということが容易に想像しうる。

　本年11月からは「外国人の技能実習の適正な実施及び技能実習生の保護に関する法律（平成28年法律第89号）」が施行された。また，国家戦略特区を活用した職種や地域限定での外国人の受入れが多く見受けられる。今後も介護，農業，家事支援などの分野においてもさらに外国人材の活用が進んでおり，少子高齢化による労働力不足に直面している日本にとって，このような流れは増加する一方であると予想される。国境を越えた人の交流は盛んになり，日本で暮らす外国人，外国で暮らす日本人が実際に増えている。当然，外国人との交流も盛んになり，日本人が外国人と知り合う機会も増えている。外国人の友人がいても違和感すらないという時代である。国籍の異なる異性が知り合うのも同様であろう。国籍の異なる男女が出会う機会も増えた。もはや国際結婚は少しも珍しいことではない。国籍は勿論，価値観，宗教，文化，言語の壁を越えた人流は活発化し，人流の一態様としての結婚も比例するかのように増加しているのである。配偶者が外国人であるという夫婦が時代の変遷とともに増加している。これは厚生労働省の統計を見ても明

らかである。驚くことに，夫妻とも日本人であるケースは減少傾向にあるにもかかわらず，夫妻の一方が外国人であるケースは増加傾向にある。本書を手に取られた方の多くが，およそ実感を抱かれていることと思う。

国籍法の定義によれば，外国人とは，「日本国民でない者」をいう。また，「出入国管理及び難民認定法」の適用における「外国人」の定義は，同法第2条で「日本の国籍を有しない者」と規定されている。一般的に，夫妻の一方が外国人である場合に「国際結婚」と言われる。辞書を引くと，「国籍の違う男女が結婚すること」「外国人と夫婦になること」との記載がある。確かに多くの方が抱いている国際結婚のイメージに近いように感じる。実のところ，国際結婚には，これと言った定義は見当たらず，曖昧かつ広義な概念であるが，「国籍の異なる男女の結婚」と定義できる。しかし，この定義によれば，インド国籍者とフィリピン国籍者が外国で婚姻したとしても国際結婚である。日本人が当事者ではなくとも国際結婚ということになる。また，別の見方をすれば，「日本人同士が外国で結婚すること」を指して国際結婚と定義することもできる。しかし，本書の目的は，本邦に在留するための在留資格制度を前提とした婚姻に焦点を絞って解説をするものであり，このように定義してしまうと，いささか広範すぎる。そこで，「本邦で在留資格を必要とし，渉外性を有する婚姻」に関して本書では説明する。さらには，本邦で在留資格を必要とし，渉外性を有する婚姻であっても，婚姻の両当事者が外国人同士の婚姻について逐一解説を加えるのは紙面の都合上不可能であり，また無駄も多い。したがって，本書で説明する婚姻の手続については，日本人同士が外国でした婚姻はもとより，在留資格を必要とし，渉外性を有する婚姻であるとしても，外国人同士の婚姻には極力触れない。

本書では，婚姻の一方当事者が日本国籍を有する者で，その相手方配偶者が外国人であることを前提に，我が国で在留することを目的とした在留資格認定証明書交付や在留資格変更許可が婚姻成立後になされることを念頭にいれた婚姻手続を解説する。要するに，夫妻の一方が外国人であり，その外国人が日本で暮らすための婚姻手続の解説をする。上記を踏まえて，「日本国

籍を有する者が，外国人を配偶者とする婚姻関係」を本章では国際結婚と定義して話を進めるが，そもそも，どこの国籍の人と結婚をしようとも結婚は結婚であり，わざわざ「国際」などと付ける必要はない。しかしながら，日本国籍者同士の婚姻では考えられないような複雑な手続が，日本国籍を有する者が，外国人を配偶者とする婚姻には存在し，しばしば苦悩の種となる。そして，外国人配偶者が日本で暮らすのであれば，前提として在留資格制度について触れておく必要があり，前出の「出入国管理及び難民認定法」など，日本人にはあまり馴染みのない法令も視野に入れなければならなくなる。配偶者が外国人である場合には，日本人同士が結婚する場合と異なる手続があるという前提を無視する訳にはいかない。むしろ，夫妻とも日本人の結婚と，日本人の配偶者が外国人である結婚の両者を比較検討した方が理解しやすい面もあり，その意味では，国際結婚を相違あるものと捉えて区別する実益もあると考える。本章において，本邦で在留資格を必要とし，渉外性を有する婚姻で，かつ，日本国籍を有する者が，外国人を配偶者とする婚姻関係について解説するものと限定したのも，両者の違いを際立たせる目的がある。

2 国際結婚をするために必要な手続

　本章では，本邦で在留資格を必要とし，渉外性を有する婚姻で，かつ，日本国籍を有する者が外国人を配偶者とする婚姻関係について解説する。

　「婚姻」を辞書で引くと，「結婚すること」とある。したがって，結婚と婚姻という言葉は本質的に同義ではあるが，本章では，説明の便宜上，実質的な結婚生活そのものについては「結婚」，形式的な法律面，手続面については「婚姻」という語を極力用いる。これは，国際「結婚」という実質的な結婚生活を営むために，国際結婚の「婚姻」手続という形式的な手続が必要であると説明した方が理解しやすいからである。つまり，本書では，国際結婚という「目的」を達成するために，婚姻関係に必要な手続が「手段」として存在すると考える。そして，この手段としての婚姻関係に必要な手続，すな

わち，日本国籍を有する者が，外国人を配偶者とする婚姻関係に必要な手続は，「婚姻」と「在留資格」の２つに大別できる。

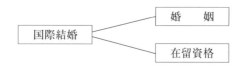

　ここでいう「婚姻」と「在留資格」との関係は，例えるなら車の両輪である。「婚姻」が成立しなければ，「日本人の配偶者等」の「在留資格」は得られないであろうし，「婚姻」が成立したとしても，日本人の配偶者等の「在留資格」を得ることなく日本で国際「結婚」生活を営むことはできない。不法滞在者を例にとると，有効な婚姻が成立しているにもかかわらず，何等の在留資格もなく不法に本邦に在留する外国人は存在する。このことからも分かるように，「婚姻」すれば必ずしも「在留資格」を得られるというものではない。本邦において国際結婚という実質的な結婚生活を営むには，婚姻をし，在留資格「日本人の配偶者等」を得る必要がある。また，「婚姻」関係が終了したのであれば，「日本人の配偶者等」の「在留資格」のまま滞在を続けるのは困難となる。離婚したのであれば，もはや日本人の配偶者としての活動を行うことはないのであるから，先に言う目的がない状態である。目的手段の関係である以上，手段を認める必要性に欠くこととなる。もちろん，他の在留資格，例えば「技術」，「人文知識・国際業務」等の在留資格で配偶者が在留している場合もあろうが，それは他の在留の目的で滞在しているのであり，日本人の配偶者としての在留が主たる目的ではない。在留資格制度については本書の第４章以降に譲り，本章では「婚姻」について説明する。

　配偶者の国籍が異なれば，婚姻当事者に適用される法律も異なり，婚姻手続の方式も異なる。これら法律の理解や手続の複雑さは，お互いのコミュニケーション以上に複雑な面があり，国際結婚の婚姻手続を難しくしている。すなわち，日本で外国人配偶者と「結婚」生活を営むという目的を達成する

ためには，手段として在留する根拠，「在留資格」が必要であり，その前提として「婚姻」が不可欠となる。本章では便宜的に，「結婚」と「婚姻」の概念を意識的に区別したのであるが，婚姻はないものの，実質的に結婚生活を営んでいる男女も存在する。婚姻届をしていないだけで，結婚としての実態はある関係，いわゆる内縁である。我が国の民法は，婚姻の成立に法律上の手続を要求する法律婚主義を採用しているが，内縁については婚姻に準ずる関係として一定の法的保護が与えられている。事実婚であっても，夫婦の同居・協力扶助義務（民法752条），貞操義務，婚姻費用の分担義務（民法760条），夫婦財産制に関する規定（民法762条）内縁不当破棄による損害賠償，内縁解消による財産分与（民法768条），遺族補償及び遺族補償年金の受給権（労働基準法79条，労働基準法施行規則42条）が例として挙げられる。

　それでは，「在留資格」の観点から見た場合，婚姻に準ずる関係として内縁の場合にも一定の法的保護が与えられるのであろうか。結論を言えば，事実上婚姻関係と同様の事情にあったとしても，単なる内縁というだけでは在留資格は得られない。「日本人の配偶者等」の在留資格でいう「配偶者」とは，現に婚姻関係中の者をいい，相手方配偶者が死亡した者又は離婚した者は含まれない。また，婚姻は法的に有効な婚姻であることを要し，内縁の配偶者は含まれない。外国人との婚姻手続の複雑さもあってなのか，事実婚状態を継続している男女も多い。しかしながら，それでは「在留資格」は得られないということになる。「在留資格」審査の上で，「婚姻」が前提となっているのは上述のとおりである。もちろん，有効な「婚姻」があることのみを理由として「在留資格」を得られるという短絡的なものではなく，それまでの交際の実績などをも含めて複合的に判断されるということは言うまでもない。

　上記を踏まえて，国際結婚の婚姻手続について説明する。国際結婚の婚姻手続の方法は1つではない。外国人配偶者が日本にいる場合と母国にいる場合とでは手続も異なるのである。出入国管理及び難民認定法，我が国の民法，相手の国の法律，法の適用に関する通則法などが複雑に錯綜する。ま

た，日本国内において，当事者の全部又は一部が外国人として届けられる戸籍事務，在外公館（大使，公使，領事）が取り扱う戸籍事務を渉外戸籍と言う。国際結婚の当事者が提出する婚姻届がイメージしやすいと思われるが，渉外戸籍も絡む部分である。

3 国際結婚を前提とした民法知識

　渉外性を有する婚姻について問題となるのは，どのような場合に婚姻が有効に成立するのかという「婚姻の成立要件」と，婚姻が有効に成立した場合にどのような効力が生じるのかという「婚姻の効力」である。この点を考察する前提として，我が国における婚姻についての知識が必要不可欠と言える。なぜなら，国際結婚においては配偶者である相手の母国の法律やその調整を図る法の適用に関する通則法なども確かに重要ではあるが，日本人を中心に考えた場合，これらの適用場面を理解する前提知識となるのが我が国の民法の規定であるからだ。我が国の民法によれば，婚姻とは男女間において終生の共同生活をする意思のもとでなされる私法上の身分契約であり，婚姻の届出をすることにより成立する。我が国の民法の構成は，第4編第2章で婚姻法を規定し，婚姻の成立，婚姻の効力，婚姻の解消から成り立つ。

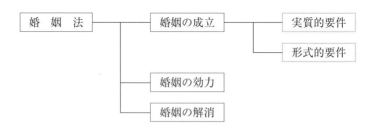

　さらに，「婚姻の成立」については，実質的要件と形式的要件について定めており，その要件を満たさない婚姻については無効あるいは取り消すこと

ができるものとしている。また，「婚姻の効力」としては，氏の変動，同居協力・扶助義務等の身分上の問題と婚姻に伴う夫婦の財産関係に関する夫婦財産制について規定を置いている。最後に「婚姻の解消」としては，協議上の離婚と裁判上の離婚について規定を置いているが，本書では「婚姻の成立」を中心に説明を進めるものとする。

1 婚姻の成立

婚姻要件については以下の点を検討することとする。
① 婚姻意思の合致（真に婚姻しようとする意思）
② 婚姻障害事由の不存在（重婚・婚姻適齢・親権者の同意など）
③ 婚姻届の受理

①及び②は実質的成立要件，③は形式的成立要件という。特に，この婚姻の実質的要件と形式的要件は，外国人との婚姻を理解する上で重要であるため，詳細に説明する。

(1) 婚姻の実質的要件

ア 婚姻意思の合致

当事者間に婚姻をする意思がなければ，たとえ婚姻届が受理されたとしても，その婚姻は無効である。したがって，婚姻意思の合致は，婚姻の実質的要件となる。婚姻意思の合致は，後に述べる婚姻障害が消極的要件といわれるのに対して，積極的要件といわれる。先に述べた①婚姻意思の合致（真に婚姻しようとする意思）は，当事者に婚姻意思があること（民法742条）と言いかえることができる。そして当事者にこの婚姻意思が無い場合，婚姻は無効となる。

イ 実質的意思説と形式的意思説

先にも述べた「婚姻意思」とは一体何なのだろうか。つまり，何をもって婚姻意思とみるかと言う点が問題になる。この点，実質的意思説

と形式的意思説との争いがある。

　婚姻意思とは社会通念上，夫婦共同生活に入る意思と解される。一方，婚姻の届出をする意思であるとする立場もある。前者を実質的意思説，後者を形式的意思説という。仮に，婚姻意思を後者のように婚姻の届出をする意思と解するならば，たとえ終生の共同生活をする意思が無くとも，婚姻の届出の意思さえ備われば婚姻は成立することになろうことから，仮に社会通念上夫婦と認められる関係の設定を欲する意思なく届出をするような，俗に言う偽装結婚であったとしても，婚姻は有効に成立することとなる。婚姻の届出に向けられた意思で足りるとするものであるから，形式的意思説では，国籍取得のためといった他の目的を達するために，婚姻の届出について合意した場合，婚姻意思があることになって婚姻は有効であるということになる。そうすると，この説では，偽装結婚というものはあり得ないという話になりそうである。

　しかし，判例は婚姻の届出だけの形式的な意思だけでは足りず，社会通念上，夫婦共同生活に入る意思を婚姻意思としており，実質的な意思を必要とする。つまり，判例の見解によれば，婚姻の届出だけの意思では婚姻とは認められないこととなり，最初から婚姻生活の実態がない場合，例えば同性愛者であることをひた隠すための結婚，消費者金融から借財を為すにあたり信用回復のためにする結婚や，在留資格を得るためだけの婚姻は実質的意思説の立場からすると有効な婚姻とは言えない。判例がとる実質的意思説では婚姻意思はなく，その婚姻届が誤って受理されたとしてもその婚姻は無効である。

　婚姻を男女間において終生の共同生活をする意思のもとでなされる私法上の身分契約とした場合，いくつかの疑問が生ずる。婚姻に，条件や期限を付することができるのであろうか，代理により婚姻が可能かどうか，意思表示に瑕疵があった場合はどうなるのかという点に触れる。婚姻は，終生の夫婦共同生活を目的とするものでなければならないから，条件や期限を付けることができない。仮に，このような条件や期限が付

されたとしても，婚姻成立後は，条件や期限の部分が無効となり，婚姻意思としては，無条件かつ無期限で成立したものと認められる。また，男女両当事者の合意に基づくものでなければならないから代理に親しまない。婚姻は当事者の自由な意思に基づくものでなければならないから，取引上の行為能力を制限される未成年者や成年被後見人であっても，意思能力があれば，自らの意思で婚姻をすべきである（民法738条）。婚姻は，身分行為であるため，本人の意思が尊重される。

　なお，婚姻届の提出について，提出先の役所によっては，代理という文言を用いた上で，代理が可能との説明がなされているようであるが，使者として本人の婚姻意思を伝達しているにすぎないものと捉えてそのように用いているようである。提出を本人以外の者ができるということであって，婚姻意思の代理の可否についての問題ではない。不法滞在者が入国管理局当局に収容された後に婚姻の届出をしようとする場合，本人が市区町村の役場に赴いて婚姻届を提出することが物理的に不可能であり，他人が婚姻届を提出しうるのかについて，しばしば問題となるため付言しておく。なお，詐欺や強迫による婚姻は無効とはならず，取り消すことができる婚姻である（民法747条）。この点は本書の目的に照らして説明の必要はないと判断し，触れないことにする。

(2)　婚姻障害事由

　次に，婚姻障害について説明するが，これは消極的要件ともいう。②の婚姻障害事由の不存在（重婚・婚姻適齢・親権者の同意など）が婚姻要件となる。裏を返せば婚姻障害事由に該当すれば，下記に述べる婚姻の取消し原因となる。我が国の民法には婚姻障害事由について民法第731条から民法第736条に規定があり，この規定に違反した婚姻は取消し事由となるのである。民法第744条では，民法第731条から民法第736条までの規定に違反した婚姻は，各当事者，その親族又は検察官から，その取消しを家庭裁判所に請求することができると規定されている（当事者の一方が死亡した場合や，重婚，再婚禁止期間中の婚姻については後述する。）。婚姻障害事由のある婚姻が，当然

に無効となるわけではない。

ア　婚姻適齢

　民法第731条は，適齢について規定する。男は18歳に，女は16歳にならなければ，婚姻をすることができない。これは，早婚によって生ずる弊害を防止するためである。精神的・肉体的に未成熟な者の婚姻を禁じようとする公益的要請による。男女で年齢差があり，男性が年齢が高く女性が低いのは，これまで男女間で婚姻に必要な精神的・肉体的・経済的成熟度に差があるとされてきたためである。

イ　重婚の禁止

　民法第732条は，重婚を禁じている。重婚とは，婚姻中の者が重ねて婚姻届を出す場合である。配偶者のある者は，重ねて婚姻をすることができない。これは，我が国の民法が一夫一婦制を採用することを明らかにしたものである。ここにいう配偶者とは，法律上の配偶者であり，いわゆる内縁の配偶者を含まない。民法が重婚を禁止するのは，婚姻関係をめぐる法律関係を画一的に処理しようとするものであるから，法律の定めに従って成立した婚姻に限り禁止されるのである。それでは，重婚はどのような場合に生じるのか。婚姻をしている者について，誤って婚姻届が受理されてしまった場合に重婚は生じるが，それは稀であろう。通常は，前婚の協議離婚が無効となった場合や，後婚の婚姻届受理後に，前婚の協議離婚が詐欺又は強迫を理由に取り消された場合に生じることがある。

ウ　再婚禁止期間

　民法の一部を改正する法律が平成28年6月1日に成立し，女性の再婚禁止期間が6か月から100日に短縮された。

民法の改正の概要

1　女性に係る再婚禁止期間を前婚の解消又は取消しの日から起算して100日となった。

2　女性が前婚の解消若しくは取消しの時に懐胎（妊娠）していなかっ

た場合又は女性が前婚の解消若しくは取消しの後に出産した場合には再婚禁止期間の規定を適用しないこととなった。

この改正により，前婚の解消又は取消しの日から起算して100日を経過していない女性を当事者とする婚姻の届出の取扱いが一定の要件のもとに行われている。再婚をしようとしている女性本人を特定する事項のほか，⑴本人が前婚の解消又は取消しの日であると申し出た日より後に懐胎していること，⑵同日以後の一定の時期において懐胎していないこと，⑶同日以後に出産したことのいずれかにつき，診断を行った医師が記載した書面を「民法第733条第2項に該当する旨の証明書」といい，前婚の解消又は取消しの日から起算して100日を経過していない女性を当事者とする婚姻の届出について，当該「民法第733条第2項に該当する旨の証明書」が添付され，「女性が前婚の解消又は取消しの時に懐胎していなかった場合」又は「女性が前婚の解消又は取消しの後に出産した場合」に該当すると認められた場合には，その他の婚姻要件を具備している限り，その届出は受理され，婚姻することが可能となった。

改正前の6か月の再婚禁止期間は，外国人女性が当事者である国際結婚において残存在留期間の関係でしばしば問題となっていた。具体的には夫が日本人であり，日本人の配偶者等の在留資格を得て在留する外国人女性が，離婚後もなお現在の在留資格で引き続き日本で在留を希望するという事例である。

在留資格の取消しを定める入管法第22条の4は，日本人の配偶者等の在留資格をもって在留する者又は永住者の配偶者等の在留資格をもって在留する者が，その配偶者の身分を有する者としての活動を継続して6か月以上行わないで在留することを在留資格取消しの対象としている。

再婚が可能となる6か月の再婚禁止期間満了日の翌日には再婚が可能となる一方で，既に前夫との婚姻生活を終えている状態で6か月以上滞在すれば在留資格取消しの対象になることから抵抗があった。

女性の再婚禁止期間が6か月から100日に短縮されたことにより，100

日後 6 か月以内の間でも再婚は可能となり，在留資格の取消しの対象とならず合法的な滞在が可能となるため，この問題は大幅に緩和されたと言えよう。

エ　一定範囲の近親者間での婚姻禁止

　民法第734条から民法第736条までは，一定範囲内の近親者間では婚姻を禁止する旨規定がある。近親者といっても優生学的理由による禁止と道徳的理由による禁止とがあり，禁止の理由が異なる。

　民法第734条は，近親婚を禁じている。直系血族又は三親等内の傍系血族の間では，婚姻をすることができない。ただし，養子と養方の傍系血族との間では，この限りでない。四親等である従兄弟同士は婚姻できる。養子と養方の傍系血族とは，すなわち養子と養親の実子のような場合であるが，これを禁止する優生学的な理由も，また，道徳的な理由もないから禁止されていない。養子縁組前に生まれた養子の子と養親及びその血族との婚姻は禁じられていない。なぜなら，養子縁組前に生まれた養子の子と養親及びその血族との間には，そもそも法律上の親族関係はないからである。養子の子には養子縁組前に生まれた子と養子縁組後に生まれた子とが存在する。養子縁組後に生まれた子は，その子の父又は母である養子と養親及びその血族との間の親族関係が生じた後に生まれた子であり，養子を通じて養親及びその血族との間に血族関係を生ずることとなるが，養子縁組前に生まれた子は，養親及び養親の血族との間に何らの親族関係もない。

　民法第735条　直系姻族の間では，婚姻をすることができない。配偶者の死亡後，未だ姻族関係終了の意志表示をしていない場合に，生存配偶者と死亡配偶者の親が結婚することはできない。また，直系姻族であった者の間での婚姻も禁止されることから，離婚後に配偶者であった者の親と結婚することもできない。

　民法第736条　養子若しくはその配偶者又は養子の直系卑属若しくはその配偶者と養親又はその直系尊属との間では，第729条の規定により

親族関係が終了した後でも，婚姻をすることができない。

オ　婚姻の無効・取消し

　　ここでは婚姻の無効・取消しについて解説する。婚姻の無効原因（民法742条）となるのは，前述した①③の要件を満たさないときである。すなわち，①婚姻意思の合致（真に婚姻しようとする意思），③婚姻届の受理を欠く場合，その婚姻は無効となりうる。婚姻の取消原因（民法743条以下）となるのは，②の要件を満たさないときである。すなわち，②婚姻障害事由の不存在（重婚・婚姻適齢・親権者の同意など）の場合である。このように，民法第744条では，民法第731条から民法第736条までの規定に違反した婚姻は，各当事者，その親族又は検察官から，その取消しを家庭裁判所に請求することができると規定されている。ただし，検察官は当事者の一方が死亡した後は，婚姻の取消しを請求することができない（民法744条1項ただし書）。さらには，重婚禁止の規定（民法732条）や再婚禁止期間の規定（民法733条）に違反した婚姻については，当事者の配偶者や前配偶者も，婚姻の取消しを請求することができる（民法744条2項）。

　　婚姻不適齢者の婚姻については，不適齢者が適齢に達したときは，その婚姻の取消しを請求することができない（民法745条1項）。ただ，婚姻不適齢者自身は，婚姻適齢に達した後，3か月間はその婚姻の取消しを請求することができるが，婚姻適齢に達した後に追認をしたときは取消しを請求できない（民法745条2項）。

　　再婚禁止期間内にした婚姻については，前婚の解消・取消しの日から100日を経過したとき，女性が再婚後に懐胎したときは，その取消しを請求することができない（民法746条）。

　以上，我が国の民法に規定する婚姻について解説したが，渉外性を有する婚姻について特に問題となるのは，どのような場合に婚姻が有効に成立するのかという婚姻の成立要件と，婚姻が有効に成立した場合にどのような効力が生じるのかという婚姻の効力である。婚姻の成立要件としては，例えば，

婚姻年齢に達していること，近親婚でないことなどが諸国の内国法で要求されている（婚姻の実質的成立要件）。また，婚姻の有効な成立のために必要となる手続や形式として，儀式や官庁への届出などが要求される（婚姻の形式的成立要件）。

我が国の民法　婚姻のまとめ

婚姻の成立要件（実質的要件と形式的要件）

1．実質的要件

　(1)　婚姻障害

　　①婚姻適齢にあること（民法731条）

　　　　男は，18歳に，女は16歳にならなければ，婚姻をすることができない。

　　②重婚でないこと（民法732条）

　　　　配偶者のある者は，重ねて婚姻をすることができない。

　　③再婚禁止期間を経過していること（民法733条）

　　　・女は，前婚の解消又は取消しの日から100日を経過した後でなければ，再婚をすることができない（民法733条1項）。

　　　　　この規定は，父不明の子の出生を防ごうとするものであるから，前婚の子を出産した後は100日を経過していなくても再婚できる（民法733条2項）し，他の男との婚姻を介することなく前夫と直接に再婚する場合は再婚禁止期間がないと解される。なお，男には，再婚禁止期間がない。

　　④近親婚でないこと（民法734条～736条）

　　　・直系血族の間では，婚姻をすることができない（民法734条1項本文）。法定血族の間でも同様である。

　　　・三親等内の傍系血族の間では，婚姻をすることができない（民法734条1項本文）。ただし，法定血族の場合，養子と養方の傍系血族との間の婚姻（例えば養子と養親の実子との婚姻）は許される（民法734条1項ただし書）。

・直系姻族の間では，婚姻をすることができない（民法735条前段）。姻族関係が終了した後も，同様である（民法735条後段）。

・養子若しくはその配偶者，その直系卑属若しくはその配偶者と，養親又はその直系尊属との間では，離縁によって法定親族関係が終了した後でも，婚姻をすることができない（民法736条）。

⑤未成年者について父母の同意があること（民法737条）

・未成年の子が婚姻をするには，父母の同意を得なければならない（民法737条1項）。

　　要求されるのは「父母の同意」であり「親権者の同意」ではないから，親権を有していない父母であっても同意権を有しているし，父母がなく後見人が選任されている場合に同意は不要である。

・父母の一方の同意が得られないときや意思を表示できないときは，他の一方の同意だけでよい（民法737条2項）。

　　父母の同意がないのにあやまって受理された婚姻届は有効であり，取り消すことができない（民法744条～747条に737条違反の場合が規定されていないため743条により取り消すことができない。）。

2．形式的要件

・婚姻が成立するには婚姻の届出が必要である（民法739条1項）。届出は，当事者双方及び成年の証人2人から，口頭又は書面で行う（民法739条2項）。

・万一，この要件を具備していない届出があやまって受理されてしまった場合でも，婚姻は有効に成立する（民法742条2号）。

・書面による届出は，第三者や当事者の一方に依頼してもよいし，郵送によってもよい。郵送の場合は，発送後に当事者が死亡しても受理される（戸籍法47条1項）。この場合，死亡の時に届出があったものとみなされる（戸籍法47条2項）。

　　郵送ではなく，第三者や当事者の一方に届出を依頼した場合は，届出の受理前に当事者が死亡したら婚姻は成立しない。婚姻の届出がなされると戸籍管掌者は要件を審査した上で受理行為をする（民法740条）。その上で戸籍簿へ婚姻の記載がなされる。一般的には夫婦の新

戸籍が編製され，これに婚姻事項が記入される。戸籍簿への記載は婚姻の成立要件ではない。

3．婚姻の無効・取消し

婚姻という身分的・継続的な効果を生じる関係は，財産上の関係とは異なり，無効や取消しの場合でも，遡及的な原状回復は不可能である。そのため，婚姻の無効や取消しができる場合は限定されている。

(1) 婚姻の無効

外形上の婚姻はあったが無効な婚姻であった場合，当該婚姻は当初から無効であったので夫婦関係はなかったことになり，その間に子があればその子は非嫡出子ということになると解される。

①婚姻無効となる場合

ア　婚姻をする意思がないとき（民法742条1号）

形式的な届出があっても，当事者に真の意味での婚姻をする意思がないときは，婚姻は無効である。婚姻意思とは，社会通念上夫婦共同生活に入る意思と解される（実質意思説）が，学説には，婚姻意思とは婚姻の届出をする意思であるとする立場もある（形式意思説）。

婚姻意思が要求される時期は，届書の作成時期から届出受理時である。婚姻意思をもって婚姻届を作成したが届出までに婚姻意思がなくなった場合，客観的に翻意が認められる事実があれば，婚姻は無効となる。婚姻意思がない婚姻届出がなされることを防止するために婚姻届不受理申出制度がある。

イ　婚姻の届出をしないとき（民法742条2号）

②無効婚姻の追認

婚姻意思がないのに提出された婚姻届は無効であるが，無効の届出による無効婚姻を当事者が追認できるかについて，かつて判例・学説は無効婚姻を追認によって有効にすることはできないとしていたが，最近の判例・学説は追認によって当初から有効な婚姻であったことになるとしている（最判昭和47年7月25日民集26巻6号1263頁）。

(2) 婚姻の取消し

婚姻取消とは，一応は有効に成立した婚姻を，当該婚姻が成立当時から

有していた瑕疵を理由として，将来に向かって解消させるものである。

①婚姻の取消しの効力

・婚姻取消には遡及効がなく，将来効のみがある（民法748条１項）。

・婚姻によって財産を得た当事者は，婚姻の当時その取消しの原因があることを知らなかったときは，現に利益が存する限度で受けた利益を返還すればよい（民法748条２項）。

・知っていたときは利益の全部を返還しなければならず，相手方が善意であったときは損害を賠償しなければならない（民法748条３項）。

・その他は離婚についての規定が準用される（民法749条）。

②婚姻の取消原因

・不適齢者の婚姻・重婚・再婚禁止期間中の婚姻・近親婚などの婚姻の実質的要件（民法731条～736条）に欠ける場合（民法744条）

・不適齢婚の場合は当事者が適齢に達したときは取消しを請求することができなくなる（民法745条１項）。

・不適齢者は，適齢に達した後，なお３か月間は取消しを請求することができる（民法745条２項本文）。ただし，適齢に達した後に追認したときは取り消すことができなくなる（民法745条２項ただし書）。

・再婚禁止期間は父不明の子の出生を防ごうとするものであるから，前婚の取消し若しくは解消の日から100日を経過するか，再婚後に懐胎したときは取り消すことができなくなる（民法746条）。

③詐欺又は強迫による場合（民法747条）

・詐欺・強迫による婚姻は取り消すことができる（民法747条１項）。

・詐欺を発見し，若しくは強迫を免れた後３か月を経過した場合や，当該婚姻を追認した場合は，取り消すことができなくなる（民法747条２項）。

④以上の場合のほかは，取り消すことができない（民法743条）。

第2章 国際結婚と法律

1 国際結婚に必要な法律知識

　婚姻という制度は，歴史的な背景を振り返ると，宗教や習俗と密接に関連することも多く，それらに関連した様々な特色が各国で見られる。婚姻は現実社会と密接に関係するのであるから，国や地域によっても考え方や価値観が異なることがある。これほどまでに国際的規模の人流が盛んになっているにもかかわらず，婚姻に関しては国際的な統一というきざしは今のところ見当たらない。宗教の儀式的な側面が強いと感じられる婚姻制度を持つ国もあれば，単に婚姻は契約にすぎないと解される国もある。宗教や習俗に限らず，婚姻法制の背景にある価値感は多種多様である。例えば，男女を同じように扱うべきなのか，それとも男女の違いを認めて，それを前提に男女の扱いを異にするべきかなど，価値観は多様である。

　法律上においては平等思想を根底に，婚姻適齢を男女とも一律同年齢に規定するのか，それとも男女の差異を認めた上で婚姻をなしうる年齢に男女差を認めるのかについては，どちらが正しいとか，間違いであるとは言うことができない。婚姻に適する年齢が絶対的なものではない以上，法律の規定にも如実にその違いが表れる。しかし，時代の変遷とともに価値観は変化するため，法律が制定当時の社会情勢やその時代の価値観にそぐわなくなることがあり，時として法律自体が改められることもある。例えば，我が国の民法第731条では，「男は，18歳に，女は，16歳にならなければ，婚姻をすることができない。」との規定がある。我が国の判例，通説では，男女の肉体的・生理的条件の違いによる合理的な差別とされてきたが，違憲の疑いもあると

いう意見もあり，議論のあるところである。一方，韓国の民法第807条は婚姻適齢を定めているが，「満18歳となった者は，婚姻することができる。」と規定する。これは，上記の我が国の民法第731条に相当する条文ではある。韓国の民法が，我が国の民法と異なるのは，女子の婚姻適齢である。日本では満16歳であるが，韓国では18歳であるという点である。これは韓国も女子の婚姻適齢を満16歳としていたが，2007年に改正された経緯がある。同様に，韓国には再婚禁止期間もない。このように，我が国の近隣に位置することから，文化が比較的似ているといわれる韓国でさえ，婚姻を定める法制度に我が国との違いが見受けられる。

　このように法制度が異なるとすれば，国際結婚の婚姻手続の過程で，どの国の法を適用していくべきなのかが問題となる。そこで，準拠法の特定が重要になる。この点，「法の適用に関する通則法」は，婚姻の成立（実質的成立要件と婚姻の形式的要件），婚姻の効力，婚姻の解消とに分けて規定している。「法の適用に関する通則法」は，渉外的法律関係の準拠法を定める法である。準拠法とは，国際私法により渉外的私法関係に対して適用すべきものとして指定された一定の法域における私法体系のことをいう。つまり，ある法律関係に適用されるべきものとして選択された法を特定しなければならない。以下，法の適用関係に関する事項を規定している我が国の法律である「法の適用に関する通則法」を踏まえて解説を行う。

❶ 婚姻の成立

　婚姻の成立は，各当事者につき，その本国法による（法の適用に関する通則法24条１項）とされている。端的に言えば，何歳から結婚ができるのかという問題である。日本の民法は，婚姻ができる年齢を男は18歳，女は16歳と定めている。先に説明したように婚姻には，このような要件が法律上いくつかある。国が異なれば法律も異なり，当然に要件も異なる。例えば，韓国では，男女ともに18歳が婚姻適齢とされている。16歳の日本人女性が韓国人男

性と婚姻したいと考えているとしよう。この場合，韓国の法律が適用されるとすれば，この日本人女性は婚姻できないということになりそうである。しかし，16歳の日本人女性は，日本の民法上は適齢であることからしばしば問題となる。そこで，国籍が異なる人と婚姻した場合，どちらの国の法律を適用すべきかの決定が重要となる。これを決定するのが「法の適用に関する通則法」である。国際私法とも呼ばれ，国際結婚では重要な法律である。国際私法は，英語でprivate international of low又はconflict of lawsと表記され，渉外的私法関係に適用される法，すなわち準拠法を指定し，適用する法である。統一法として直接的に法律関係を規律せず，間接的に関係する各国の内国法のうちから，婚姻のような渉外的法律関係を規律すべき準拠法を指定する。

　婚姻に対する捉え方は様々である。国際的に統一した婚姻法がない以上，国際私法は並存する各国の内国法を前提に，その渉外的法律関係について準拠法を選択するのであるが，仮に客観的にいずれかの国の法が優れていると判断することが可能であれば，それを適用するのが理に適うと言える。A国の婚姻法がB国の婚姻法よりも優れているといいうるのであれば，A国の婚姻法を適用すればよいはずであろう。しかし，価値観が多様な社会ではそれも不可能であろう。婚姻の当事者にとっては「A国のほうがよい。A国法に従えば結婚できる。」といったように都合に左右されることはありうるが，客観的な優位性の判断はできない。そこで，国際私法は，内外法平等，つまるところ，価値中立的な視点で諸国の法を価値的に対等のものとして考えるのである。

② 一方的要件と双方的要件

　ここで国際結婚における一方的要件と双方的要件について説明する。世界各国の婚姻の実質的要件は，それぞれの国の法律や慣習で定められており，日本の実質的要件とは異なることがある。したがって，国際結婚において双

方の国の実質的要件が符合しないことが多い。そうした場合に，本人だけが
その本国の条件を満たしていればよいとされるのが「一方的要件」であり，
本人とともに相手もその条件を満たしていなければならないのが「双方的要
件」である。繰り返しになるが，国際結婚では各当事者それぞれの国の実質
的要件が適用される。婚姻の成立は，各当事者につき，その本国法による
(法の適用に関する通則法24条１項) とされているからである。しかしながら，
双方の実質的要件の内容は異なるので，適用の仕方によって相手がその本国
の法律や慣習に反することになってはいけないという配慮がされている。こ
れを双方的要件といい，各当事者それぞれが本国の実質的要件を満たしてい
て，更に相手が自国の実質的要件に反することのないように，互いに相手国
の実質的要件をも満たした上で双方が問題の無い婚姻を成立させるための要
件である。

　ところで，我が国の「法の適用に関する通則法」第24条第１項は原則とし
て本国法主義を採用しているため，婚姻の成立要件は，いわゆる一方的要件
にあたる。例えば，本邦で日本人男性と韓国人女性が結婚する場合，日本人
男性については日本法，韓国人女性には韓国法が適用される。これを配分的
適用という。この様に婚姻前の当事者は対等であり，各当事者それぞれの本
国法に照らして判断されることとなる。本国法主義を採用したのは，仮に両
者の本国法を累積的適用すると，婚姻の成立が困難になるとの理由に基づい
ている。比較するために先の例で説明すると，男性には日本法と韓国法，ま
た，女性についても韓国法と日本法を適用することになり非常に複雑にな
る。仮に，16歳の日本人女性と17歳のＸ国の男性が婚姻するとしよう。Ｘ国
の婚姻適齢が17歳だった場合に配分的適用と累積的適用とでは結論が異な
る。配分適用によると，日本人女性もＸ国男性も婚姻適齢に達しており婚姻
が認められることになる。累積的適用によると，日本法とＸ国法が重ねて適
用される。したがって，男は18歳，女は17歳が累積的適用の場面では婚姻適
齢となり，婚姻適齢に達していない両者の婚姻は認められないということに
なる。

一般的には，婚姻年齢，父母等の同意などについて，当事者の本国法の定めによって婚姻要件が具備されているかどうかを審査することになる。例えば，韓国では婚姻適齢を18歳以上としていることから，韓国人女性が日本人男性と婚姻する場合，韓国人女性には韓国の法律のみが適用されるので，18歳に達していなければ婚姻できない。一方的要件の配分的適用である。

　双方的要件とされるのは，近親婚の禁止，重婚の禁止，再婚禁止期間などである。例えば，イスラム教国の様に一夫多妻の婚姻を認める国，言い換えれば重婚が法律上認められている国の男性が，既に他の女性と婚姻中である場合，日本国内で日本人と結婚しようとしても認められない。また，韓国民法には再婚禁止期間がないが，韓国人女性が他の男性と離婚して2か月を経過しているにすぎない場合，日本人と結婚しようとしても，双方要件として日本の民法733条が適用されることとなり，婚姻ができないことになる。

③ 反　致

　これまでは一方的要件と双方的要件について説明したが，例外的な規定として反致について触れておく。「法の適用に関する通則法」第41条は，当事者の本国法によるべき場合において，その国の法に従えば日本法によるべきときは，日本法による。ただし，第25条（第26条第1項及び第27条において準用する場合を含む。）又は第32条の規定により当事者の本国法によるべき場合は，この限りでない。と「反致」について規定している。反致とは，渉外的私法関係において準拠法を定める際，法廷地の国際私法の規定だけでなく，外国の国際私法の規定も考慮した上で，準拠法を定めることをいう。国際私法は，問題となる法律関係に最も密接な地の法を準拠法として指定することにより，渉外的私法関係の法的調整を図ることを目的とする。しかし，国際私法は各国の国内法にすぎず，各国独自の立法にゆだねられており，内容が統一されているわけではない。そのため，各国の国際私法の内容は相互に一致しないことが通常であり，同一の法律関係でも，どこを法廷地にするのか

により準拠法が異なってくる。その結果，同一の法律関係であっても，どの国の裁判所に訴えが提起されるのかによっては，準拠法が異なることとなり，その結果として判決の内容も異なるということが起こりうる。

このような国際私法の抵触には２種類ある。「積極的抵触」と「消極的抵触」である。例えば，A国の国際私法によればA国法が準拠法になるが，B国の国際私法によればB国法が準拠法になる場合がある（積極的抵触）。また，A国の国際私法によればB国法が準拠法になるが，B国の国際私法によればA国法又はC国法が準拠法になる場合がある（消極的抵触）。国際私法の積極的抵触から生じる判決の矛盾を無くすには，そもそも国際私法を統一しなければならないが，消極的抵触への対策として考え出されたのが反致である。つまり，反致はこのうちの後者，すなわち国際私法の消極的抵触を解決するための理論である。消極的抵触が生じている場合で準拠法を決定する際に，自国の国際私法のみならず，他国の国際私法をも考慮して調和を図ろうとする立場を反致主義というのである。例えば，法廷地国A国の国際私法によればB国法によるべき場合に，B国の国際私法がA国法を準拠法として指定しているときには，B国の国際私法にしたがってA国法を準拠法とすることを認める原則を反致という。

中華人民共和国の婚姻適齢は男性22歳，女性20歳である。日本人男性と中華人民共和国の16歳の女性について，中国法が適用されると，中国人女性は婚姻の実質的要件が具備されないことになる。原則論から言えば，「法の適用に関する通則法」第24条第１項のとおり，婚姻の成立は，各当事者につき，その本国法によることとなっているので，中国人には中国法が適用されることになり，中国の婚姻適齢である20歳に達するまでは，日本でも結婚できないということになりそうである。しかし，中国の民法通則第147条には，「中華人民共和国公民と外国人との婚姻には，婚姻締結地の法律を適用し，離婚には事件を受理した裁判所の所在地の法律を適用する。」との規定があり，中国公民と外国人の婚姻には，婚姻締結地，すなわち婚姻挙行地の法律を適用することとなる。婚姻挙行地が日本であれば，日本の法律が適用

されることになる。中華人民共和国駐日本国大使館（以下「駐日中国大使館」という。）領事部発給の婚姻要件具備証明書が添付された婚姻届は，市区町村において受理して差し支えないとされている（平成14年8月8日民一第1885号通知）。

　なお，中国の国際私法規則と呼ばれる「中華人民共和国民法通則（1987年1月1日施行）」の第8章「渉外民事関係の法律適用」の諸規定に代わって，2010年10月28日に「中華人民共和国渉外民事関係法律適用法（中華人民共和国主席令第36号）」（以下「新法」という。）が公布され，2011年4月1日から施行されることになった。現在，渉外的婚姻の準拠法を指定する中国の民法通則第147条の規定では，前記のとおり，婚姻締結地の法律を適用するとされているが，新法施行後は，同法第21条の規定により「当事者の共通常居所地の法律を適用し，共通常居所地がないときは，共通国籍国の法律を適用し，共通国籍がなく，一方の当事者の常居所または国籍国において婚姻を締結するときは，婚姻締結地の法律を適用する。」という3段階の連結によることに改められる。

4 婚姻方式と挙行地法

　婚姻の方式は，婚姻挙行地の法による（法の適用に関する通則法24条2項）とされ，これを婚姻の形式的要件と呼んでいる。形式的要件とは簡単に言うと，教会で結婚式を挙げなければならないのか，届出だけでよいのかという問題である。婚姻の方式は，婚姻挙行地の公序に関わることから婚姻挙行地の法によると定められている。つまり，婚姻は挙行地において婚姻として社会的に公認される必要があり，その意味で婚姻の方式は挙行地の公益と密接な関係を持つので，挙行地の定める方式に従うものとされている。方式要件を整えることにより，婚姻の成立やその時点を，挙行地において公示する。役所での儀式，宗教上の儀式などはもちろん，一定期間の掲示を要するものもある。戸籍吏など国家機関への届出なども一例といえよう。我が国の場合

国際結婚に必要な法律知識

25

は，届出が婚姻の方式である。具体的には，日本が婚姻挙行地であり，市区町村役場に婚姻を有効に成立させるための手続として届出がなされた場合には，戸籍法の定める届出がなされているか否かを審査することになる。日本で外国人同士が結婚をする場合でも，所在地の市区町村役場に婚姻届を提出すると，戸籍は編成されないが，婚姻届受理証明書が発行される。ここでいう婚姻挙行地とは，婚姻という法律行為をなす地であって，身分登録官吏に対する届出，宗教的儀式，公開の儀式等をする地を意味するものであり，当事者が現住しない地はこの婚姻挙行地には当たらないと解される。

⑤ 当事者の一方の本国法

「法の適用に関する通則法」第24条第3項では前項の規定にかかわらず，当事者の一方の本国法に適合する方式は，有効とする。ただし，日本において婚姻が挙行された場合において，当事者の一方が日本人であるときは，この限りでない。つまり，第3項本文で双方とも外国人である場合を，ただし書では，日本で婚姻当事者の一方が日本人である場合を定めている。婚姻当事者の双方が共に外国人である場合，当事者の一方の国の方式によっても有効とされている。これは第2項の婚姻挙行地の法によるとする（挙行地法主義）原則に対する例外である。常に挙行地法上の方式を要求すると，特定の宗教的儀式を要求する国で異なる信仰をもつ外国人が婚姻するような場合，当事者に困難を強いる結果となりかねない。また，絶対に婚姻挙行地法によらなければならないとするほどの公序性は乏しい。ただし，日本人が婚姻の当事者となる場合は常に日本の法を適用すべきことになる。これは，日本人の身分関係をできる限り戸籍に反映させる必要があり，特に，日本で生活することになる可能性が高い場合には，戸籍への記載のない婚姻を認めない趣旨である。しかし，日本人と外国人の婚姻が，外国で挙行された場合，挙行地法や外国の本国法の要件を満たせば，日本でも有効と認められる。この場合，日本に報告的届出がなされなければ，戸籍には記載されないのであるか

ら，日本人の身分関係をできる限り戸籍に反映させるという目的は完全には達成されないといえ，第3項ただし書の趣旨も合理性に乏しい。兎にも角にも，日本人が婚姻の当事者となる場合は，常に日本の法を適用すべきことと規定がある以上は届出が必要である。この点，日本にある外国の大使館で，当該外国の方式に従い，日本人と当該外国人とが婚姻した場合に，いわゆる領事婚あるいは外交婚であるが，第3項ただし書により日本法によらなければ，婚姻が成立しないということになりかねない。当事者としては，既に婚姻が成立したと期待してもおかしくはないが，挙行地が日本であり，一方当事者が日本人である以上，第3項ただし書が適用される。

第24条第2項　　　　⇒　挙行地主義
第24条第3項本文　　⇒　当事者の一方の本国法との選択適用
第24条第3項ただし書　⇒　日本人条項

2 外国人との婚姻に際しての必要書類

　ここでは外国人との婚姻手続について説明する。外国人と婚姻手続をする場合には両国で同時に婚姻ということはなく，婚姻の両当事者，つまり日本人か外国人かのどちらかの母国で婚姻が成立している必要がある。そのため，夫か妻かのどちらかの母国で婚姻手続をする必要がある。日本を含め，多くの国では行政機関や結婚登録機関への届出を要するとしている。日本人が外国で結婚した場合でも，在留資格認定証明書交付申請又は来日後の在留資格変更許可申請をはじめとする手続では，日本を挙行地としていないにもかかわらず，戸籍を添付資料として求められることが多い。後述するが，日本人が先に外国で有効に婚姻手続をした場合，婚姻の効力は既に生じていることになる。この場合，日本での婚姻届は外国で成立した婚姻の報告にすぎない。外国で当該国の方式により婚姻をして，日本に帰国してから挙式して婚姻の届出をした場合，日本側の届出により効力が生ずるというものではない。にもかかわらず，在留資格に関する手続では婚姻を証明する資料とし

て，戸籍の提出を求められることも多い。また，日本で婚姻の届出を先にするのか，外国で先にするのかで手続が異なる。日本で先に婚姻の届出をするのであれば，相手方はいまだ独身であるか否かが重要である。婚姻しうる要件を備えているのかが重要になる。また，外国で先に届出をしたのであれば，その婚姻が有効なものであることを証明しなければならない。日本と外国のどちらで先に婚姻の届出をするのかということは，婚姻当事者にとってどちらがより効率的であるのかという判断の基準ともなる。なお，婚姻手続については，個別具体的な事情が各々異なるものであり，法改正や事務取扱方針に変更があることも多い。

❶ 創設的届出と報告的届出

　ここで戸籍手続について触れることにする。届出については「創設的届出」と「報告的届出」とに分類することができる。戸籍届出が受理されることによって一定の身分関係が形成され又は，戸籍法上の効力が発生する届出を「創設的届出」という。創設的届出は，その届出を行ったときから，法的な効力を発揮する。したがって，届出期間の定めはないという点に特徴がある。一方，既に発生した事実又は法律関係についての届出のことを「報告的届出」という。報告的届出には，届出義務者及び届出期間について規定があり，届出期間を経過した届出については，過料に処される場合がある（戸籍法135条）。届出期間は，届出事件発生の日から起算する（戸籍法43条）。婚姻の届出にも「創設的婚姻届」と「報告的婚姻届」とがある。外国でも日本でも婚姻が成立していない場合に，その後婚姻の意思を固めて市区町村役場に婚姻の届出を最初にすることを婚姻の創設的届出という。婚姻届を提出したことで婚姻が成立する。

　一方，他国で既に婚姻が成立している場合，それを日本に報告するために届出をするのが報告的届出である。なお，戸籍法第41条に「外国に在る日本人が，その国の方式に従って，届出事件に関する証書を作らせたときは，3

28

箇月以内にその国に駐在する日本の大使，公使又は領事にその証書の謄本を提出しなければならない。」と規定があり，同条第2項に「大使，公使又は領事がその国に駐在しないときは，3箇月以内に本籍地の市町村長に証書の謄本を発送しなければならない。」と規定されている。

多くの国では結婚を有効に成立させるための方式として，行政機関や結婚登録所への届出を必要としている。例えば，日本人とフランス人とが日本で結婚する場合，最初に日本の役所に提出した届出は創設的届出であり，その後にフランス大使館に対して行った届出は報告的届出となる。また，夫婦の母国ではない第三国で，滞在地の法に基づき，婚姻の儀式によって婚姻を成立させた場合，その後にそれぞれの本国の役所に対して行った届出は報告的届出ということになる。

国際結婚の場合，市区町村役場に婚姻届があると，正式な受理の前に，その婚姻の当事者が婚姻の実質的成立要件を備えているかどうかの審査が始まる。夫婦ともに日本人の場合，戸籍があることから比較的容易に審査が進む。戸籍により年齢や独身であることなどが容易に把握できる。一方，配偶者が外国人の場合には，韓国や台湾の様に戸籍制度若しくはそれを沿革とした類似の制度がある場合は別として，確認が容易でないことが多い。

また，準拠法となった本国の法律を調べて確認するのも一苦労である。このように，創設的届出のときには，当事者双方が婚姻の実質的成立要件を満たしているかなどの確認が必要となり，夫婦ともに日本人の場合や，外国で婚姻が成立した場合の報告的届出よりも，慎重とならざるを得ず，時間を要することも多い。一方，報告的届出の場合は，既に相手国での審査を経ているはずであり，改めて実質的要件を厳密に確認する必要もない。相手国での婚姻成立の事実が客観的に証明できればよいのである。

実務上，原則として届出の本人である外国人配偶者が，役所に対し，本国法の定める身分行為の要件を備えていることを自分で立証するという取扱いがされている（大正8年6月26日民事第841号回答，大正11年5月16日民事第3471号回答）。下記に述べる婚姻要件具備証明書の提出が立証手段として求

められる。

❷ 婚姻要件具備証明書

　外国人の場合には，婚姻要件具備証明書（戸籍法施行規則63条），国籍を証する書面（親族関係を証する書面，旅券の写し等）及びその訳文が必要となる。婚姻要件具備証明書とは，外国人が日本の方式によって婚姻する場合に，その外国人の本国の権限ある官憲が，当事者である自国民の身分関係事実と，婚姻の成立のために本国法上必要とされる条件を備えていることを証明した書面のことである。婚姻要件具備証明書の内容は，本国法の実質的成立要件を一つ一つ挙げ，それを個別的に証明した内容でなくともよく，全要件を備えている旨を包括的に証明したものでよいとされている（昭和30年2月24日民事甲第394号回答）。市区町村長は，これによって要件を具備しているものと認めた場合は，これを受理する取扱いとしている（大正8年6月26日民事第841号回答）。婚姻要件具備証明書を発行する「権限ある官憲」とは，いわゆる行政庁のようにも受け取れるが，これは各国の制度によって大きく異なる。例えば，駐日大使，領事の場合もあれば，弁護士，裁判官，公証人，あるいは，警察部長や牧師が発行する国もある。

　独身証明書と婚姻要件具備証明書を同義に解釈するのは正確ではない。独身であっても当事者が12歳であれば現在の文明諸国で婚姻を可能と認めることはないため，婚姻要件があるとまでは認められない。本国の法律において身分行為の成立に必要な要件を具備する旨が書かれており，外国人当事者の本国法の内容，本国法に規定される当該身分行為に必要な要件を当事者が具備している旨が包括的に証明されるものである必要がある。

❸ 外国人との婚姻手続総論

　ここでは日本の市区町村役場に婚姻届を提出する場合に必要となる書類に

ついて「創設的届出」と「報告的届出」に分けて説明する。「創設的届出」は日本で婚姻する場合であり，「報告的届出」は，外国で既に婚姻している場合である。

(1)　「創設的届出」に必要となる書類

　戸籍届出が受理されることによって一定の身分関係が形成され，又は戸籍法上の効力が発生する届出の場合は，相手である外国人の婚姻要件具備証明書を準備する。駐日大使館で交付を受けることになるが，本国で取得したものでも可能な場合があるので，事前に提出しようとする市区町村役場に確認したほうがよい。発行日から３か月以内の原本を提出し，コピーは不可とされている。また，婚姻要件具備証明書は外国語で作成されているであろうから，日本語訳が必要となる。訳文の末尾に訳者の署名，押印が必要となる。訳者は「上記は原文の正訳に相違ありません。」と記載し，住所，氏名を記載し押印する。婚姻要件具備証明書で国籍，氏名，生年月日等が確認できない場合は，出生証明書とその日本語訳，パスポートとの日本語訳を添付する。訳者が氏名，住所を記載して押印する要領は独身証明書と同様である。日本人は，本籍地が届け出る役所以外の市区町村である場合，戸籍謄（抄）本１通を用意する。

(2)　「報告的届出」に必要となる書類

　既に発生した事実又は法律関係についての報告的届出は以下のようになる。既に外国で婚姻した場合には，婚姻証明書の原本で発行日から３か月以内のものを用意する。婚姻証明書も外国語で書かれているであろうから，日本語訳が必要となる。訳者は，訳文の末尾に署名，押印する。「上記は原文の正訳に相違ありません。訳者の住所，氏名，印」の振り合いでよい。婚姻証明書で国籍，氏名，生年月日等が確認できない場合は，出生証明書とその日本語訳，パスポートとその日本語訳が必要となるだろう。日本人の本籍地が提出する市区町村と異なる場合には，戸籍謄（抄）本を１通提出する。婚姻届書については，日本人のみの署名，押印だけで証人は不要とされている。報告的届出であるから証人は不要である。

外国人との婚姻に際しての必要書類のまとめ

1．創設的届出（外国でも日本でも届出していない場合）
  (1) 婚姻要件具備証明書
    ・駐日大使館で交付を受ける。
    ・発行日から3か月以内の原本（コピーは不可）を提出する。
  (2) (1)の日本語訳
    ・訳文の末尾に訳者の署名，押印が必要となる。
     例「上記は原文の正訳に相違ありません。訳者の住所，氏名，印」
  (3) (1)の婚姻要件具備証明書で国籍，氏名，生年月日等が確認できない場
    合は以下のものを添付する。
    ・出生証明書【必ず原本（コピー不可）】
    ・出生証明書の日本語訳【②に同じ】
    ・パスポート
    ・パスポートの日本語訳【②に同じ】
  (4) その他（日本の書類）
    ・戸籍謄（抄）本　1通（日本人の本籍地が提出する市区町村と異なる
     場合）
    ・婚姻届書
2．報告的届出（既に外国で婚姻した場合）
  (1) 婚姻証明書【必ず原本（コピー不可）】発行日から3か月以内のもの
  (2) (1)の日本語訳
    ・訳文の末尾に訳者の署名，押印が必要となる。
     例「上記は原文の正訳に相違ありません。訳者の住所，氏名，印」
  (3) (1)の婚姻証明書で国籍，氏名，生年月日等が確認できない場合は以下
    のものを添付する。
    ・出生証明書
    ・出生証明書の日本語訳【②に同じ】
    ・パスポート
    ・パスポートの日本語訳【②に同じ】

（4） その他（日本の書類）
　　・戸籍謄（抄）本　１通（日本人の本籍地が提出する市区町村と異なる
　　　場合）
　　・婚姻届書（日本人のみの署名，押印だけで証人は不要）

⑶　婚姻要件具備証明書が提出できない場合

　婚姻要件具備証明書そのものがない国も多いが，婚姻要件具備証明書がな
いとの理由のみで婚姻届を受理しないというのは問題であろう。そこで，婚
姻要件具備証明書が提出できない場合，婚姻要件具備証明書に代えることの
できる書面で代替できることがある。韓国の場合，「家族関係の登録等に関
する法律」によれば，家族関係証明書，基本証明書，婚姻関係証明書などが
ある。これら，韓国の家族関係登録簿に基づく各種証明書なども該当する。
同趣旨で台湾の戸籍謄本又は独身証明書などもこれに該当する。また，婚姻
をする外国人の本国法上によれば，婚姻要件を具備していることを証明でき
る書面であれば，婚姻要件具備証明書に代わるものとして認められる場合が
ある。そこで，婚姻要件具備証明書がないような国の場合，「宣誓供述書
（AFFIDAVIT）」つまり，領事など宣誓を受理する権限のある者の前でした
要件具備の宣誓を書面化したもので受理されることもある。例えば，アメリ
カ人が駐日アメリカ領事の面前で，その者の州法により，婚姻年齢に達し，
重婚でなく，婚姻について法律上の障害がないことを宣誓した旨，領事の署
名のある宣誓書が該当する（昭和29年10月25日民事甲第2226号回答）。パキス
タン人，スリランカ人，イラン人などについても同趣旨の先例がある。な
お，米軍関係者については，米軍法務部長が証明する宣誓書を婚姻要件具備
証明書として取り扱うことで差し支えないとされている（平成４年９月28日
民二第5674回答）。

　それすらも用意できない場合，その外国人の身分関係の事実を証する書面
及び本国法の条文の写しなどを添付して，婚姻届を提出することがある。婚
姻の実質的要件，婚姻要件具備証明書を入手不可能な理由を記載した「申述

書」を出させたり，本国法と出典を記載した「法文の写し」とこれに「身分証明書」「出生証明書」「旅券（パスポート）」「訳文」を添付して提出する場合もある。多くの場合，市区町村から法務局（地方法務局）に対して，受理伺い（受理照会）をし，管轄法務局の長からの指示を受け，受理又は不受理の判断がなされる（戸籍法施行規則82条）。なお，不法滞在外国人の場合，婚姻要件具備証明書を発行しない国も存在する。

第3章 国別の国際結婚手続

1 配偶者の国籍が中国の場合

❶ 婚姻の実質的成立要件

　日本人と中国人との婚姻について説明すると，我が国において婚姻に関して規定するのは民法であり，中国では中華人民共和国婚姻法である。中華人民共和国婚姻法の法体系は，我が国とは異なるためパラレルに論じることは非常に困難ではあるが，我が国の民法と中華人民共和国婚姻法の相違点など，「何が同じで何が違うのか」ということを意識して本書では説明する。前述のとおり，我が国の民法上，婚姻の実質的成立要件について積極的成立要件と消極的成立要件とに分類できる。つまり，婚姻意思の合致が積極的成立要件，婚姻障害の不存在が消極的成立要件であり，ここでは，中国側のこれら実質的成立要件を，我が国の場合と可能な限り比較しながら概観する。我が国の民法では，当事者間に婚姻をする意思がなければ，たとえ婚姻届が受理されたとしても，その婚姻は無効とされる。中華人民共和国婚姻法第5条は，「結婚は男女双方の完全に自由な意思によらなければならず，いずれか一方が他方に強迫を加えること，又はいかなる第三者も干渉することは許されない。」と規定する。このように，中国においても我が国同様，婚姻意思の合致は，婚姻の実質的要件と捉えることができる。したがって，中華人民共和国婚姻法においても婚姻の意思がなければ，その婚姻は「無効」ということになるであろう。

　そもそも，積極的成立要件である婚姻意思の合致について，我が国の民法

においても，婚姻意思をどのように捉えるかという議論を除いては，後述する婚姻障害である消極的成立要件に比して述べるべきところは少ない。婚姻障害の方が婚姻手続上も重要であろうことから，本書では消極的成立要件としての婚姻障害について詳細に説明する。消極的成立要件である婚姻障害は，婚姻当事者が婚姻要件を具備しているか否かを判断するメルクマールといえる。

　我が国の民法第731条は婚姻適齢について，「男は，18歳に，女は，16歳にならなければ，婚姻をすることができない。」と定めている。中華人民共和国婚姻法第6条によれば，婚姻適齢を男22歳，女20歳としているが，我が国で我が国の方式により婚姻する場合，中華人民共和国民法通則第147条の規定どおり，反致により16歳の中国人女性が婚姻可能となる旨は先に述べた。日本人男性と中国人の16歳の女性について，中国の法が適用されるとなると，中国人女性は婚姻の実質的要件を具備しないことになるが，中華人民共和国民法通則第147条には，「中華人民共和国公民と外国人との婚姻には，婚姻締結地の法律を適用し，離婚には事件を受理した裁判所所在地の法律を適用する。」との規定があり，中国人と外国人の婚姻には，婚姻締結地，すなわち婚姻挙行地の法律を適用することとなる。そして，婚姻挙行地が日本であれば，日本の法律が適用されることになる。このことから，日本を婚姻挙行地とした場合，16歳の女子は婚姻適齢に達しており，本国ではいまだ婚姻適齢に達していない中国人女性であっても反致により日本では婚姻が可能となる。もっとも，中国で婚姻する場合は，中華人民共和国婚姻法第6条の婚姻適齢である女20歳に達していなければならず，日本で婚姻をした場合と適齢に差が生じる（注：なお，2011年4月1日から施行される中華人民共和国渉外民事関係法律適用法により，婚姻要件に関する準拠法は同法21条により指定された。25頁参照。）。

　重婚の禁止について中華人民共和国婚姻法にも同様の規定がある。中華人民共和国婚姻法第3条第2項は，「重婚を禁止する。配偶者を有する者が他人と同棲することを禁止する。」と規定する。ただし，我が国の民法でいう

重婚は法律婚を前提とするものであり，内縁，準婚関係は含まれないのであるが，中国では内縁（事実婚姻）をも含んで禁止されている。

このように，我が国の民法よりも適用場面が広い。つまり，中華人民共和国婚姻法の方が重婚とされる可能性が高いといえる。

また，近親婚については，４親等内の傍系血族まで禁止される。中華人民共和国婚姻法第７条に，「直系血族及び三代（四親等）以内の傍系血族。」の婚姻を禁止する旨規定がある。これにより，従兄弟との婚姻は禁止されている。我が国の民法は３親等内の傍系血族を近親婚と定めており，これにより従姉妹との婚姻は許されるので，近親婚についても，我が国の民法よりも適用場面が広いといえる。

更に注目すべきは，中華人民共和国婚姻法には女性の再婚禁止期間に関する規定はないという点である。例えば，離婚後２か月経過した後に，中国人女性が中国で日本人男性と婚姻をしたとする。この点は，日本側の渉外戸籍の実務において問題となる可能性がある。法の適用に関する通則法第24条第１項によれば，「婚姻の成立は，各当事者につき，その本国法による。」との規定があり，中国を婚姻の挙行地とした場合に，女性の再婚禁止期間に関する規定はないのであるから，創設的届出をする中国側において婚姻は有効に成立しそうではある。しかし，日本でする報告的届出の場面において，これを双方的要件と解し，我が国の民法では民法第733条第１項が，「女は，前婚の解消又は取消しの日から100日を経過した後でなければ，再婚をすることができない。」と再婚禁止期間を定めていることを理由に，この報告的届出を受理しないということも起こり得る。離婚後100日を経過していない女性の再婚である場合には，日本側に届け出るに際してはこの双方的要件の解釈が異なることが原因で問題が生じることもあるので，中華人民共和国民法上は再婚禁止規定がないため，中国で有効に婚姻が成立した旨等の説明を担当する職員に対してしなければならないこともある。

我が国の民法は未成年者が婚姻する場合に父母の同意を要するとしている（民法737条１項）が，中国では，中華人民共和国民法通則第11条に規定する

とおり，18歳で成年に達するので，婚姻適齢が前述のとおり男22歳，女20歳であるところ，我が国のように未成年者の婚姻は理論上観念し得ない点が異なる。もっとも，我が国で18歳未満の中国人女性が婚姻をする場合には，中華人民共和国民法通則第147条により民法第737条第1項が適用されるため，父母の同意が必要となる（36頁注参照）。なお，ここでいう父母の同意とは，親権者の同意とは異なり，実の父母又は養父母のことである。したがって，父母がおらず後見人のみ存在するような場合は，誰の同意も不要となる。また，父母が婚姻届の証人欄に署名していれば，別途父母の同意書の添付は不要となる。父母の同意なき婚姻は婚姻障害事由に該当する。しかし，この場合も民法第744条は民法第737条第1項を取消事由とはしておらず，父母の同意のない婚姻が誤って受理されてしまえば，もはや取消はできなくなることを付言しておく。

　他に，我が国では婚姻障害とはされていないが，医学上結婚すべきではないと認められる疾病による禁止の要件が問題となりうる。中華人民共和国婚姻法第7条第2号で，「医学上結婚すべきではないと認められる疾病に罹患している者。」の婚姻を禁じており，同法第10条第3号「婚姻前医学上結婚すべきではないと認められる疾病に罹患し，婚姻後も未だ治癒されていない場合。」に該当する場合，婚姻は無効である旨の規定がある。

　我が国の場合，婚姻障害は取消事由とされるので，取消されるまでは有効であるが，中華人民共和国婚姻法第10条の規定によれば婚姻は無効とされる点に相違がある。

❷　婚姻の形式的成立要件

　婚姻届などの手続を日本側で先に行うべきか，それとも中国側で先に行うべきかについては，婚姻をしようとする当事者にとっては，大変気になるところではあると考える。国際結婚の手続については，距離的・時間的制約の中で，最大限効率的に婚姻手続を進めたいと考えるのは当然であろう。ここでは，婚姻の創設的届出について説明する。先に日本側で婚姻を成立させる

のか。中国側で婚姻を成立させるのか。どちらを先に婚姻の挙行地とするのかという問題である。我が国の民法を説明した際に，婚姻届を代理で市区町村役場に提出しうることについては述べたが，市区町村役場に当事者が出頭する必要はない。第三者が届け出てもよいので，婚姻の相手である中国人が中国にいる状況であっても，日本を挙行地とした創設的届出をする婚姻自体は可能である。しかしながら，入国管理局が行う「在留資格」認定審査の観点で考えると，中国人が中国にいる状況，つまり当事者の一方が日本に不在であるにもかかわらず，日本で婚姻をしなければならないという必要性に欠けるように思う。配偶者になろうとする中国人が日本に来られないのであれば，日本人が中国に渡り，中国側で中国方式により婚姻をするのがむしろ自然だからである。婚姻に至るまでの交際状況を重視する近年の法務省入国管理局の審査傾向からしても，配偶者となろうとする中国人が日本に来られないからとの理由のみで中国人不在でした日本での婚姻届出について，審査の上で良い結果（許可）が得られるとは考えにくい。また，婚姻届を受理しようとする市区町村役場の側も，創設的届出としての婚姻届を配偶者となろうとする中国人本人が自ら提出しに来ないという事実，つまり書類だけでの婚姻に疑念を抱くことも考えられる。婚姻の相手となる中国人本人が不出頭で，日本人のみでする婚姻の届出は，その中国人が不法滞在などで入国管理局に収容されているなどの出頭できない明らかな理由がある場合や，既に中国側で中国方式により婚姻が成立した場合の報告的届出の場合を除き，婚姻の実態に疑念を持たれると思われ，実務上，窓口によっては，結婚の相手となる中国人が不出頭の場合，その理由を求められることもある。配偶者となろうとする中国人が日本にいないのであれば，日本人が中国を訪れて中国方式の婚姻をするのが自然な流れといえる。

　このように，我が国の場合は，一方の当事者が出頭できない場合でも婚姻は成立するのであるが，これとは反対に，中華人民共和国婚姻法第8条は，「婚姻をしようとする男女双方は，自ら婚姻登記機関に出頭して結婚登記を行わなければならない。」と規定しており，中国側では婚姻登記処などの婚

姻登記機関に双方当事者が出頭しなければならない。また，我が国にはない婚姻登記という制度が存在することにも特徴がある。中華人民共和国婚姻登記条例第1条に，「婚姻登記業務を規律し，婚姻の自由・一夫一妻・男女平等の婚姻制度の実施を保障し，婚姻当事者の合法的権利・利益を保護するために，《中華人民共和国婚姻法》（以下，婚姻法と略称）に基づき，本条例を制定する。」との規定があり，婚姻登記条例と婚姻法とが密接に関連していることが分かる。我が国の民法では第739条第1項で，「婚姻は，戸籍法の定めるところにより届け出ることによって，効力を生ずる。」と規定しており，婚姻届により婚姻が成立する旨を明らかにしているが，中国では婚姻証を取得したときに婚姻が成立する。中華人民共和国婚姻法第8条は，「本法の規定に合致する場合は，登記を許可し，結婚証を発給する。結婚証の取得と同時に夫婦関係は確立する。」と定めている。つまり，中国側で先に婚姻をした場合，婚姻証を取得したときに婚姻の効力が生ずる。このことは，後述する跛行婚(はこうこん)がなぜ問題になるのかを理解するためにも重要である。なお，婚姻証の資料を掲載するが，実物の婚姻証は表紙が赤く，小さめの手帳くらいの大きさで，夫婦が写っている顔写真（5㎝×3.5㎝）が貼付してある。

中華人民共和国　結婚証（写真）

結局，在留資格の審査をも考慮した上で日本人と中国人とが婚姻する場合に，どちらかの国で当事者双方が出頭するべきということになると，婚姻手続をどちらの国で行うべきかについては，配偶者となろうとする中国人が日本国内にいるのか，それとも中国にいるのかによって大きく異なることとなる。仮に，在留資格の関係で配偶者となろうとする中国人が来日できないのであれば，日本人が中国に渡航して行う中国方式の婚姻を選択するほかないであろう。その場合，中国での婚姻成立後に我が国の法務省入国管理局に在留資格認定証明書交付申請をすることになる。一方，中国人が日本にいる。つまり，配偶者となろうとする中国人が既に日本国内に居住しており，その者の在留資格が「留学」，「人文知識・国際業務」，「技術」等他の在留資格で在留しているのであれば，日本国内で婚姻手続を進めることができ，いったん帰国するよりも合理的として好まれる傾向にある。婚姻後にそのまま在留資格「日本人の配偶者等」に在留資格変更許可申請をすることが多い。

　このように，日本を婚姻挙行地として創設的届出をした場合に，跛行婚が問題となることがある。跛行とは，釣合いがとれないことをいうが，日本では婚姻が成立し既婚となるが，中国では独身のままの状態を指していうことが多い。日本を婚姻挙行地として創設的届出を行った場合に，中国側がその報告的届出を受理しないとなれば，中国側ではいまだ独身のままではないかと考えて不安を抱かれる人が多い。実際に，駐日中国大使館領事部又は地方の総領事館では報告的届出を受理しないようである。また，先に説明した結婚証についても，我が国において創設的届出をした場合には発行されない。中華人民共和国婚姻登記条例第5条第4項によれば，外国人が婚姻登記を行う際には，「⑴本人の有効な旅券又はその他の有効な国際旅行許可証明書。⑵所在国の公証機関又は権限を有する機関が交付し，中華人民共和国の当該国駐在大使（領事）館又は当該国の中国駐在大使（領事）館の認証を経た，本人は配偶者を有しないことの証明又は所在国の中国駐在大使（領事）館が交付した，本人は配偶者を有しないことの証明。」を提出しなければならないとされており，日本で先に婚姻をした場合には，当該日本人配偶者の「配

偶者を有しないこと」の証明は観念し得ないので，結婚登記はできないということになる。そうであれば，中華人民共和国婚姻法第8条が，「本法の規定に合致する場合は，登記を許可し，結婚証を発給する。結婚証の取得と同時に夫婦関係は確立する。」と定めており，婚姻証を取得したときに婚姻の効力が生ずるとしていることから，我が国において創設的届出をした場合には婚姻証が発行されないこととなり，中国側の婚姻が有効に成立しないのではないかとの疑問が生じる。この点，平成14年8月8日付法務省民一第1885号法務局民事行政部長・地方法務局長あて民事局民事第一課長通知は，「日本国に在る日本人と中華人民共和国に在る中国人が日本において婚姻した場合であっても，同国民法通則第147条が適用され，同国国内においても有効な婚姻と認められる。したがって，当事者は同国国内で改めて婚姻登記又は承認手続を行う必要はない。」としており，創設的届出をした我が国はもちろん，中国においても有効な婚姻であることを明らかにした（36頁注参照）。また，同先例では，「日本国の方式で婚姻したという証明は，日本国外務省及び在日本国中華人民共和国大使館又は領事館において認証を得れば，同国国内でも有効に使用できる。」としており，たとえ上述の婚姻証の発給がされなくとも有効な婚姻であり，日本国外務省及び駐日中国大使館又は領事館の認証がある婚姻届記載事項証明書等が中国でも有効に使用できる旨が明らかとなった。このように有効な婚姻として認められている以上，中国国内では婚姻登記や婚姻の承認手続を行う必要はないが，中国人配偶者の居民戸口簿の婚姻状況欄を「既婚」にする手続は必要であろう。この手続は，日本国内の市区町村役場で婚姻受理証明を入手し，日本国外務省及び駐日中国大使館領事部又は地方の総領事館で認証してもらい，中国人配偶者の戸籍所在地の派出所に提出することになる。

　日本にいる中国人と日本人が日本国内で婚姻するには，中国人の婚姻当事者は，駐日中国大使館領事部又は地方の総領事館から婚姻要件具備証明書を取得しなくてはならない。この婚姻要件具備証明書を取得するために，かつては，中国人の婚姻当事者は本国から「出生公証書」，「未婚公証書」や「国

婚姻要件具備証明書

2戸12第●●●●号

証　明　書

戸籍の表示　　千葉県●●市●●一丁目●●
　　　　　　　●　●　●　●
出　生　地　　千葉県●●市
　　父　　　　●　●　●●
　　母　　　　●　●　●●●
続　柄　　　　長　男
氏　　　名　　●　●　●　●
　　　　　　　昭和●●年●●月●●日生

　　平成●●年●●月●●日千葉県●●市長によって真正に作成されたと認められる全部事項証明によれば、同人は独身であり、かつ、婚姻能力を有し、婚姻するについて日本法上何等障害のないことを証明する。

婚姻の相手方
国　　　籍　　中　国
氏　　　名　　●　●
生年月日　　　19●●年●月●日
性　　　別　　女　性

　　　　　　　平成●●年●●月●日

●●法務局長　●●　●●●●●
印

1　配偶者の国籍が中国の場合

43

籍公証書」を送付してもらい，それらを添付して婚姻要件具備証明書を申請していた。しかし，有効な旅券（パスポート）を所持する初婚の中国人が日本人と結婚する場合，それらの文書がなくても，独身であることの宣誓書を提出することで婚姻要件具備証明書が発行されるようになった。外国人登録原票記載事項証明書と手数料を持参すればよい。ただし，駐日中国大使館領事部又は地方の総領事館において婚姻要件具備証明書を申請時に提出する資料は，幾度となく変更された経緯があるため，駐日中国大使館又は地方の総領事館に最新情報を確認すべきである。特に，不法滞在者の領事婚は受け付けておらず，不法滞在者で旅券（パスポート）を所持していない中国人が婚姻要件具備証明書の発給を請求する場合は，本人出頭を前提に持参すべき必要書類の指示があり，「出生公証書」「未婚公証書」「国籍公証書」その他の文書を求められることもある。事案によっては，婚姻する日本人に関する文書を求められる場合も見受けられる。駐日中国大使館に対する問合せは当事者に限られ，電話での問合せには応じてもらえないことも考えられる。

❸ 中国国内での婚姻手続に必要な日本人の婚姻要件具備証明書

　ここでは，中国で創設的届出をする場合について説明する。中国方式により中国で日本人が中国人と婚姻するには，日本人が中国に渡航しなければならないことは先述の通りである。この場合，日本人の婚姻要件具備証明書が要求される。婚姻要件具備証明書のことを独身証明書と呼ぶこともあるが，日本国内には婚姻要件具備証明書とは全く別に独身証明書が存在するので注意が必要である。日本人が外国で婚姻する場合，独身であり，婚姻能力を有し，相手方と婚姻するにつき日本法上の婚姻障害が無いことを証明する必要があり，その場合に必要となるのが婚姻要件具備証明書である。この婚姻要件具備証明書は，日本の法務局（地方法務局を含む。）又は外国の日本公館で発行される。市区町村役場，法務局（地方法務局を含む。），大使・公使若しくは領事も発行することができる取扱いであり，上記機関で発行された婚姻要件具備証明書の効力は同一ではあるが，駐日中国大使館又は地方の総領事

館では，法務局（地方法務局を含む。）が発行した婚姻要件具備証明書を求める傾向にある。中国で結婚をしたいと考えている日本人が，既に中国にいるのであれば中国にある日本領事館などで発行してもらい，いまだ日本国内にいるのであれば法務局（地方法務局を含む。）に発行してもらうという2つの取得方法がある。

　日本人が既に中国にいるのであれば，中国にある日本の総領事館等に申請して発行してもらう方法をとる。この場合，日本人は中国に渡航する前に，日本の市区町村役場が発行した戸籍謄本と旅券（パスポート）を持参しておくとよい。過去に婚姻歴がある場合は，離婚歴を確認するために離婚又は死別の相手方及び年月日が確認できる改製原戸籍等などが必要になることがある。また，日本人が中国に長期間滞在できないことも多いため，発行に要する時間なども確認しておく必要がある。中国人は居民身分証・居民戸口簿を用意する。中国人に離婚歴がある場合，「離婚証」又は「離婚調解書（調停書）」が必要となる。一方，日本人がいまだ日本国内にいるのであれば，中国に渡航する前に，法務局で発行してもらい，その後，日本の外務省，駐日中国大使館領事部で認証してもらう方法をとる。婚姻要件具備証明書の提出国が中国の場合，先に述べたように，日本の地方法務局で発行された婚姻要件具備証明書に直接外務省及び中国大使館の認証のあるものが必要となる。手続の流れとしては，法務局で婚姻要件具備証明書を発行してもらい，その後，日本国外務省領事局領事サービス室証明班又は大阪分室で公印確認（日本の公文書に押印された公印の確認証明）をしてもらう。最後に，駐日中国大使館又は地方の総領事館にて婚姻要件具備証明書を認証してもらう。

4 中国で婚姻手続を行う場合

　配偶者になろうとする中国人の常住居民戸口簿所在地の省，自治区，直轄市の人民政府が指定する「婚姻登記処」等の婚姻登記機関に申請することになる。日本人，中国人の双方が必要書類を持参して，中国人の戸口簿所在地の省，自治区，直轄市の人民政府が指定する婚姻登記機関（婚姻登記処）で

登記手続を行い，結婚証を受領する。このように，中国側で先に婚姻をした場合，婚姻証を取得したときに婚姻の効力が生ずる。

日本人が用意するもの

① 婚姻要件具備証明書

　日本国内の法務局により発行された証明書で，かつ，日本国内の外務省で確認証明を受け，さらに駐日中国大使館又は領事館で認証を受けたもの又は在外公館が発行したものが必要となる。有効期間は6か月である。中国語翻訳文を添付する必要がある。離婚や死別がある場合には，別途，「離婚届記載事項証明」又は元配偶者の「死亡届記載事項証明」が必要となることもある。

② 旅券（パスポート）

中国人が用意するもの

① 居民戸口簿

② 居民身分証

③ 旅券（パスポート）

④ 写真　3枚（5cm×3.5cm（大2寸），無帽，正面）

　上記必要書類については，婚姻登記処によって異なることがあるため，事前に問い合わせるなど確認をした方がよいだろう。

　なお，中国国内で結婚証を受領した後そのまま引き続いて中国に在留する場合には3か月以内に最寄りの日本国領事館に婚姻届を提出することとなるが，この場合，婚姻届を提出してから本籍地に送付され，日本国内の戸籍に記載されるまでにおよそ1か月から数か月の日数を要する可能性がある。日本の戸籍は，在留資格認定証明書交付申請の必要書類であり，中国人との婚姻の事実が戸籍に反映するまで申請を保留にしなければならないような事態もありうるので日本への報告的届出をどのようにすべきかについて注意を要する。

日本国領事館に報告的届出をする場合に必要となる書類

① 婚姻届

② 戸籍謄本

③ 結婚公証書（中国の公証処発行の和訳付公証書・自ら訳す場合は翻訳者名及び日付）

④ 国籍公証書（中国の公証処発行の和訳付公証書・自ら訳す場合は翻訳者名及び日付）

帰国後に，本籍又は住民登録のある市区町村に直接提出するには，中国国内で「結婚証」を受領した後，必要書類を整えて，結婚公証書等を添えて3か月以内に本籍地の市区町村に直接提出する。この報告的届出としての婚姻届に必要な書類等は，事前に届け出る市区町村に確認を要する。

5 日本で婚姻手続を行う場合

ここでは，中国側でいまだ婚姻をしていないということを前提に説明する。日本にいる中国人と日本人が婚姻する手続である。日本の市区町村役場戸籍課に創設的届出としての婚姻届を提出する場合である。創設的届出の場合は，婚姻届に成年の証人2人以上が署名をしなければならないので注意を要する。

中国人が短期滞在の在留資格で滞在しているとき，駐日中国大使館又は地方の総領事館では，婚姻要件具備証明書は発行しないようである。市区町村役場戸籍課にもよるが，駐日中国大使館又は地方の総領事館で婚姻要件具備証明書を発行してもらわなくても，「出生公証書」「国籍公証書」「未婚公証書」を，日本語訳にして提出すれば，そのまま婚姻届を受け付ける戸籍課もある。日本人と婚姻をしようとする中国人が不法滞在等により入国管理局に収容されており，駐日中国大使館又は地方の総領事館に出頭できない場合も，「出生公証書」「国籍公証書」「未婚公証書」を日本語訳にして提出するのは同様であるが，婚姻要件具備証明書を提出できない理由などを記載した

配偶者の国籍が中国の場合

47

「陳述書」等の書類を求められることがある。また，中国人が，中国人配偶者といまだ離婚していない状態で，日本人との再婚を望むという事案も多い。中国で婚姻手続をしていた中国人同士が離婚する場合は，婚姻手続をした婚姻登記処に夫婦双方が出頭することが原則であるが，駐日中国大使館で婚姻手続をしていたのであれば，駐日中国大使館で離婚手続が可能となる。

日本人が用意するもの

① 戸籍謄本（本籍が異なる場合に提出する）
② 印鑑

中国人が用意するもの

① 旅券（パスポート）
② 婚姻要件具備証明書
駐日中国大使館又は地方の総領事館発行のもの
中国で婚姻したが，離婚・死別している場合
協議離婚は「離婚公証書」，裁判・調停離婚は「離婚調停証」又は「民事判決書」
死亡は「死亡公証書」
日本で婚姻し，離婚・死別している場合
離婚は「婚姻届受理証明書」及び「離婚届受理証明書」
死亡は「死亡届受理証明書」

駐日中国大使館又は地方の総領事館にて婚姻要件具備証明書を取得する際に必要な書類

① 旅券（パスポート）と写真ページのコピー
② 住民票原本（3か月以内有効）又は在留カード原本，及び両面コピー
③ 声明書（※）
④ 公証認証申請表（※）
（※） 大使館ホームページにフォームあり

2 韓国人との婚姻

① 婚姻の実質的成立要件

　韓国は査証免除国ということもあり，在留資格「短期滞在」であれば，比較的容易に入国ができる。頻繁に出入国を繰り返している事実や，過去に上陸拒否事由に該当するような事実がなければ，韓国人が日本に入国して婚姻手続をするのは，先に説明した中国人に比して容易といえる。

　韓国の婚姻は，大韓民国民法が適用される。立法過程における歴史的経緯から，我が国と同じパンデクテン（Pandekten）体系をとるなど，我が国の民法典ともよく似ている。しかしながら相違点も多く，その理解が重要となる。我が国の民法第742条が，「婚姻は，次に掲げる場合に限り，無効とす る。1．人違いその他の事由によって当事者間に婚姻をする意思がないとき。2．当事者が婚姻の届出をしないとき。ただし，その届出が第739条第2項に定める方式を欠くだけであるときは，婚姻は，そのためにその効力を妨げられない。」との規定があり，婚姻意思の合致が実質的成立要件となる。大韓民国民法第815条は，「婚姻は，次の各号の一の場合には，無効とする。1．当事者間に，婚姻の合意がない場合。2．婚姻が第809条第1項の規定に違反する場合。3．当事者間に直系姻戚関係があるか，又はあつた場合。4．当事者間に養父母系の直系血族関係があつた場合。」とあり，我が国の民法に婚姻意思の合致が実質的成立要件の消極的成立要件であることは同様である。

　また，婚姻障害であるが，大韓民国民法第807条が，「満18歳になつた者は，婚姻することができる。」と規定しているが，2007年に同法が改正されるまでは，我が国の民法第731条と同じく男子満18歳，女子満16歳であった。

　重婚に関しては，大韓民国民法第810条「配偶者のある者は，重ねて婚姻をすることができない。」との規定があり，我が国の民法第732条と同様である。

近親婚の禁止については大韓民国民法第809条に規定がある。2005年に既に改正されているが，「同姓同本である血族の間では，婚姻をすることができない。」とする同姓婚等の禁止を定めていた。本貫は，発祥を同じくする同一父系氏族集団の発祥地，宗族そのものを表す概念とされる。朝鮮半島では，家族制度の重要な要素として社会的・法的な位置を占めた歴史がある。朝鮮では，金，李，朴，崔，鄭などの姓が多く，本貫と姓の組合せにより宗族として区別する傾向がある。これを近親者として捉え，姓も本貫も同じことを同姓同本の婚姻を禁じていた。このように本貫は，大韓民国民法にも影響を及ぼしたのであるが，2005年に改正され削除された。2007年，個人の尊厳及び両性の平等を謳う大韓民国憲法の理念を具現化するべく，従来の「家」中心の戸籍制度に代わる制度として「家族関係登録等に関する法律」を制定し，「個」単位で交付される各種登録事項証明書等の家族関係登録制度が施行されるに至ったという経緯がある。もっとも，大韓民国民法は禁止される近親者の範囲を8親等としており，我が国の民法が禁じている近親者の範囲よりも大幅に広い。

　先述のとおり，我が国の民法第733条第1項に相当する，大韓民国民法第811条の再婚禁止の期間も改正され削除されている。

❷ 婚姻の形式的成立要件

　婚姻手続を日本側で行うべきか，それとも韓国側で行うべきかについては，婚姻をしようとする当事者にとっては，気になるところであり，やはり，距離的・時間的制約の中で，効率的に婚姻手続を進めたいと考えるのが普通である。ここでは，婚姻の創設的届出について説明する。日本側で婚姻を成立させるのか，韓国側で婚姻を成立させるのか，どちらを婚姻の挙行地とするのかという問題である。我が国の民法を説明した際に，婚姻届を代理で提出しうることについては先に述べた。我が国の場合，市区町村役場に当事者が出頭する必要はなく，第三者が届け出てもよいのであるが，「在留資格」の審査の観点で考えると，韓国人が日本に不在であるにもかかわらず，

日本で婚姻を成立させる必要性に疑義が生じる。配偶者になろうとする韓国人が日本に来られないのであれば，日本人が韓国に渡り，韓国方式により婚姻をするのがむしろ自然であろう。また，韓国の場合は，査証免除国であることから来日は比較的容易であることから，日本人が韓国に行けない等の事情があれば，配偶者となろうとする韓国人が来日すればよい。大韓民国民法にも当事者が出頭しなければならないとする規定はなく，我が国と同様に代理での婚姻が可能ではあるが，婚姻当事者の交際や交流状況を重視する近時の入国管理局の審査を考えると，いずれかの国で当事者双方が出頭して婚姻するのが望ましいと考える。

　大韓民国民法第812条第1項は，「婚姻は，家族関係の登録等に関する法律に定めるところにより，届出することによつて，その効力を生ずる。」と規定する。我が国の民法では第739条第1項で，「婚姻は，戸籍法の定めるところにより届け出ることによって，その効力を生ずる。」と規定しており，婚姻届により婚姻が成立する旨を明らかにしているが，韓国も同様に届出により婚姻が成立する。先に述べたとおり，韓国は戸籍制度を廃止したことから，家族関係の登録等に関する法律による。大韓民国民法第812条第2項は，「前項の届出は，当事者双方及び成年者である証人2人の連署した書面でなければならない。」としており，創設的届出，すなわち韓国側で婚姻を先に成立させる場合には，証人2人の署名が必要である旨を明らかにしている。我が国の民法第739条第2項は，「前項の届出は，当事者双方及び成年の証人2人以上が署名した書面で，又はこれらの者から口頭で，しなければならない。」としている。

　結局，在留資格の審査をも考慮した上で，日本人と韓国人とが婚姻する場合に，どちらかの国で当事者双方が出頭するべきということになると，配偶者となろうとする韓国人が日本国内にいるのか，それとも韓国にいるのかによって異なる。韓国人が日本にいる，つまり，配偶者となろうとする韓国人の在留資格が「留学」，「人文知識・国際業務」，「技術」等他の在留資格で在留しているのであれば，日本国内で婚姻できるし，いったん帰国するよりも

合理的として好まれる傾向にあり，婚姻後にそのまま在留資格「日本人の配偶者等」に変更することが多い。日本にいる韓国人と日本人が日本国内で婚姻するには，韓国人の婚姻当事者は，「家族関係の登録等に関する法律」のもと，新設された家族関係登録制度を利用した書類を準備しなければならない。中国人との婚姻で説明したような婚姻要件具備証明書を要求されることなく，韓国人の「基本証明書」「家族関係証明書」「婚姻関係証明書」とその日本語訳を添付することで婚姻届を受理する市区町村役場もあり，日本国内で婚姻した場合，駐日本国大韓民国大使館で韓国への報告的届出の手続ができる。この点は中国人との婚姻では，駐日中国大使館又は地方の総領事館が報告的届出としての婚姻届を受理しないのとは相違する。

❸ 韓国で婚姻手続を行う場合

日本の市区町村役場にあたる市・邑・面の長に，婚姻届を提出する。

日本人が用意するもの

① 婚姻要件具備証明書

② 旅券（パスポート）

③ 戸籍謄本（ハングル訳文を添付）

④ 住民票

上記①の日本人の婚姻要件具備証明書について説明する。日本人が外国で婚姻する場合，独身であり，婚姻能力を有し，相手方と婚姻するにつき日本法上の婚姻障害がないことを証明する必要があり，その場合に必要となるのが婚姻要件具備証明書である。婚姻要件具備証明書は，日本の地方法務局又は外国の日本公館で発行される。ここでは在外公館で日本人の婚姻要件具備証明書を発行してもらう際の必要書類について述べる。

日本人が用意するもの

① 戸籍謄（抄）本（3か月以内発行のもの）

② 本人を確認できる公文書（旅券及び外国人登録証）

韓国人が用意するもの

① 「婚姻関係証明書」（3か月以内発行のもの）
② 住民登録証等，本人を確認できる写真付公文書

④ 日本で婚姻手続を行う場合

　査証免除措置がとられている韓国人が，日本に入国するのは比較的容易と言える。2015年度の入管白書「出入国管理」によれば，観光を目的とした新規入国者数について国籍別に見ると，韓国が336万7,616人で最も多く，観光を目的とした新規入国者全体の22.4％を占めている。したがって，日本で婚姻手続した後に，駐日本国大韓民国大使館に日本人側の婚姻が記載された戸籍謄本を韓国語に翻訳して韓国側の婚姻手続を進めることも多い。なお，この方法で婚姻したとはいえ，本来であれば「日本人の配偶者等」の在留資格認定証明書が交付されることを前提に手続を進めるべきである。

韓国人が用意するもの

① 婚姻届
② 旅券（パスポート）
③ 基本事項証明書（日本語の訳文を添付）
④ 家族関係証明書（日本語の訳文を添付）
⑤ 婚姻関係証明書（日本語の訳文を添付）

　先述のとおり，韓国は戸籍制度が廃止となり，家族関係の登録等に関する法律が制定された。家族関係登録簿が作成され，5種類の証明書が発行される。家族関係登録等に関する法律第15条に，下記のとおりその種類と各記録事項が定められているので抜粋する。なお，本人の登録基準地，姓名，性別，本，出生年月日及び住民登録番号は共通事項である。韓国人との婚姻手続及び査証申請では大変重要な意味を持つ書類である。駐日本国大韓民国大

53

使館で発行してもらうことも可能である。韓国人の婚姻要件具備証明書は，これらの証明書で通常は足りる。

① 家族関係証明書

父母・配偶者・子

② 基本証明書

本人の出生，死亡，国籍喪失・取得及び回復等

③ 婚姻関係証明書

配偶者の事項・婚姻及び離婚

④ 養子縁組関係証明書

実父母・養父母又は養子の事項

養子縁組及び養子離縁

⑤ 親養子縁組関係証明書

実父母・養父母又は親養子の事項

養子縁組及び養子離縁

⑤の親養子については，韓国民法第908条の2以下に定めがある。家庭法院が関与することや実親との関係が切断される点において，我が国の特別養子に近い。しかしながら，15歳未満であることが要件であるなどの違いがある。

婚姻関係証明書

혼 인 관 계 증 명 서

[주일본국대사관]

등록기준지	●●●●●●● ●●● ●●● ●●● ●●●●●

구분	성 명	출생연월일	주민등록번호	성별	본
본인	●●●(●●●)	19●●년 ●●월 ●●일	●●●●●●-●******	남	●●

혼인사항

구분	성 명	출생연월일	주민등록번호	성별	본
배우자	●●●●●●●	19●●년 ●●월 ●●일	국적 일본	여	

구 분	상 세 내 용
혼인	[혼인신고일] 19●●년 ●●월 ●●일 [배우자] ●●●
기타	[배우자의사망일] 20●●년 ●●월 ●●일 [배우자] ●●● [처리관서] 울산●●시 ●구
혼인	[혼인일] 20●●년 ●●월 ●●일 [배우자] ●●●●●●● [배우자의국적] 일본 [배우자의출생연월일] 19●●년 ●●월 ●●일 [증서작성자] 일본국 ●●겐 ●●●●시장 [증서등본제출일] 20●●년 ●●월 ●●일 [증서등본제출자] ●●● [신고관서] 주일본국대사관 [송부일] 20●●년 ●●월 ●●일 [송부자] 주일본국대사 [처리관서] ●●●●●● ●●● ●월읍

위 혼인관계증명서는 가족관계등록부의 기록사항과 틀림없음을 증명합니다.

04809MY03201151001N1350BJI02122

1 / 2

20●●년 ●●월 ●●일

 전산정보중앙관리소 전산운영 책임관 오세하

발급시각 : 09시 53분
발급담당자 : ●●●
☎ : 03-●●●●-●●●●
신청인 : 김종욱

04809MY03201151001N1350BJI02122

2 / 2

第3章　国別の国際結婚手続

56

婚姻関係証明書 （訳文）

婚姻

婚 姻 関 係 証 明 書

[駐日本国大使館]

登録基準地	済州●●●●●●●●●●●●●●●●●●●

区 分	姓 名	出生年月日	住民登録番号	性別	本
本 人	●●●	19●●年●●月●●日	●●●●●●-●******	男	●●

婚姻事項

区分	姓 名	出生年月日	住民登録番号		性別	本
配偶者	●●●●	19●●年●●月●●日	国籍	日本	女	

区 分	詳 細 内 容
婚姻	[婚姻申告日] 19●●年●●月●●日 [配偶者] ●●●●●●
其他	[配偶者の死亡日] 2009年10月20日 [配偶者] ●●●●●● [処理官署] 蔚山●●市●区
婚姻	[婚姻日] 20●●年●●月●●日 [配偶者] ●●●● [配偶者の国籍] 日本 [配偶者の出生年月日] 19●●年●●月●●日 [婚姻証書作成者] 日本国●●県●●●市長 [証書謄本堤出日] 20●●年●●月●●日 [証書謄本堤出者] ●●● [申告官署] 駐日本国大使館 [送付日] 20●●年●●月●●日 [送付者] 駐日本国大使 [処理官署] 済州●●●●●●●●●●

上記の婚姻関係証明書は家族関係登録簿の記録事項と間違いない事を証明します。

婚	姻

20●●年●●月●●日

電算情報中央管理所 電算運営 責任管 ●●●

上記の証明書(除籍謄・抄本を含む)は家族関係登録など
電算情報処理組織により作成されました。
西紀 20●●年●●月●●日
駐日本国大韓民国大使

発給時刻 ：09時53分
発給担当者 ：●●●
☎ ：03-●●●●-●●●●
申請人 ：●●●

〒106-0047 東京都港区南麻布
在日本大韓民国民団東京
支団長 ●　●　●
03-●●●●-●●●

印

3 フィリピン人との婚姻手続

　フィリピンは我が国から航空機で約4時間の距離にあり，興行の在留資格を得て来日するフィリピン人が多かった。「興行」の在留資格による2009年の新規入国者数を国籍別に見ると，米国，英国，ロシア，フィリピンの順となっており，フィリピンは歌手・ダンサーとして稼働する者を中心に1,873人と全体の6％を占めている。「興行」の在留資格による新規入国者数は，2001年以降一貫して増加していたが，2004年の8万2,741人をピークに減少傾向に転じ，2009年は1,873人にまで減少している。このような減少傾向は，2006年に在留資格「興行」に係る上陸許可基準の見直しを行い，上陸審査・在留審査の厳格化が図られたこと等が影響していると考えられる。しかしながら，中国・韓国に次いで近隣にある外国であることから，フィリピン人を配偶者にもつ日本人は多い。

1 婚姻の実質的成立要件

　日本の民法との比較で言えば，婚姻適齢が男女ともに18歳である。フィリピン家族法第5条は，「18歳以上の男女は，第37条及び第38条に掲げる婚姻障害がない限り婚姻をすることができる。」と規定している。本条でいう第37条及び第38条は婚姻障害として近親婚を無効とする。ただし，第38条第9号は，「相手と婚姻するために，相手又は自己の配偶者を殺害した者。」との婚姻を無効とするのであって，近親者との婚姻を禁じたものではない。近親婚については，我が国の民法よりも範囲が広い。例えば，フィリピン家族法第38条は政策的理由により，同条第7号は，「養子と，養親の嫡出子との間。」の婚姻を無効事由として列挙し，同条第8号は，「養親を同じくする養子どうしの間。」を無効事由として規定している。一方，我が国の民法第734条第1項は，「直系血族又は三親等内の傍系血族の間では，婚姻をすることができない。ただし，養子と養方の傍系血族との間では，この限りでない。」と

59

規定していることから，兄弟姉妹間は結婚できないが，養子縁組により義理の兄弟姉妹となった者の間については結婚を可能としている。また，フィリピン家族法第38条第1号は，「嫡出，非嫡出に関わらず，四親等以内の傍系親族間。」として規定しており，前出の我が国の民法第734条第1項が規定する三親等内の傍系血族よりも広い範囲を近親としている。生物学的理由により婚姻障害とされているわけではないので当然ではあるが，近親者の範囲に相違点がある。

　フィリピン家族法第35条第4号により，重婚も禁止されている。我が国の民法が取消事由としているのとは異なり無効とされる。

　留意すべきは再婚禁止期間であろう。フィリピン家族法には再婚禁止期間を定めた規定は存在しない。しかしながら，同国刑法第351条には，301日以内に再婚した場合に罰金等を定めており，これを再婚禁止期間と解すれば婚姻の障害となる。

　実際には，フィリピン国内で婚姻する場合にこの制約が障害になることはもちろん，駐日フィリピン共和国大使館においても，婚姻要件具備証明書に代わる「サーティフィケート　オブ　ノー　オブジェクション（CNO）」は10か月と1日待たなければ発行されないようであるので我が国で我が国の方式により婚姻する場合にも注意を要する。

② 婚姻の形式的成立要件

　日本とフィリピンとでは，どちらの国で婚姻手続をするのが合理的であろうか。フィリピンが査証免除国ではないことや，2006年の上陸審査・在留審査の厳格化の影響等で入国が難しくなったこともあり，我が国で相当期間の交際を経た後に婚姻にいたるという日比夫婦は減少傾向にある。また，法的な配偶者といえども，在留資格が認められなければ我が国には入国できないのであるから，フィリピン人配偶者の在留資格が得られるまで日本人配偶者がフィリピンを何度か訪れて交際を続けるということも多い。入国管理局の審査も交際の実績を重視する傾向にあり，渡航回数も多い方が交流の事実を

証明しやすい。このように，配偶者ですら厳しく審査されるのであるから，婚姻が成立していない婚約者の場合は，なおさら厳しいといえる。その結果，フィリピンで来日前に婚姻する夫婦が増えており，来日未経験で日本人と婚姻するフィリピン人も多い。

　一方，日本に在留中に，日本人男性と婚姻したがその後離婚をし，他の日本人男性と婚姻するというフィリピン人女性も増えている。フィリピン人との国際結婚が増加傾向にあったため，これに比例して離婚の件数も増える。フィリピン家族法には離婚を認める規定がないことから，そもそも離婚ができるのか，そして再婚はできるのか，再婚ができるとして再婚禁止の期間が問題になる。このことについては，日本を常居所とするフィリピン人女性と日本人男性とが離婚した後，別の日本人男性と再婚する事例を挙げて説明する。我が国の法の適用に関する通則法第27条は離婚について，「第25条の規定は，離婚について準用する。」と規定している。つまり，同法第25条の，「婚姻の効力は，夫婦の本国法が同一であるときはその法により，その法がない場合において夫婦の常居所地法が同一であるときはその法により，そのいずれの法もないときは夫婦に最も密接な関係がある地の法による。」との規定を離婚にも準用している。また同法第27条は，ただし書で，「夫婦の一方が日本に常居所を有する日本人であるときは，離婚は，日本法による。」と規定しており，このことから国際離婚（渉外離婚）は下記のようになる。

【離婚の法】

① 　夫婦の本国法が同一　　　⇒　本国法
② 　夫婦の常居所地法が同一　⇒　常居所地法
③ 　上記①②の法がない　　　⇒　夫婦に最も密接な関係がある地の法

ただし，夫婦の一方が日本に常居所を有する日本人であるとき　⇒　日本法

　つまり，日本を常居所とするフィリピン人女性と日本人男性は日本法により離婚をすることができる。また，フィリピン人女性がたとえフィリピンに帰国していたとしても，夫が日本に常居所を有する日本人であれば日本法で離婚ができるということになる。フィリピン人同士での離婚は認められない

が，フィリピン家族法第26条第2項は，「フィリピン人と外国人が有効に婚姻し，その後外国において離婚が有効に成立し，外国人配偶者が再婚する資格を得た場合は，フィリピン人配偶者もフィリピン法に従い再婚する資格を取得する。」とし，国際結婚の場合にのみ離婚を認めている。次に，このフィリピン人女性が，別の日本人男性と再婚する場合，日本で婚姻するには婚姻要件具備証明書が必要となる。2009年9月以降，フィリピン共和国大使館は，婚姻要件具備証明書に代わり，「サーティフィケート　オブ　ノー　オブジェクション（CNO）」を発行している。これは，日本に現在在住しているフィリピン国籍者のみに対して発行されるが，申請にはフィリピン人申請者と日本人婚約者の両人がフィリピン共和国大使館へ出頭する必要がある。

❸ フィリピンで婚姻手続を行う場合

　フィリピンにおいて婚姻手続を進める場合，手続の流れを理解しておくとよい。大まかな手続はあるが，ア　婚姻要件具備証明書の取得，イ　婚姻許可証の取得，ウ　挙式，エ　婚姻証明書の取得，オ　婚姻届の提出となる。フィリピンに限らず，国際結婚の場合は婚姻相手の母国で法改正などがなされる場合も多く，特に必要書類については注意を要する。

ア　婚姻要件具備証明書の取得

　　在マニラ日本国総領事館などの在外公館において婚姻要件具備証明書を取得することになる。日本人配偶者の発行後3か月以内の戸籍謄（抄）本（戸籍の全部事項証明書又は個人事項証明書でも可）を用意する。フィリピン家族法13条は，「当事者の一方に婚姻歴があるときは，申請人は，前条で要求される出生または洗礼証明書の代わりに，前配偶者の死亡証明，離婚の判決，婚姻取消の判決，または婚姻無効の判決を必要とする。死亡証明書を入手できない場合は，その当事者はその旨および前配偶者の階級，氏名および死亡日を記した宣誓供述書を作成する。」と定める。したがって，死別，離別がある場合，上記の戸籍謄（抄）本に婚姻及び婚姻解消の事実の記載を要する。過去の婚姻歴の有無及びその内容は，婚姻要件具備

証明書の発行で重要となる。婚姻及び婚姻解消の事実についての記載が戸籍謄（抄）本そのものにない場合，婚姻歴についての記載がある改製原戸籍又は除籍謄本を用意する。また，初婚であっても，転籍などにより婚姻がないことを確認できない場合は同様に改製原戸籍又は除籍謄本が必要となる。

　配偶者となろうとするフィリピン人について国家統計局（National Statistics Office；NSOとの略称が用いられる。）発行のもの又は市役所発行の出生証明書が必要となる。この出生証明書は，原本と照合済みのスタンプがある証明書が必要であり，記載事項の不備や不鮮明な場合には，有効な旅券又は洗礼証明書の原本が必要となることもある。

　配偶者となろうとする日本人が出頭して提出する。その際に有効な日本国旅券の提示を求められる。

イ　婚姻許可証の取得

　フィリピンで婚姻するには，地方民事登録官が発行する婚姻許可証が必要となる。フィリピン家族法第9条には，「婚姻許可証は婚姻しようとする者が居住する自治体の登録所で発行する。」と定め，同法第12条の書面を添付し，同法第11条の手続により，婚姻許可証申請書を婚姻しようとする者が居住する自治体の登録所に申請する。

　婚姻許可証申請者の氏名等は，10日間継続して地方民事登録官事務所に公示され，特に問題がなければ公示期間満了後に発行される。同法第17条で「登録所は，婚姻許可証の申請人の氏名，住所，その他申請書の記載の事項を公示する。この公示は，登録所構内で一般の人が立ち入れる目立つ場所にある掲示板に連続10日間掲示することにより行う。この掲示の中で，人々に対し婚姻障害について知るところを登録所に通知するように要求する。この掲示期間の満了後，婚姻許可証が発行される。」と定めている。配偶者がある身でありながら文書を偽造する等の手段で独身を装い婚姻した場合に，この10日間は真の配偶者等からの異議申述期間となり，これにより婚姻の真正を担保しうる。また，この婚姻許可証には有効期間が

ある。日本人の配偶者となろうとする者が，長期的に滞在ができない，頻繁に渡比できないなどの事情がある場合には注意を要する。同法第20条に「婚姻許可証は，発行の日付から120日間フィリピン全土で有効であり，当事者がこれを使用しない場合は有効期間の満了により自動的に無効となる。期間が満了する日は婚姻許可証の表面に明瞭に押印される。」との規定による。

ウ　挙　式

　婚姻許可証の有効期間内（発行の日付から120日間）に挙式を行う。フィリピンにおいては婚姻を挙行できる権限のある官吏（婚姻挙行担当官）及び婚姻の場所（裁判所，公開の法廷，協会・寺院等，総領事館，領事館等）が同法２条から８条で定められている。婚姻挙行担当官（裁判官，牧師など）及び成人２名以上の証人の面前で婚姻の宣誓を行い，婚姻当事者双方及び証人が婚姻証明書に署名し，これを婚姻挙行担当官が認証することにより婚姻が成立する。フィリピン家族法第３条は，婚姻の形式要件を定める。「(1)権限のある官吏により行われること。(2)本編第２章の場合を除き，有効な婚姻許可証があること。(3)当事者が官吏の面前に出頭し婚姻の儀式を行うこと，および当事者が互いに夫とし妻とすることを成年の２名以上の証人の前で宣誓すること。」とされている。なお，同法第６条によれば，「婚姻のための規定された形式や宗教的儀式は必要でない。ただし婚姻の当事者が官吏の前に出頭し２名以上の成人の証人の前で互いに夫とし妻とすることを宣誓することを要する。この宣誓は婚姻の当事者及び証人が署名し官吏が認証した証明書に記される。」と規定していることから，第３条に規定する形式的要件としての儀式は必ずしも宗教的な儀式である必要はない。歴史的な経緯もあり，フィリピンはローマ・カトリック教徒が多いのは事実であるが，様々な宗教が混在する多民族の国家であり，ローマ・カトリック方式の婚姻に限られるものではない。宗教の中には改宗しなければ婚姻を認めないとするものもあるが，フィリピン家族法の規定は，配偶者となる日本人の改宗を要求しているわけではない。

エ　婚姻証明書の取得

　　第6条の婚姻証明書の副本が婚姻挙行担当官より婚姻後15日以内に挙行
　地のフィリピン市町村役場に送付され，登録が行われる。

オ　婚姻届の提出

　　日本側で報告的届出をする場合，在マニラ日本国領事館などの在外公館
　に届け出る方法と，日本に帰国した後に，市区町村役場に届出をする方法
　がある。前者は日本の戸籍に婚姻の事実が反映されるまでに相当の期間を
　要する。在留資格認定証明書交付申請の際，入国管理局から婚姻の事実が
　記載された戸籍の提出を求められることもあるので注意を要する。

　　戸籍謄（抄）本

　　フィリピン人配偶者の出生証明書（日本語訳文）

　　婚姻証明書（日本語訳文）

　　婚姻要件具備証明書の写し

　　婚姻許可書及び婚姻許可申請書の写し

4　日本で婚姻手続を行う場合

　　日本で創設的届出としての婚姻手続を行う場合，配偶者となるフィリピン
人が，何らかの在留資格で日本に滞在していることを前提に説明をする。配
偶者となろうとするフィリピン人は，フィリピン共和国大使館で「サーティ
フィケート　オブ　ノー　オブジェクション（CNO）」を取得する。これ
は，在日フィリピン人が外国人との婚姻を希望する場合に発行される。日本
在住フィリピン国籍者のみに対して発行されるが，申請にはフィリピン人申
請者と日本人婚約者の両人がフィリピン共和国大使館へ出頭する必要があ
る。婚姻当事者が未成年である場合や，過去に婚姻歴がある場合に必要とな
る書類が異なる。フィリピンは必要書類等が変更になる場合が度々あるので
注意を要する。

　　この「サーティフィケート　オブ　ノー　オブジェクション（CNO）」を
添えて市区町村役場に婚姻届を提出する。

3

フィリピン人との婚姻手続

65

CHAPTER
第 4 章　在留手続の基礎

1 出入国管理制度と在留資格

　国際結婚では主に日本人と外国人が結婚するケースと日本に在留する外国人同士が結婚するケースの2パターンが考えられるが、どちらにせよ適切な在留資格を得ることが非常に重要である。結婚すること自体は本人同志の自由であるが、外国人が日本に適法に滞在するための在留資格を与えるかどうかは国の判断となり、在留資格変更等の申請が不許可となれば有効に婚姻が成立していたとしても合法的に日本に滞在することはできず、配偶者の母国など海外での生活を余儀なくされることもあるからだ。

　在留資格制度とは、外国人の出入国を管理する方法のことを指す。国により出入国の管理方法は様々であるが、大きく分けるとアメリカ型と大陸型の2パターンに分類できる。アメリカ型は出入国時に慎重な審査を行うが、一度入国が許可されると国内での婚姻や就職などは比較的容易に行うことができる。一方、大陸型はヨーロッパ諸国などに多く見られ、出入国は比較的容易に行えるが国内での婚姻や就職などに応じて慎重に審査を行う制度である。陸続きのヨーロッパとは異なり、日本は島国であるため外国人の出入国を比較的容易に管理できるためアメリカ型の管理方法を採用している。フィリピンや韓国なども同様の制度を実施している。

　これら諸国では、受け入れる外国人の活動や地位、身分を在留資格という形であらかじめ定め、在留資格に該当する外国人の入国、滞在を認め、該当しない外国人の入国、滞在を認めないとする出入国管理の方式をとっている。日本におけるこの制度は、一般的に入管法と呼ばれる「出入国管理及び

難民認定法」の別表に在留資格が定められている。このように，日本に上陸する外国人は原則として，いずれかの在留資格に該当しなければ日本に在留することはできず，そして，それぞれの在留資格には就労条件など日本での活動内容と期限が定められており，外国人はこの在留資格が許容する活動に限って活動し，在留することが可能となる。つまり，在留資格とは外国人が日本に在留し活躍することができる身分又は地位の種類を類型化したものである。

在留資格の一覧

定められた範囲内での就労が可能な在留資格

一

在留資格	本邦において行うことができる活動	該当する例	在留期間	就労
「外交」	日本国政府が接受する外国政府の外交使節団若しくは領事機関の構成員，条約若しくは国際慣行により外交使節と同様の特権及び免除を受ける者又はこれらの者と同一の世帯に属する家族の構成員としての活動	外国政府の大使，公使，総領事，代表団構成員等及びその家族	法別表第一の一の表の外交の項の下欄に掲げる活動（「外交活動」と称する。）を行う期間	○
「公用」	日本国政府の承認した外国政府若しくは国際機関の公務に従事する者又はその者と同一の世帯に属する家族の構成員としての活動（この表の外交の項の下欄に掲げる活動を除く。）	外国政府の大使館・領事館の職員，国際機関等から公の用務で派遣される者等及びその家族	5年，3年，1年，3月，30日又は15日	○
「教授」	本邦の大学若しくはこれに準ずる機関又は高等専門学校において研究，研究の指導又は教育をする活動	大学教授等	5年，3年，1年又は3月	○
「芸術」	収入を伴う音楽，美術，文学その他の芸術上の活動（二の表の興行の項の下欄に掲げる活動を除く。）	作曲家，画家，著述家等	5年，3年，1年又は3月	○
「宗教」	外国の宗教団体により本邦に派遣された宗教家の行う布教その他の宗教上の活動	外国の宗教団体から派遣される宣教師等	5年，3年，1年又は3月	○

「報道」	外国の報道機関との契約に基づいて行う取材その他の報道上の活動	外国の報道機関の記者，カメラマン等	5年，3年，1年又は3月	○

二

「高度専門職」	1号 　高度の専門的な能力を有する人材として法務省令で定める基準に適合する者が行う次のイからハまでのいずれかに該当する活動であって，我が国の学術研究又は経済の発展に寄与することが見込まれるもの イ　法務大臣が指定する本邦の公私の機関との契約に基づいて研究，研究の指導若しくは教育をする活動又は当該活動と併せて当該活動と関連する事業を自ら経営し若しくは当該機関以外の本邦の公私の機関との契約に基づいて研究，研究の指導若しくは教育をする活動 ロ　法務大臣が指定する本邦の公私の機関との契約に基づいて自然科学若しくは人文科学の分野に属する知識若しくは技術を要する業務に従事する活動又は当該活動と併せて当該活動と関連する事業を自ら経営する活動 ハ　法務大臣が指定する本邦の公私の機関において貿易その他の事業の経営を行い若しくは当該事業の管理に従事する活動又は当該活動と併せて当該活動と関連する事業を自ら経営する活動 2号 　1号に掲げる活動を行った者であって，その在留が我が国の利益に資するものとして法務省令で定める基準に適合するものが行う次に掲げる活動 イ　本邦の公私の機関との契約に基づいて研究，研究の指導又は教育をす	ポイント制による高度人材	一　法別表第一の二の表の高度専門職の項の下欄第1号イからハまでに掲げる活動を行う者にあっては，5年 二　法別表第一の二の表の高度専門職の項の下欄第2号に掲げる活動を行う者にあっては，無期限

	る活動 ロ　本邦の公私の機関との契約に基づいて自然科学又は人文科学の分野に属する知識又は技術を要する業務に従事する活動 ハ　本邦の公私の機関において貿易その他の事業の経営を行い又は当該事業の管理に従事する活動 ニ　2号イからハまでのいずれかの活動と併せて行うこの表の教授，芸術，宗教，報道，法律・会計業務，医療，教育，技術・人文知識・国際業務，介護，興行，技能の項に掲げる活動（2号のイからハまでのいずれかに該当する活動を除く。）			
「経営・管理」	本邦において貿易その他の事業の経営を行い又は当該事業の管理に従事する活動（この表の法律・会計業務の項に掲げる資格を有しなければ法律上行うことができないこととされている事業の経営又は管理に従事する活動を除く。）	企業等の経営者・管理者等	5年，3年，1年，4月又は3月	○
「法律・会計業務」	外国法事務弁護士，外国公認会計士その他法律上資格を有する者が行うこととされている法律又は会計に係る業務に従事する活動	弁護士，公認会計士等	5年，3年，1年又は3月	○
「医療」	医師，歯科医師その他法律上資格を有する者が行うこととされている医療に係る業務に従事する活動	医師，歯科医師，看護師等	5年，3年，1年又は3月	○
「研究」	本邦の公私の機関との契約に基づいて研究を行う業務に従事する活動（一の表の教授の項の下欄に掲げる活動を除く。）	政府関係機関や私企業等の研究者等	5年，3年，1年又は3月	○
「教育」	本邦の小学校，中学校，義務教育学校，高等学校，中等教育学校，特別支援学校，専修学校又は各種学校若しくは設備及び編制に関してこれに準ずる教育機関において語学教育その他の教育をする活動	中学校，高等学校等の語学教師等	5年，3年，1年又は3月	○

「技術・人文知識・国際業務」	本邦の公私の機関との契約に基づいて行う理学，工学その他の自然科学の分野若しくは法律学，経済学，社会学その他の人文科学の分野に属する技術若しくは知識を要する業務又は外国の文化に基盤を有する思考若しくは感受性を必要とする業務に従事する活動（この表の教授，芸術，報道，経営・管理，法律・会計業務，医療，研究，教育，企業内転勤，介護，興行の項に掲げる活動を除く。）	機械工学等の技術者等，通訳，デザイナー，語学講師等	5年，3年，1年又は3月	○
「企業内転勤」	本邦に本店，支店その他の事業所のある公私の機関の外国にある事業所の職員が本邦にある事業所に期間を定めて転勤して当該事業所において行うこの表の技術・人文知識・国際業務の項の下欄に掲げる活動	外国の事業所からの転勤者	5年，3年，1年又は3月	○
「介護」	本邦の公私の機関との契約に基づいて介護福祉士の資格を有する者が介護又は介護の指導を行う業務に従事する活動	介護福祉士	5年，3年，1年又は3月	○
「興行」	演劇，演芸，演奏，スポーツ等の興行に係る活動又はその他の芸能活動（この表の経営・管理の項の下欄に掲げる活動を除く。）	俳優，歌手，ダンサー，プロスポーツ選手等	3年，1年，6月，3月又は15日	○
「技能」	本邦の公私の機関との契約に基づいて行う産業上の特殊な分野に属する熟練した技能を要する業務に従事する活動	外国料理の調理師，スポーツ指導者，航空機の操縦者，貴金属等の加工職人等	5年，3年，1年又は3月	○
	一　次のイ又はロのいずれかに該当する活動 　イ　外国人の技能実習の適正な実施及び技能実習生の保護に関する法律（平成二十八年法律第八十九号。以下「技能実習法」という。）第八条第一項の認定（技能実習法第十一条第一項の規定による変更の認定があったときは，その変更			

「技能実習」		技能実習生	○	

後のもの。以下同じ。）を受けた技能実習法第八条第一項に規定する技能実習計画（技能実習法第二条第二項第一号に規定する第一号企業単独型技能実習に係るものに限る。）に基づいて，講習を受け，及び技能，技術又は知識（以下「技能等」という。）に係る業務に従事する活動

ロ　技能実習法第八条第一項の認定を受けた同項に規定する技能実習計画（技能実習法第二条第四項第一号に規定する第一号団体監理型技能実習に係るものに限る。）に基づいて，講習を受け，及び技能等に係る業務に従事する活動

二　次のイ又はロのいずれかに該当する活動

イ　技能実習法第八条第一項の認定を受けた同項に規定する技能実習計画（技能実習法第二条第二項第二号に規定する第二号企業単独型技能実習に係るものに限る。）に基づいて技能等を要する業務に従事する活動

ロ　技能実習法第八条第一項の認定を受けた同項に規定する技能実習計画（技能実習法第二条第四項第二号に規定する第二号団体監理型技能実習に係るものに限る。）に基づいて技能等を要する業務に従事する活動

三　次のイ又はロのいずれかに該当する活動

イ　技能実習法第八条第一項の認定を受けた同項に規定する技能実習計画（技能実習法第二条第二項第三号に規定する第三号企業単独型技能実習に係るものに限る。）に基づいて技能等を要する業務に従事する活動

一　法別表第一の二の表の技能実習の項の下欄第一号イ又はロに掲げる活動を行う者にあっては，１年を超えない範囲内で法務大臣が個々の外国人について指定する期間

二　法別表第一の二の表の技能実習の項の下欄第二号イ若しくはロ又は第三号イ若しくはロに掲げる活動を行う者にあっては，２年を超えない範囲内で法務大臣が個々の外国人について指定する期間

	ロ　技能実習法第八条第一項の認定を受けた同項に規定する技能実習計画（技能実習法第二条第四項第三号に規定する第三号団体監理型技能実習に係るものに限る。）に基づいて技能等を要する業務に従事する活動			

就労が認められない在留資格

三

「文化活動」	収入を伴わない学術上若しくは芸術上の活動又は我が国特有の文化若しくは技芸について専門的な研究を行い若しくは専門家の指導を受けてこれを修得する活動（四の表の留学の項及び研修の項までの下欄に掲げる活動を除く。）	日本文化の研究者等	3年，1年，6月又は3月	×
「短期滞在」	本邦に短期間滞在して行う観光，保養，スポーツ，親族の訪問，見学，講習又は会合への参加，業務連絡その他これらに類似する活動	観光客，会議参加者等	90日，30日又は15日以内の日を単位とする期間	×

四

「留学」	本邦の大学，高等専門学校，高等学校（中等教育学校の後期課程を含む。）若しくは特別支援学校の高等部，中学校（義務教育学校の後期課程及び中等教育学校の前期課程を含む。）若しくは特別支援学校の中学部，小学校（義務教育学校の前期課程を含む。）若しくは特別支援学校の小学部，専修学校若しくは各種学校又は設備及び編制に関してこれらに準ずる機関において教育を受ける活動	大学，短期大学，高等専門学校及び高等学校等の学生	4年3月，4年，3年3月，3年，2年3月，2年，1年3月，1年，6月又は3月	×
「研修」	本邦の公私の機関により受け入れられて行う技能等の修得をする活動（二の表の技能実習の項の下欄第一号及びこの表の留学の項の下欄に掲げる活動を除く。）	研修生	1年，6月又は3月	×

在留資格	活動内容	該当例	在留期間	
「家族滞在」	一の表，二の表又は三の表の在留資格（外交，公用，技能実習及び短期滞在を除く。）をもって在留する者又はこの表の留学の在留資格をもって在留する者の扶養を受ける配偶者又は子として行う日常的な活動	在留外国人が扶養する配偶者・子	5年，4年3月，4年，3年3月，3年，2年3月，2年，1年3月，1年，6月又は3月	×

許可の内容により就労の可否が決められる在留資格

五

在留資格	活動内容	該当例	在留期間	
「特定活動」	法務大臣が個々の外国人について特に指定する活動	外交官等の家事使用人，ワーキング・ホリデー，経済連携協定に基づく外国人看護師・介護福祉士候補者等	一　法第七条第一項第二号の告示で定める活動を指定される者にあっては，5年，3年，1年，6月又は3月 二　経済上の連携に関する日本国とインドネシア共和国との間の協定，経済上の連携に関する日本国とフィリピン共和国との間の協定若しくは平成24年4月18日にベトナム社会主義共和国政府との間で交換が完了した看護師及び介護福祉士の入国及び一時的な滞在に関する書簡に基づき保健師助産師看護師法（昭和二十三	△

| | | 年法律第二百三号）第五条に規定する看護師としての業務に従事する活動又はこれらの協定若しくは交換が完了した書簡に基づき社会福祉士及び介護福祉士法（昭和六十二年法律第三十号）第二条第二項に規定する介護福祉士として同項に規定する介護等の業務に従事する活動を指定される者にあっては，３年又は１年
三　一及び二に掲げる活動以外の活動を指定される者にあっては，５年を超えない範囲内で法務大臣が個々の外国人について指定する期間 | |

就労に制限がない在留資格

「永住者」	法務大臣が永住を認める者	法務大臣から永住の許可を受けた者（入管特例法の「特別永住者」を除く。）	無期限	○

「日本人の配偶者等」	日本人の配偶者若しくは特別養子又は日本人の子として出生した者	日本人の配偶者・子・特別養子	5年，3年，1年又は6月	○
「永住者の配偶者等」	永住者等の配偶者又は永住者等の子として本邦で出生しその後引き続き本邦に在留している者	永住者・特別永住者の配偶者及び本邦で出生し引き続き在留している子	5年，3年，1年又は6月	○
「定住者」	法務大臣が特別な理由を考慮し一定の在留期間を指定して居住を認める者	第三国定住難民，日系3世，中国残留邦人等	一　法第七条第一項第二号の告示で定める地位を認められる者にあっては，5年，3年，1年又は6月 二　一に掲げる地位以外の地位を認められる者にあっては，5年を超えない範囲内で法務大臣が個々の外国人について指定する期間	○

注　法務省入国管理局の資料による。

　在留資格はそれぞれに許可基準などが設けられており，いくら婚姻が有効に成立していたとしても，これらの規定に合致しなければ在留資格が付与されることはない。そのため，婚姻後に日本での生活を希望する場合には，自分に適した在留資格の取得を念頭に置かなければならない。以下は国際結婚において最もよく利用される在留資格である「日本人の配偶者等」，「永住者の配偶者等」，「定住者」，「家族滞在」の詳細である。

❶ 日本人の配偶者等

在留資格「日本人の配偶者等」とは，日本人の配偶者や特別養子又は日本人の子として出生した者などに与えられるものであり，具体的には次の(1)〜(3)をまとめたものとなる。

(1) 日本人の配偶者

ア 「配偶者」とは，現に婚姻関係中の者をいい，相手方配偶者が死亡した者又は離婚したものは含まれない。また，婚姻は法的に有効な婚姻であることを要し，内縁の配偶者は含まれない。

イ 法律上の婚姻関係が成立していても，同居し，互いに協力し，扶助し合って社会通念上の夫婦の共同生活を営むという婚姻の実体を伴っていない場合には，日本人の配偶者としての身分を保持するものとは言えず，在留資格該当性は認められない。

なお，社会通念上の夫婦の共同生活を営むと言えるためには，特別な理由がない限り，同居して生活することを要する。

(2) 日本人の特別養子

ア 「民法第817条の2の規定による特別養子」とは，家庭裁判所の審判によって，生みの親との身分関係を切り離し，養父母との間の実の子と同様な関係が成立しているため，この在留資格が認められている。なお，一般の養子は認められていないので注意が必要である。

(3) 日本人の子として出生した者

「子として出生した者」とは，実子を言うが，嫡出子のほか認知された非嫡出子も含まれる。ただし，その外国人が出生した時，父又は母のいずれか一方が日本国籍を有していた場合，又は，本人の出生前に父が死亡し，かつ，その父の死亡の時に日本国籍を有していた場合でなければならない。しかし，本人の出生後，父又は母が日本の国籍を離脱しても，この在留資格に該当する。

国際結婚した場合には，ほとんどが(1)「日本人の配偶者」としての活動に

該当し，在留資格「日本人の配偶者等」を取得する。

❷ 永住者の配偶者等

「永住者の配偶者等」とは，永住者の在留資格をもって在留する者，若しくは「平和条約国籍離脱者等入管特例法」に定める特別永住者の配偶者又は永住者・特別永住者の子として日本で出生し，その後，引き続き日本に在留している者をいう。

具体的には以下の身分又は地位を有する者としての活動が該当する。

① 「永住者」の在留資格でもって在留する者の配偶者

② 「特別永住者」の配偶者

③ 「永住者」の在留資格をもって在留する者の子として日本で出生し，出生後，引き続き日本に在留する者

　ア　出生の時に父又は母のいずれか一方が永住者の在留資格をもって在留していた場合又は本人の出生前に父が死亡し，かつ，その父が死亡のときに永住者の在留資格をもって在留していた場合がこれに該当する。

　イ　本人の出生後，父又は母が永住者の在留資格を失った場合も，「永住者」の在留資格をもって在留する者の子として出生したという事実に影響を与えるものでない。

　ウ　子として日本で出生した者とは，実子を言い，嫡出子の他，認知された非嫡出子が含まれるが，養子は含まれない。

　エ　日本で出生したことが必要であり，永住者の在留資格をもって在留する者の子であっても，母が再入国許可を受けて出国し外国で出産した場合等外国で出生した場合は該当しない。

④ 特別永住者の子として日本で出世し，出生後引き続き日本に在留する者

　　通常平和条約国籍離脱者等入管は特例法第４条の申請を行い，特別永

住者として在留することとなるが，申請期限（60日）の経過等により，
同申請が認められない者にはこの在留資格が付与されることとなる。

③ 定住者

「定住者」とは，法務大臣が個々の外国人について特別な理由を考慮して
居住を認める在留資格で，人道上の理由その他特別な理由があることが必要
とされるものであり，以下の①～⑩などが該当する。ただし，法務大臣告示
「出入国管理及び難民認定法第７条第１項第２号の規定に基づき同法別表第
２の定住者の項の下欄に掲げる地位を定める件」（以下，「定住者告示」とい
う）で定めた地位に基づく活動を行うため日本に上陸申請しようとする外国
人に対しては，入国審査官は法務大臣の個別の指定がなくても在留資格「定
住者」を与えて上陸を許可する事ができるとされており，それは以下の①～
⑧までとされている。

「定住者」の該当範囲

「定住者告示で定められているもの」
① タイ国内において一時的に庇護されているミャンマー難民であって，
国際連合難民高等弁務官事務所が国際的な保護の必要な者と認め，日本
に対してその保護を推薦するもののうち，次のいずれかに該当するもの
ア 日本社会への適応能力がある者であって，生活を営むに足りる職に
就くことが見込まれるもの及びその配偶者又は子
イ この号（上記アに係るものに限る。）に掲げる地位を有する者として
上陸の許可を受けて上陸しその後引き続き日本に在留する者の親族で
あって，親族間で相互扶助が可能であるもの
② マレーシア国内において一時滞在しているミャンマー難民であって，
国際連合難民高等弁務官事務所が国際的な保護の必要な者と認め，日本
に対してその保護を推薦するもののうち，前号アに該当するもの

③　日本人の子として出生した者の実子であって素行が善良である者（※②，⑧に該当する者を除く）いわゆる日系2世

④　日本人の子として出生した者でかつて日本国民として本邦に本籍を有したことがある者の実子の実子であって素行が善良である者（※③又は⑧に該当する者を除く）いわゆる日系3世

⑤　下記ア〜ウのいずれかに該当する者（※①〜④及び⑧に該当する者を除く）

　　ア　「日本人の配偶者等」の在留資格をもって在留する者で日本人の子として出生した者の配偶者

　　イ　1年以上の在留期間を指定されている「定住者」の在留資格をもって在留する者の配偶者

　　ウ　いわゆる日系2世，3世に該当する者で1年以上の在留期間を指定されている「定住者」の在留資格をもって在留する者の配偶者であって素行が善良である者

⑥　下記ア〜エのいずれかに該当する者又はその配偶者で「日本人の配偶者等」若しくは「永住者の配偶者等」の在留資格をもって在留する者の扶養を受けて生活するこれらの者の未成年で未婚の実子（※①〜④及び⑧に該当する者を除く）

　　ア　日本人

　　イ　「永住者」の在留資格をもって在留する者

　　ウ　1年以上の在留期間を指定されている「定住者」の在留資格をもって在留する者

　　エ　特別永住者

⑦　日本人，永住者，1年以上の在留期間を指定されている定住者，特別永住者などに扶養されて生活する6歳未満の養子（※①〜④及び⑥，⑧に該当する者を除く）

⑧　6歳に達する前から引き続き以下のア〜ウに該当する者と同居し，かつ，これらの者の扶養を受けている，又は6歳に達する前から婚姻若し

くは就職するまでの間，引き続きこれらの者と同居し，かつ，これらの者の扶養を受けていた，これらの者の養子又は配偶者の婚姻前の子（※③～⑦に該当する者を除く）

ア　中国で昭和20年8月9日以後の混乱等の状況下で日本に引き揚げることなく，昭和20年9月2日以前から引き続き中国に居住している者であって，同日において日本国民として日本に本籍を有していた者

イ　上記アを両親として昭和20年9月3日以後中国で出生し，引き続き中国に居住している者

ウ　「中国残留邦人等の円滑な帰国の促進並びに永住帰国した中国残留邦人等及び特定配偶者の自立の支援に関する法律施行規則」（平成6年厚生省令第63号）第1条第1号若しくは第2号又は第2条第1号若しくは第2号に該当する者

「定住者告示で定められていないもの」

⑨　認定難民

法務大臣により難民として認定されたもの

⑩　特別な事情を考慮して入国・在留を認めることが適当であるものの事例

ア　日本人，永住者又は特別永住者である配偶者と離婚後引き続き日本に在留を希望する者

（ウに該当する者を除く。）

イ　日本人，永住者又は特別永住者である配偶者が死亡した後引き続き日本に在留を希望する者

（ウに該当する者を除く。）

ウ　日本人の実子を監護・養育する者

エ　日本人，永住者又は特別永住者との婚姻が事実上破綻し，引き続き在留を希望する者

オ　難民の認定をしない処分後，特別な事情を考慮して在留資格「特定活動」により，1年の在留期間の決定を受けた者で，在留資格「定住

者」への在留資格変更許可申請を行った者

　このように「定住者」の在留資格は多岐にわたる目的で利用されるが，国際結婚において最も利用されるのは「定住者」の配偶者を呼び寄せる場合，それに「永住者の配偶者等」などで日本に在留する者の実子を呼び寄せるような場合である。また，日本人等との離婚後に「定住者」へと変更するケースも見られる。典型例としては日本人と婚姻していた外国人女性が離婚後も引き続き日本に滞在し，婚姻中に生まれた日本国籍の実子を養育するようなケースである。他には，「定住者告示」に該当しない場合でも，在留資格への該当性を肯定する特別な事情がある時には，在留特別許可，上陸特別許可，在留資格変更などにおいても，「定住者」が付与されることもある。「定住者」の付与については，その時の社会情勢などにより柔軟な対応がとられているため，在留資格変更の手続を行う際には注意しなければならない。

4 家族滞在

　「家族滞在」とは，「外交」，「公用」，「短期滞在」，「家族滞在」及び「特定活動」以外の入管法別表第一の在留資格をもって在留する者の扶養を受ける配偶者又は子として行う日常的な活動が該当し，日本企業に就職する外国人ビジネスマンや留学生が母国にいる配偶者などを呼び寄せる際に多く利用される。

① 「家族滞在」は「扶養を受ける」者としての地位でなければならず，扶養者が扶養の意思を有し，かつ，扶養することが可能な資金的裏付けを有すると認められる必要がある。「扶養を受ける」とは，夫婦は原則として同居し経済的に相手に依存しており，子供は監護・養育を受ける状態にあることを意味している。そのため，20歳以上の子供でも親の扶養を受けていれば「家族滞在」に含まれるが，配偶者や子供が一定の収入を得るようになった場合にはそれぞれ別の在留資格へと変更することとなる。

② 「留学」などの非就労資格をもって在留する者の扶養を受ける場合は，本人が在留しようとする期間中の生活費が確実に支弁される手段が認められなければならない

③ 「日常的な活動」には教育機関において教育を受ける活動等も含まれるが，収入を伴う事業を運営する活動や報酬を受ける活動は含まれない。

④ 「配偶者」は，現に婚姻中の者をいい，相手方配偶者が死亡した者や離婚した者，それに内縁の者及び外国で有効に成立した同姓婚による者は含まれない。

⑤ 「子」には，成年に達した者，養子及び認知された非嫡出子が含まれる。

2 ビザと在留資格

　言葉の意味合いとして「ビザ」と「在留資格」はよく混同して使われる。"結婚ビザ"や"家族ビザ"などとよく言われるが，正確には"在留資格「日本人の配偶者等」"，"在留資格「家族滞在」"となる。ちなみに，ビザ（査証）とは，外国にある日本の大使館や領事館がパスポートをチェックし，"日本への入国は問題ない"と判断した場合に押印されるもので，日本への入国に関する認定の裏書を指す。入管法では有効なビザを所持していることが日本への上陸申請の要件となっているため，上陸にあたりビザは原則として必要なものであるが，ビザがあれば必ず上陸が許可されるわけではない。最終的に上陸を許可するかどうかは日本の空港や港で行われる上陸審査時で，入国審査官が決定する。入国審査官はパスポートに貼られたビザを確認し，上陸を許可するのであればビザに見合った在留資格を付与して外国人を上陸させることになる。その時点でビザは使用済みとなり，上陸時に与えられた「在留資格」が上陸後の外国人が日本に在留する根拠となる。

ビザ（写真）　　　　　　　在留資格（写真）

　つまり，現地でのビザ発給と上陸審査で合計2回の審査を受け，初めて在留資格が与えられ上陸が許可される仕組みである。一般的に日本国籍を持つ者が観光目的で外国に入国する場合には，査証免除協定により多くの国ではビザ発給が免除されている。現在では毎年多くの日本人が海外に出国しているが，このような査証免除の特例があるためビザを取得した経験がある人は稀であろう。そのため，日本人にとってビザは馴染みがないものと感じられるが，就労や婚姻などの長期滞在目的で海外に行く場合には日本人でもその国のビザを取得しなければならないケースが大半を占める。外国人の場合もビザ制度の例外としては，査証免除協定に伴う査証相互免除取決国の人が観光などの目的で日本に入国する場合の他に，飛行機の乗り継ぎなどで利用される72時間以内の特例上陸許可の場合，さらに，既に在留資格を与えられ日本に滞在している外国人が一時的に海外に出国する場合に利用される再入国許可を取得している場合があり，このようなケースではビザが発給されていなくても入国審査で許可されれば上陸することができる。
　このようにビザは海外にある日本大使館や領事館が発給し，日本への入国に関する推薦状のような役割を果たしている。一方，在留資格は上陸審査時に外国人に与えられ，日本での活動内容や滞在できる期間を明示したものと

言うことができる。しかし，一般的には在留資格のことをビザと呼んでも意味は通じ，入国管理局で「結婚ビザの申請がしたい」と言っても問題なく対応してくれる。それどころか，一般人の間で「ビザ」と「在留資格」を正確に区別すると，相手によっては意味が通じず混乱する場合すらある。「ビザ」と「在留資格」は違うものだと理解していれば，実務上では厳密な言葉の使い方についてはそれほど気にする必要はないだろう。

3 査証免除国と短期滞在

　外国人が日本へ上陸するためには有効なビザ（査証）を所持していることが必要だが，その例外として査証相互免除取決国の場合がある。この査証相互免除取決とは，日本が現在68か国・地域との間に締結しており，短期間滞在の観光や業務打合せなどの目的で来日する人々の便宜を図り，人的交流を円滑にするためのものである。国際結婚においては外国人配偶者に日本を紹介したり，婚姻前に親族へ紹介する際などによく利用される。ただし，下欄に掲げるように査証免除措置をとっている国は限定されており，中国，フィリピン，ロシアなどの該当しない国で，婚姻前に日本への短期入国を希望する場合には，ビザ緩和措置などに該当しない限り現地の日本大使館などで短期滞在査証等のビザ申請を行い入国することとなる。

査証免除措置国・地域一覧表（2017年7月現在）（計68の国・地域）

　一覧表における滞在期間にかかわらず，上陸許可の際に付与される在留期間は「15日」，「30日」，「90日」のうち外国人の行おうとする活動をカバーするもので最も短い期間となる（インドネシア，タイ，及びブルネイは「15日」）。6か月以内の滞在が査証免除で認められている国・地域人で，90日を超えて滞在する場合には，地方入国管理局において在留期間更新手続を行う必要がある。

査証免除国・地域	滞在期間	査証免除国・地域	滞在期間
（アジア地域）		スイス（注8）	6か月以内
インドネシア（注1）	15日以内	スウェーデン	3か月以内
シンガポール	3か月以内	スペイン	〃
タイ（注2）	15日以内	スロバキア	90日以内
マレーシア（注3）	3か月以内	スロベニア	3か月以内
ブルネイ	14日以内	セルビア	90日以内
韓国	90日以内	チェコ	〃
台湾（注4）	〃	デンマーク	3か月以内
香港（注5）	〃	ドイツ（注8）	6か月以内
マカオ（注6）	〃	ノルウェー	3か月以内
（北米地域）		ハンガリー	90日以内
アメリカ	90日以内	フィンランド	3か月以内
カナダ	3か月以内	フランス	〃
（中南米地域）		ブルガリア	90日以内
アルゼンチン	3か月以内	ベルギー	3か月以内
ウルグアイ	〃	ポーランド	90日以内
エルサルバドル	〃	ポルトガル	3か月以内
グアテマラ	〃	マケドニア旧ユーゴスラビア	〃
コスタリカ	〃	マルタ	〃
スリナム	〃	モナコ	90日以内
チリ	〃	ラトビア	〃
ドミニカ（共）	〃	リトアニア	〃
バハマ	〃	リヒテンシュタイン（注8）	6か月以内
バルバドス（注7）	〃	ルーマニア	90日以内
ホンジュラス	〃	ルクセンブルク	3か月以内
メキシコ（注8）	6か月以内	英国（注8）	6か月以内
（欧州地域）		（大洋州地域）	
アイスランド	3か月以内	オーストラリア	6か月以内
アイルランド（注8）	6か月以内	ニュージーランド	〃
アンドラ	90日以内	（中近東地域）	
イタリア	3か月以内	アラブ首長国連邦（注9）	30日以内
エストニア	〃	イスラエル	3か月以内
オーストリア（注8）	6か月以内	トルコ（注7）	〃
オランダ	3か月以内	（アフリカ地域）	
キプロス	〃	チュニジア	3か月以内
ギリシャ	〃	モーリシャス	〃
クロアチア	〃	レソト（注7）	〃
サンマリノ	〃		

（注１）　インドネシア（2014年12月１日以降）のビザ免除の対象は，ICAO（International Civil Aviation Organization：国際民間航空機関）標準のIC旅券を所持し，インドネシアに所在する日本の在外公館（大使館，総領事館，領事事務所）においてIC旅券の事前登録を行った方に限ります（事前登録の有効期間は３年又は旅券の有効期間満了日までのどちらか短い期間になります。）。

（注２）　タイ（2013年７月１日以降）のビザ免除の対象は，ICAO標準のIC旅券を所持する方に限ります。

（注３）　マレーシアのビザ免除の対象は（2013年７月１日以降），ICAO標準のIC旅券を所持する方に限ります。IC旅券を所持していない方は事前にビザを取得することをお勧めします（事前にビザを取得せずに入国する場合，日本入国時に厳格な入国審査が行われ，結果として入国できないおそれがあります。）。

（注４）　台湾のビザ免除の対象は，身分証番号が記載された台湾護照（旅券）を所持する方に限ります。

（注５）　香港のビザ免除の対象は，香港特別行政区旅券及び英国海外市民（BNO）旅券を所持する方（香港居住権所持者）に限ります。

（注６）　マカオのビザ免除の対象は，マカオ特別行政区旅券を所持する方に限ります。

（注７）　バルバドス（2010年４月１日以降），トルコ（2011年４月１日以降），及びレソト（2010年４月１日以降）のビザ免除の対象は，ICAO標準の機械読取式旅券（MRP：Machine-Readable Passport）又はIC旅券を所持する方に限ります。MRP又はIC旅券を所持していない方は，ビザを取得することをお勧めします（事前にビザを取得せずに入国する場合，日本入国時に厳格な入国審査が行われ，結果として入国できないおそれがあります。）。

（注８）　これらの国の方は，ビザ免除取極において６か月以内の滞在が認められていますが，90日を超えて滞在する場合には，在留期間満了前に法務省（地方入国管理局）において在留期間更新手続きを行う必要があります。

（注９）　アラブ首長国連邦（2017年７月１日以降）のビザ免除の対象は，ICAO標準のIC旅券を所持し，日本の在外公館（大使館，総領事館，領事事務所）において旅券の事前登録を行った方に限ります（事前登録の有効期間は３年又は旅券の有効期間満了日までのどちらか短い期間になります。）。

（注10）　ペルー（1995年７月15日以降）及びコロンビア（2004年２月１日以降）に対しては，ビザ取得を勧奨する措置を導入しています。事前にビザを取得せずに入国する場合，日本入国時に厳格な入国審査が行われ，結果として入国できないおそれがあります。

　　中国，フィリピン，ロシアなどの査証免除措置国ではない国で，親族への挨拶や観光などの短期目的で日本への入国を希望する場合には，海外の日本大使館や領事館などで短期滞在査証を申請し，日本の空港などで在留資格「短期滞在」を付与されて上陸することとなる。「短期滞在」は日本に短期間滞在して行う観光，保養，スポーツ，親族訪問，見学，講習や会合への参

加，業務連絡その他これに類似する活動をいい，具体的には以下の活動が該当する。

1．観光，娯楽，参詣，通過の目的での滞在
2．保養，病気治療の目的での滞在
3．協議会，コンテストなどへのアマチュアとしての参加
4．友人，知人，親族などの訪問，親善訪問，冠婚葬祭などへの出席
5．見学，視察などの目的での滞在
6．教育機関，企業などの行う講習，説明会などへの参加
7．報酬を受けないで行う講義，講演など
8．会議や会合などへの参加
9．日本に出張して行う業務連絡，商談，契約調印，アフターサービス，宣伝，市場調査などの短期間の商用
10．日本を訪れる国公賓，スポーツ選手などに同行して行う一時的な取材活動など
11．日本の大学などの受験や外国法事務弁護士となるための承認を受ける手続など
12．日本の大学や専修学校を卒業した留学生が，卒業前から引き続き行っている就職活動を卒業後に継続して行う活動
13．日本で収入を伴う事業を運営したり報酬を得る活動をすることがない短期間の滞在など

「短期滞在」による在留期間は，90日，30日，15日の３種類があり，この在留資格では報酬を得る活動はできない。また，短期滞在者の「在留期間更新許可申請」は，法務大臣が「更新を適当と認めるに足りる相当の理由があるとき」に限り許可されるが，日米査証取決又は日韓数次査証取決の適用を受けて上陸を許可されたものについては，原則として更新が許可されることはない。

「短期滞在」の申請は以下のように，日本人の婚約者などが申請に必要と

なる資料などを整えた上で海外に送付し，海外の日本大使館などで申請を行うのが一般的である。

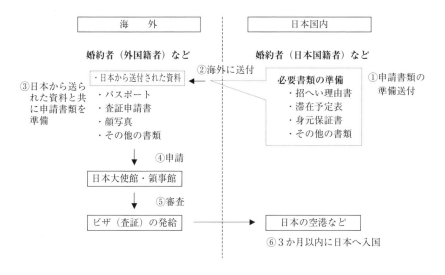

　以下は中国籍の者が日本人婚約者に会うため（親族・知人訪問等）に短期滞在査証（90日以内の滞在）を申請する際の必要書類と記載例である。

●「短期滞在査証」申請に必要な書類（中国籍の者が「親族・知人訪問」の目的で短期滞在査証を申請する場合）

　「親族・知人訪問」の申請とは，招へい人の親族（血族及び姻族三親等内の方）や知人（友人を含む）の来日を目的とする申請をいい，団体観光を含む単なる観光は除く。この場合には，商用の場合と異なり，個人の在日保証人が必要となる。なお，「親族・知人訪問」の場合の保証人については，①日本人，②外国人で「永住者」「日本人の配偶者等」の在留資格3年を有する者，③外国人で就労できる在留資格の3年を有する者，となっており，「文化活動」「短期滞在」「留学」「研修」「家族滞在」「特定活動」など，1年以下の在留期間の外国人は招へい保証人となることはできない。通常は婚姻相手となる日本人の婚約者がなることが多い。

1．招へい人と身元保証人は，査証申請を行う前に招へい理由書，滞在予定表，身元保証書，それに添付資料などの日本国内で申請に必要となる資料を準備する。なお，各提出書類は，発行後3か月以内（有効期間の記載のある書類は有効期間内）のものが有効となる。

2．準備した書類とコピー1部を中国国内の申請人に送付する。なお，送付する際にはすべての書類のコピーを取り，手元に残しておくと後々の審査時などに役立つことがある。

3．申請人は，日本から送付された書類とは別にパスポート，写真その他の必要書類を中国国内で準備する。必要資料は申請の内容によって異なるため，事前に中国国内の日本大使館や総領事館に確認する必要がある。

4．すべての書類が揃ったら居住地を管轄する日本大使館や総領事館で申請を行う。また，原則として提出した書類は，パスポートを除き返却されない。

5．日本大使館／総領事館での審査は，申請内容によって異なるが，通常は1週間程度である。

6．審査の結果，発行された査証の有効期間は3か月となる。査証の有効期間の延長はできないので日程を調整しながら申請を行わなければならない。

【身元保証人が日本側で用意する書類】

① 身元保証書

② 住民票（世帯全員分で続柄記載があるもの）
  ・住民票に記載されている外国人の方については記載事項（マイナンバー（個人番号），住民票コードを除く）に省略がないもの。

③ 在職証明書
  ・会社経営者の場合は法人登記簿謄本，個人事業主の場合は営業許可証の写し又は確定申告書控の写し
  ・提出できない場合は，その理由を説明する「理由書」（様式任意）

④ 下記のうちいずれか1点

・直近の総所得が記載された「課税証明書」（市区町村発行）

・「納税証明書（様式その２）」（税務署発行）

・「確定申告書控の写し（税務署受理印のあるもの）」

⑤ 有効な「在留カード」（特別永住者証明書）表面の写し（外国人の方のみ）

※ ③及び④の「確定申告書控の写し」については，税務署受理印のある直近申告のもの。ただし，国税電子申告・納税システム（e-Tax）により確定申告している場合は「受信通知」及び「確定申告書」を印刷したもの。

【招へい人が日本側で用意する書類】

① 招へい理由書

② 滞在予定表

③ 住民票（世帯全員分で続柄記載があるもの）

・住民票に記載されている外国人の方については記載事項（マイナンバー（個人番号），住民票コードを除く）に省略がないもの。

④ 在職証明書

・会社経営者の場合は法人登記簿謄本，個人事業主の場合は営業許可証の写し又は確定申告書控の写し

・提出できない場合は，その理由を説明する「理由書」（様式任意）

⑤ 有効な「在留カード」（特別永住者証明書）表裏の写し（外国人の方のみ）

⑥ 渡航目的を裏付ける資料　例：診断書，結婚式場の予約票など（ある場合のみで可。）

※ 身元保証人と招へい人が同一の方である場合は，招へい人が用意する書類の③，④及び⑤は不要。

※ 身元保証人と招へい人が同一世帯である場合は，招へい人が用意する書類の③は不要。

【申請人が中国側で用意する書類】

① ビザ（査証）申請書

② 写真（※３か月以内に撮影したもの）

③ パスポート（旅券）

④ 戸口簿写し

⑤ 居住証又は居住証明書（※申請先の日本大使館／総領事館の管轄区域内に本籍を有しない場合）

⑥ 在日親族又は知人との関係を証する書類（※写し及び原本の提示）

　（例）　親族：親族関係公証書，出生医学証明等（※親子・兄弟等を証する書類には有効期限はないが，婚姻関係は発行後３か月以内のもの）知人：写真，手紙等

　※　必要資料は申請人の状況によって異なるため，事前に中国国内の日本大使館・総領事館に問い合わせなければならない。

記載例（招へい理由書）

2017年４月１日

在中国日本国総領事　殿

招へい人　○○　××
住所　　　東京都港区港南１－２－３
　　　　　○○マンション123
電話番号　03－1234－5678

招へい理由書

　私は○○××と申します。このたび，短期滞在査証申請人である××△△を日本に招へいすることにあたり，その理由は下記のとおりです。

　私は，2015年５月，中国の文化や音楽に触れてみたく，知人の中国人女性

を通じ，約90日間にわたり北京にある彼女の実家でホームステイをさせていただきました。今回招へいの許可をお願いしている中国籍で同国在住の××△△さんは，彼女の弟の友人であり，彼女の実家で初めてお会いしました。その時のホームステイでは彼とは何度か会って簡単にお話する程度の間柄でしたが，同年の12月に彼女の弟の結婚式で招待され，中国を再来訪した際に彼の人を思いやる優しさや暖かい人柄を感じることができ，日本に帰国した後，お付き合いすることをお願いいたしました。

　私の帰国後，お付き合いをすることになった後も，私たちはほぼ毎日電話やメールで連絡を取り合い，交際を深めてまいりました。2016年6月には，約90日間にわたり北京の彼を訪れ，もっとお互いを理解するために様々な土地を旅しながら，彼と顔を合わせ会話をしました。その中で，電話やメールから窺える彼の優しい人柄以上のものを感じることができ，彼と結婚したいという思いが更に募りました。そして，彼の両親が私に会いに来てくださった際にその意思を伝えましたところ，二人の結婚を了解していただくことができました。しかし，彼はいまだ日本の土を踏んだ経験がなく，日本についての知識も日本に留学経験のある友人から聞く程度と非常に乏しく，結婚後に日本での生活になじめるかどうか少なからず不安を抱いているようです。

　そこで，今回彼に日本に来てもらい，私の親族への挨拶を兼ねながら，自分の目で私の日本での生活や，日本の風土，文化などを実際に見てもらい，それを材料に結婚後どちらの国で生活するかを話し合っていきたいと考えております。今回は私の親族と友人への紹介，それに関東近郊や日本の文化がよりわかる京都・奈良への旅行も行う予定でおります。

　上記のような次第であり，査証申請人である××△△に短期滞在査証（90日）を頂けますようお願い申し上げます。

記載例（滞在予定表）

2017年4月1日

滞 在 予 定 表

査証申請人　××△△ほか　名の滞在予定は次のとおりです。

年　月　日	行　動　予　定	連　　絡　　先	宿　泊　予　定　先
2017年6月16日	北京から中華航空航空便で成田着	招へい人　甲野花子宅 神奈川県○○市○○町1 ○○ハイツ101 自宅電話：044x-xxxx-xxxx 携帯電話：090-xxxx-xxxx	招へい人　甲野花子宅 神奈川県○○市○○町1 ○○ハイツ101 自宅電話：044x-xxxx-xxxx 携帯電話：090-xxxx-xxxx
6月17日〜19日	東照宮等，日光を観光予定	招へい人　甲野花子宅 神奈川県○○市○○町1 ○○ハイツ101 自宅電話：044x-xxxx-xxxx 携帯電話：090-xxxx-xxxx	日光市内の旅館に宿泊
6月20日	招へい人の友人への紹介と挨拶まわり	招へい人　甲野花子宅 神奈川県○○市○○町1 ○○ハイツ101 自宅電話：044x-xxxx-xxxx 携帯電話：090-xxxx-xxxx	招へい人　甲野花子宅 神奈川県○○市○○町1 ○○ハイツ101 自宅電話：044x-xxxx-xxxx 携帯電話：090-xxxx-xxxx
6月22日〜25日	京都・奈良方面へ観光	招へい人　甲野花子宅 神奈川県○○市○○町1 ○○ハイツ101 自宅電話：044x-xxxx-xxxx 携帯電話：090-xxxx-xxxx	京都市内のホテルに宿泊
6月26日〜7月9日	招へい人の親族への紹介と挨拶まわり	招へい人　甲野花子宅 神奈川県○○市○○町1 ○○ハイツ101 自宅電話：044x-xxxx-xxxx 携帯電話：090-xxxx-xxxx	招へい人　甲野花子の実家 長野県○○郡○○町1−1 自宅電話：0266-xx-xxxx 携帯電話：090-xxxx-xxxx
7月10日〜22日	招へい人宅に滞在山下公園・中華街など横浜を観光予定	招へい人　甲野花子宅 神奈川県○○市○○町1 ○○ハイツ101 自宅電話：044x-xxxx-xxxx 携帯電話：090-xxxx-xxxx	招へい人　甲野花子宅 神奈川県○○市○○町1 ○○ハイツ101 自宅電話：044x-xxxx-xxxx 携帯電話：090-xxxx-xxxx
7月22日	成田から中華航空航空便で北京着	招へい人　甲野花子宅 神奈川県○○市○○町1 ○○ハイツ101 自宅電話：044x-xxxx-xxxx 携帯電話：090-xxxx-xxxx	

以上

記載例（身元保証書）

身 元 保 証 書

平成29年4月1日

大　使
在　中国　日本国　　　　　　殿
総領事

査証申請人

　　国　　籍：中国
　　職　　業：建築士
　　氏　　名：×× △△　　　　　　（男・女）　ほか　　名
　　生年月日：西暦　1980年1月1日　日生　37歳

　上記の者の本邦入国に関し，下記の事項について保証します。

　　1．滞在費
　　2．帰国旅費
　　3．法令の遵守

　上記のとおり相違ありません。

身元保証人

　　住　　所：石川県金沢市○○1-2-3
　　職　　業：会社員
　　氏　　名：○○　××
　　生年月日：西暦　1945年8月1日生　　72歳
　　電話番号：076-（××××）-××××　　（内線　△△　）
　　申請人との関係：婚約者の父親

4 上陸手続と在留資格認定証明書

　海外にいる外国人が日本に入国する際には，原則として在外公館（海外にある日本の大使館や領事館など）が一定の条件に基づいて発給したビザの記載がある有効なパスポートを入国審査官に提示して上陸申請を行い，上陸許可の証印を受ける必要がある。これが上陸手続となる。また，外国人が婚姻目的などで日本に入国する際のビザ発給を希望する場合には，海外にある在外公館に直接申請する方法と，日本国内で「在留資格認定証明書」の交付申請を行い同証明書の交付を受けて在外日本公館にビザの発給を申請する方法の2通りがある。

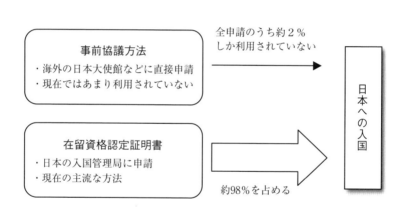

❶ 事前協議方法（海外の在外公館に直接申請する方法）

　日本に入国を希望する外国人が海外にある日本の在外公館（大使館や領事館など）に直接ビザの発給を申請する方法である。外交や公用，それに観光目的などの短期滞在のビザなどは，原則として短期間のうちに在外公館限りの判断で発給される。一方，婚姻その他の長期間にわたる日本での滞在を目

的とする査証は,「事前協議方法」と呼ばれる方式で発給される。これは,在外公館から日本の外務省へ,外務省から法務省入国管理局へ事前協議され,入国管理局では地方入国管理局の事実調査の結果を踏まえて回答するものである。このように国を超えて複数の行政機関が関与するために査証発給までに多大な時間を費やすのが一般的であり,実務上ではあまり利用されていない。そのため,本書では「査証事前協議」による詳しい説明は省略するものとする。

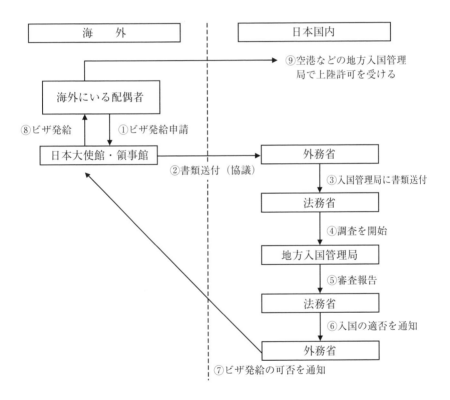

❷ 「在留資格認定証明書」による方法

「在留資格認定証明書」とは法務大臣が発行する証明書のことで，当該外国人が日本で行おうとする活動が上陸のための条件（在留資格該当性・基準適合性の要件）に適合しているかどうかについて法務大臣が事前に審査を行い，この条件に適合すると認められる場合に交付されるものである。通常は，この証明書をもって海外の日本大使館や領事館でビザ発給の申請を行えば，在留資格に関する上陸条件についての法務大臣の事前審査を終えているものとして扱われるため，ビザの発給は迅速に行われる。

「在留資格認定証明書」により日本に入国する場合は，申請人本人，また配偶者や行政書士，弁護士などの申請代理人が，申請人の予定居住地などの所在地を管轄する地方入国管理局（支局・特定の出張所を含む）に，在留資格認定証明書交付申請書を提出し申請することとなる。審査の結果，入国管理局から「在留資格認定証明書」が発行されると，その原本を本国にいる申請人に郵送する。海外で同証明書を受け取った申請人は，写真及び査証発給申請書などの簡単な書類と「在留資格認定証明書」の原本を持って日本大使館や領事館などにビザ発給の申請を行うこととなる。既に入国の可否についての調査は終了しているので，在外公館により異なるが通常は2〜3日から数週間でビザが発給される。そして，希望するビザが添付されたパスポートをもって，飛行機などで日本への入国を果たすこととなる。空港や港での上陸審査の際には，特別な事情が無い限り「在留資格認定証明書」に記載されている在留資格と同じ在留資格が決定され日本で滞在することになる。

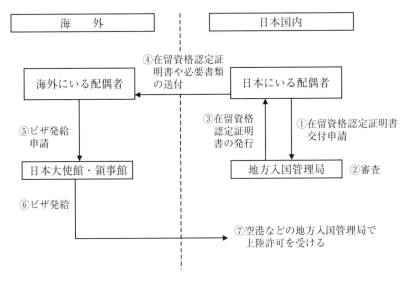

在留資格認定証明書（写真）

　このように便利な制度であるが，「在留資格認定証明書」が入国管理局から発行されたからといって，必ず日本への上陸が保障されるわけではない。発行後に本人が上陸拒否事由に該当する事が判明した場合や，大使館などで

面接を行った際に入国目的に疑義がある場合など，例外ではあるがビザが発給されないこともある。また，在留資格認定証明書は発行後90日以内に日本国内に入国しないと失効するので，あらかじめ入国スケジュールを確認してから申請する必要がある。

5 在留期間更新許可申請

　外国人が現在与えられている在留資格と同一の活動を行うため在留期限を超えて日本に在留しようとする場合に必要な手続である。日本に入国する際に与えられる在留資格には，「永住者」を除き，そのすべてに「在留期間」が設けられている。一般的には上陸時より「1年」,「3年」又は「5年」となっているものがほとんどであるが，これらの在留期間を更新して引き続き日本での在留を希望する外国人は，在留期限が切れる前に最寄りの入国管理局・支局・出張所で「在留期間更新許可申請」の手続を行わなければならない。この手続を行わずに在留期間が過ぎてしまうと不法残留となり退去強制の対象となる。

　また，一口に在留期間の更新といってもその内容は大きく2つに分けられる。1つは現在の在留資格と申請内容が同一で単なる更新となるもの。この例としては，「日本人の配偶者等」で日本人と婚姻している外国人が，そのまま在留期限後も同じ内容で滞在し続けるケースである。この場合には比較的簡単に在留期間の更新が行える。もう1つは，在留資格は変わらないが申請内容が変更されているものであり，この例としては，「日本人の配偶者等」などの在留資格で日本に滞在する外国人が，前回の更新時から離婚し，新たに別の日本人配偶者となったケースなどである。滞在内容は「日本人の配偶者等」で変更はなく在留期間更新の申請となるが，日本人配偶者が変更されているので，実質的には新規に在留資格を取得するときと同じような申請となる。当然，提出する書類も増え，審査も厳しいものとなる。在留期間を更新する際にはなるべく早く準備をし，余裕を持って申請することが重要である。

```
                在留期間更新許可

  1. 単純な更新          2. 新規取得と同等の更新
  ・前回の申請時と何ら変     ・在留資格は同じでも，夫婦
   更がない場合           関係，勤務先や業務範囲な
                      どが変更されている場合
```

　一般的な在留資格は在留期限が切れる日の３か月前から在留期間更新許可
の申請が受け付けられ，更新許可の手数料は4,000円である。

6 在留資格変更許可申請

　在留中の外国人が，現在行っている活動を打ち切り，又は，在留の目的を
達成した後に，別の在留資格に属する活動を行おうとする場合などには在留
資格変更許可申請の手続を行う。例えば，「日本人の配偶者等」で滞在する
外国人が日本人と離婚した場合などに，子供の扶養目的などで「定住者」へ
と変更するような場合が該当する。

　在留資格変更許可を申請する時期については，現在の在留資格に定められ
た活動内容が変更された場合には，特別な事情が無い限り速やかに変更申請
を行うものとされている。例えば，「日本人の配偶者等」で「３年」の在留
期間を与えられた者が，在留資格の取得後４か月目で離婚したケースなどが
考えられる。たとえ，残り２年10か月ほど「日本人の配偶者等」の在留資格
が残っていたとしても，なるべく早く在留資格変更の申請をする必要があ
る。これを怠り，「日本人の配偶者等」の在留期限が切れる寸前に在留資格
変更の申請をすると，２年８か月ほど与えられている在留資格に認められて
いない活動を行っていたことになり，次回の変更申請が不許可となったり，
その他の問題が生じることもあるので注意しなければならない。

　さらに，このようなケースにおいては「在留資格取消し」に該当する可能性があるため慎重に対応しなければならない。在留資格の取消しとは，日本に在留する外国人が，偽りその他不正の手段により上陸許可の証印等を受けた場合や，在留資格に基づく本来の活動を一定期間行わないで在留していた場合などに，その外国人の在留資格を取り消す制度である。法務大臣は，以下のいずれかの事実が判明したときは，外国人が現に有する在留資格を取り消すことができるとされている。

① 偽りその他不正の手段により，上陸拒否事由該当性に関する入国審査官の判断を誤らせて上陸許可の証印等を受けた場合
② ①のほか，偽りその他不正の手段により，日本で行おうとする活動を偽り，上陸許可の証印等を受けた場合
③ ①又は②に該当する以外の場合で，虚偽の書類を提出して上陸許可の証印等を受けた場合
（偽りその他不正の手段によることは要件となっておらず，申請人に故意があることは要しない）
④ 偽りその他不正の手段により，在留特別許可を受けた場合
⑤ 入管法別表第1の上欄の在留資格（※1）をもって在留する者が，当該在留資格に係る活動を行っておらず，かつ，他の活動を行い又は行おうとして在留している場合
⑥ 入管法別表第1の上欄の在留資格（※1）をもって在留する者が，当該在留資格に係る活動を継続して3か月以上行っていない場合

⑦　「日本人の配偶者等」の在留資格をもって在留する者（日本人の子及び特別養子を除く）又は「永住者の配偶者等」の在留資格をもって在留する者（永住者等の子を除く）が，その配偶者としての活動を継続して6か月以上行っていない場合

⑧　上陸の許可又は在留資格の変更許可等により，新たに中長期在留者となった者が，その許可を受けてから90日以内に，法務大臣に住居地の届出をしない場合

⑨　中長期在留者が，法務大臣に届け出た住居地から退去した日から90日以内に，法務大臣に新しい住居地の届出をしない場合
（ただし，届出をしないことにつき正当な理由がある場合を除きます。）

⑩　中長期在留者が，法務大臣に虚偽の住居地を届け出た場合

　　※1　「外交」，「公用」，「教授」，「芸術」，「宗教」，「報道」，「高度専門職」，「経営・管理」，「法律・会計業務」，「医療」，「研究」，「教育」，「技術・人文知識・国際業務」，「企業内転勤」，「介護」，「興行」，「技能」，「技能実習」，「文化活動」，「短期滞在」，「留学」，「研修」，「家族滞在」，「特定活動」

　　※　⑤〜⑨については，正当な理由ある場合を除く。

　このため，離婚などにより配偶者としての身分を有しなくなった場合には，6か月以内に何らかの手続を行わない限り在留資格を取り消される可能性が高くなる。入管法で定められた身分や地位を満たしていない期間が長くなれば問題となる可能性は十分にあるため，注意しなければならない。

　在留期間更新手続と同様に，在留資格の変更は申請さえすれば必ず許可されるものではない（その許可要件については192頁の一般原則を参照のこと）。出入国管理及び難民認定法第20条第3項によれば，「法務大臣は，当該外国人が提出した文書により在留資格の変更を適当と認めるに足りる相当の理由があるときに限り，これを許可することができる。」とされており，要件を満たしていない場合などには不許可となることもある。申請は本人又は代理人が最寄りの地方入国管理局，支局，出張所などに提出することができ，在留

資格変更許可の手数料は4,000円である。

7 再入国の許可（みなし再入国許可）（入管法第26条）とは?

① 概　要

　日本に在留している外国人が，業務上の理由や一時帰国等で日本から出国する場合には，事前に本人が入国管理局・支局・出張所等に出頭して「再入国許可」の手続をすることにより，容易に再び入国することができます。

　出国に先立ってこの許可を受けておけば，再び入国するに際して改めて上陸のための査証（ビザ）を取り付ける必要もなく，日本に再入国後も以前と同じ在留資格で在留が可能となります（入管法第26条）。

　従来は，日本に滞在する外国人が一時的に出国する際には再入国許可の取得が必要不可欠でしたが，平成24年7月9日からの新しい在留管理制度の実施に伴い，「みなし再入国許可」の制度が導入され，我が国に在留資格をもって在留する外国人（3か月以下の在留期間が決定された者及び短期滞在の在留資格が決定された者を除く。）で有効な旅券を所持する者（中長期在留者にあっては，在留カードを所持するものに限る。）が，出国後1年以内に再入国する場合には，原則として再入国許可を受ける必要はなくなりました（入管法第26条の2）。

② 再入国許可

　再入国許可の申請手続は，居住地を管轄する地方入国管理局，支局，出張所等で行います。この手続は本人出頭が原則ですが，申請人が16歳未満の場合や病気等で手続ができないときは，同居の親族（父母，配偶者等）等が代わって申請することができます。また，海外で病気その他の再入国許可の有効期間内に日本に再入国することができない相当の理由がある場合には，そ

の国にある日本の在外公館（大使館・領事館）に出頭して再入国許可の「有効期間の延長」を受けることができます。ただし，出国前に与えられていた在留期限を超えて再入国許可の有効期間の延長を受けることはできません。

再入国の許可には，1回限りの許可（手数料3,000円）と数次有効の許可（手数料6,000円）との2種類があります。また，再入国許可は外国人本人の有する在留期限を超えて許可されることはありませんので，自分の残りの在留期間を計算し，さらに事務手続に要する時間等を勘案し，早めに申請することをお勧めします（再入国許可の有効期間は「5年を超えない範囲内」で，特別永住者の方については，「6年」となっています。）。

ただし，後述する「みなし再入国許可」の制度もあるため，再入国許可を取得するケースとしては，出国後1年以内（特別永住者については出国後2年以内）に再入国する予定がない場合に限られます。そのため，長期的な出入国の予定を考慮し，再入国許可が必要かどうかを判断することが必要となります。

再入国許可（写真）

③ みなし再入国許可

　上記①「概要」のとおり，平成24年7月9日より，「みなし再入国許可」の制度が導入されており，有効な旅券及び在留カード（外交の在留資格を決定されている者等にあっては，もちろん，在留カードは不要）を所持する外国人が出国後1年以内に再入国する場合には，原則として再入国許可を受ける必要はありません。これには「在留カードを後日交付する」旨の記載がなされた旅券や，在留カードとみなされる外国人登録証明書を所持する場合も含まれます。また，有効な旅券及び特別永住者証明書を所持する特別永住者については，出国後2年以内に再入国する場合には，原則として再入国許可を受ける必要はありません。

　ただし，以下の者はみなし再入国許可の対象とはなりません。
① 在留資格取消手続中の者
② 出国確認の留保対象者
③ 収容令書の発付を受けている者
④ 難民認定申請中の「特定活動」の在留資格をもって在留する者
⑤ 日本の利益又は公安を害するおそれがあること，その他の出入国の公正な管理のため再入国の許可を要すると認めるに足りる相当の理由があるとして法務大臣が認定する者

　また，従来の再入国許可では一定の条件のもと，日本の在外公館に出頭することで再入国許可の「有効期間の延長許可」を得ることができましたが，みなし再入国許可により出国した場合は，その有効期間を海外で延長することはできないので注意してください。そのため，出国後1年以内（特別永住者は2年以内）に再入国しないと在留資格が失われることになります。また，在留期限が出国後1年未満の場合は，その在留期限までに再入国しなければなりません。

第5章 ケース別の在留手続

1 日本人と外国人が結婚するケース

❶ 日本に呼び寄せるケース

(1) 一般的なケース

　ア　配偶者が海外（査証免除国ではない）に在住していて日本に呼び寄せる場合

　　日本人との国際結婚で相手方が海外に在住しており，更に相手方の母国が査証免除国でない場合には，一般的には「日本人の配偶者等」の在留資格認定証明書の交付申請を行うこととなる。これは，各国の日本大使館などに直接申請するよりも，在留資格認定証明書を取得すれば現地でのビザ発給から日本への入国までスムーズに進めることができるからである。

　　多くのケースでは日本人が配偶者の母国などに行き，現地で入籍や挙式を済ませ，その後一人で日本に帰国し入国管理局に在留資格認定証明書の交付申請を行うことになる。無事に許可されれば交付された在留資格認定証明書を海外の配偶者に送り，配偶者はそれをもって日本大使館などでビザ発給の申請を行い，日本の空港での上陸審査の際に「日本人の配偶者等」の在留資格を与えられ上陸することとなる。配偶者が海外にいる場合の国際結婚におけるもっとも一般的な流れであり，ほとんどのケースではこのような手続に従い外国人配偶者は日本へ入国することとなる。

もちろん，中国，ロシア，フィリピンなどの査証免除国でない場合でも，日本への短期滞在査証が発給されれば「短期滞在」などの在留資格で日本へ入国することも可能である。他方，125頁に記載がある国内での「短期滞在」から「日本人の配偶者等」への変更も可能性はあるが，日本人との婚姻を前提として短期滞在査証が発給されることは非常に難しく，相手方が査証免除国人でない場合には現実的な方法とは言い難い。特に日本人との国際結婚が多い中国，ロシア，フィリピンなどの場合には，「婚約者を日本の両親に紹介したい。」「結婚前に日本を案内したい。」という理由から短期滞在査証を申請するケースが多くみられるが，そのほとんどが不交付となっているのが現状である。もちろん，社会情勢などにもよるが，少なくとも現時点ではかなりの難関と言わざるを得ない。そのため，外国人配偶者の国が査証免除国ではない場合には，原則通り「日本人の配偶者等」の在留資格認定証明書交付申請を行った方が，結果としては最も早く日本への入国が果たせる可能性が高いと言える。

● 日本人の配偶者を在留資格「日本人の配偶者等」で海外から呼び寄せる場合

・必要資料（在留資格認定証明書交付申請）

準備する資料	日本で準備する資料	①返信用封筒	1通	※簡易書留用392円切手を貼付し，あらかじめ宛先を記載する。
		②戸籍謄本	1通	※配偶者（日本人）のもの ※戸籍謄本に婚姻事実の記載がない場合には，戸籍謄本に加え婚姻届出受理証明書を提出する。
		③住民税納税証明書	1通	※配偶者（日本人）のもの ※1年間の総収入，課税額及び納税額が記載されたもの ※納税証明書に総収入，課税額及び納税額の記載がない場合は，課税証明書及び納税証明書の提出が必要となる。
		④住民票の写し	1通	※配偶者（日本人）のもの ※世帯全員の記載のあるもの
	海外から取り寄せる資料	⑤申請人（外国人）の顔写真 （縦4cm×横3cm）	1枚	※申請前3か月以内に正面から撮影された無帽，無背景で鮮明なもの ※写真の裏面に申請人の氏名を記載し，申請書の写真欄に貼付する。
		⑥結婚証明書	1通	※申請人（外国人）の国籍国の機関から発行されたもの ※申請人が韓国籍等で戸籍謄本が発行される場合には，2人の婚姻が記載された外国機関発行の戸籍謄本の提出でも可
		⑦スナップ写真	2～3枚	※夫婦で写っており，容姿がはっきり確認できるもの
記載する資料	定型フォームに	⑧在留資格認定証明書交付申請書	1通	
		⑨質問書	1通	
		⑩身元保証書	1通	※原則として配偶者（日本人）が身元保証人となる。

【添付資料についての注意点】
・官公署などから取得する提出資料は，すべて発行日から3か月以内のものを提出する。
・審査の過程において上記以外の資料が求められる可能性もある。
・提出資料が外国語で作成されている場合には，日本語訳を添付する（一部の英文書は除く）。
・提出資料は原則として返却されない。再度入手困難な資料等で返却を希望する場合には，当該資料の原本にコピーを添付し，申請時にその旨を伝えること。

記載例（在留資格認定証明書交付申請）

別記第六号の三様式（第六条の二関係）
申請人等作成用 1
For applicant, part 1

日本国政府法務省
Ministry of Justice, Government of Japan

在 留 資 格 認 定 証 明 書 交 付 申 請 書
APPLICATION FOR CERTIFICATE OF ELIGIBILITY

To the Director General of　東京　入国管理局長　殿
Regional Immigration Bureau

出入国管理及び難民認定法第7条の2の規定に基づき、次のとおり同法第7条第1項第2号に
掲げる条件に適合している旨の証明書の交付を申請します。
Pursuant to the provisions of Article 7-2 of the Immigration Control and Refugee Recognition Act, I hereby apply for
the certificate showing eligibility for the conditions provided for in 7, Paragraph 1, Item 2 of the said Act.

1 国籍・地域 Nationality/Region	タイ	2 生年月日 Date of birth	1991 年 Year	10 月 Month	1 日 Day

3 氏 名　Name　Family name 該当なし　●●●●●●●●●●　Given name ●●●●●●●

4 性別 Sex	男 ・ (女) Male / Female	5 出生地 Place of birth	ノンカイ　タイ	6 配偶者の有無 Marital status	(有) ・ 無 Married / Single

7 職業 Occupation　主婦　　8 本国における居住地 Home town/city　ノンカイ　タイ

9 日本における連絡先 Address in Japan　東京都●●区●●一丁目●番●号

電話番号 Telephone No.　03-XXXX-XXXX　　携帯電話番号 Cellular phone No.　090-XXXX-XXXX

10 旅券 Passport	(1)番 号 Number	B7XXXXXX	(2)有効期限 Date of expiration	2020 年 Year	4 月 Month	4 日 Day

11 入国目的 (次のいずれかに該当するものを選んでください。) Purpose of entry: check one of the followings

- □ I「教授」 "Professor"
- □ I「教育」 "Instructor"
- □ J「芸術」 "Artist"
- □ J「文化活動」 "Cultural Activities"
- □ K「宗教」 "Religious Activities"
- □ L「報道」 "Journalist"
- □ L「企業内転勤」 "Intra-company Transferee"
- □ M「経営・管理」 "Business Manager"
- □ L「研究（転勤）」 "Researcher (Transferee)"
- □ N「研究」 "Researcher"
- □ N「技術・人文知識・国際業務」 "Engineer / Specialist in Humanities / International Services"
- □ N「介護」 "Nursing Care"
- □ N「技能」 "Skilled Labor"
- □ N「特定活動（研究活動等）」 "Designated Activities (Researcher or IT engineer of a designated org)"
- □ O「興行」 "Entertainer"
- □ P「留学」 "Student"
- □ Q「研修」 "Trainee"
- □ Y「技能実習（1号）」 "Technical Intern Training (I)"
- □ Y「技能実習（2号）」 "Technical Intern Training (II)"
- □ Y「技能実習（3号）」 "Technical Intern Training (iii)"
- □ R「特定活動（研究活動等家族）」 "Dependent"
- □ R「特定活動（研究活動等家族）」 "Designated Activities (Dependent of Researcher or IT engineer of a designated org)"
- □ 「特定活動（EPA家族）」 "Designated Activities(Dependent of EPA)"
- ☑ T「日本人の配偶者等」 "Spouse or Child of Japanese National"
- □ T「永住者の配偶者等」 "Spouse or Child of Permanent Resident"
- □ T「定住者」 "Long Term Resident"
- □ 「高度専門職（1号イ）」 "Highly Skilled Professional(i)(a)"
- □ 「高度専門職（1号ロ）」 "Highly Skilled Professional(i)(b)"
- □ 「高度専門職（1号ハ）」 "Highly Skilled Professional(i)(c)"
- □ U「その他」 Others

12 入国予定年月日 Date of entry	2017 年 Year	11 月 Month	1 日 Day	13 上陸予定港 Port of entry	成田空港

14 滞在予定期間 Intended length of stay	期間の定め無し	15 同伴者の有無 Accompanying persons, if any	(有) ・ 無 Yes / No

16 査証申請予定地 Intended place to apply for visa　バンコク

17 過去の出入国歴 Past entry into / departure from Japan　有 ・ (無) Yes / No

（上記で『有』を選択した場合） (Fill in the followings when the answer is "Yes")

回数 time(s) The latest entry from	回 直近の出入国歴	年 Year	月 Month	日 から Day	年 Year	月 Month	日 Day

18 犯罪を理由とする処分を受けたことの有無（日本国外におけるものを含む。） Criminal record (in Japan / overseas)

有（具体的内容　Yes (Detail:　）・ (無) No

19 退去強制又は出国命令による出国の有無 Departure by deportation / departure order　有 ・ 無 Yes / No

（上記で『有』を選択した場合） (Fill in the followings when the answer is "Yes")

回数 time(s) The latest departure by deportation	回 直近の送還歴	年 Year	月 Month	日 Day

20 在日親族（父・母・配偶者・子・兄弟姉妹など）及び同居者
Family in Japan (Father, Mother, Spouse, Son, Daughter, Brother, Sister or others) or co-residents

続 柄 Relationship	氏 名 Name	生年月日 Date of birth	国 籍・地 域 Nationality/Region	同居予定 Intended to reside with applicant or not	勤務先・通学先 Place of employment/school	在留カード番号 特別永住者証明書番号 Residence card number Special Permanent Resident Certificate number
夫	乙野 一郎	1803.8.1	日本	(はい)・いいえ Yes / No	有限会社 ●●	
				はい・いいえ Yes / No		
				はい・いいえ Yes / No		
				はい・いいえ Yes / No		

※ 20については、記載欄が不足する場合は別紙に記入して添付すること。なお、「研修」、「技能実習」に係る場合は記載不要です。
Regarding item 20, if there is no enough space in the given columns to write in all of your family in Japan, fill in and attach a separate sheet.
In addition, take note that you are not required to fill in item 20 for applications pertaining to "Trainee" / "Technical Intern Training".

（注）裏面参照の上、申請に必要な書類を作成して下さい。 Note : Please fill in forms required for application. (See notes on reverse side.)

申請人等作成用2　T（「日本人の配偶者等」・「永住者の配偶者等」・「定住者」）　在留資格認定証明書用

For applicant, part 2　T ("Spouse or Child of Japanese National" / "Spouse or Child of Permanent Resident" / "Long Term Resident")　For certificate of eligibility

21　身分又は地位　Personal relationship or status

☑ 日本人の配偶者
Spouse of Japanese national

☐ 日本人の実子
Biological child of Japanese national

☐ 日本人の特別養子
Child adopted by Japanese nationals in accordance with the provisions of Article 817-2 of the Civil Code (Law No.89 of 1896)

☐ 永住者又は特別永住者の配偶者
Spouse of Permanent Resident or Special Permanent Resident

☐ 永住者又は特別永住者の実子
Biological child of Permanent Resident or Special Permanent Resident

☐ 日本人の実子の実子
Biological child of biological child of Japanese national

☐ 日本人の実子又は「定住者」の配偶者
Spouse of biological child of Japanese national or "Long Term Resident"

☐ 日本人・永住者・特別永住者・日本人の実子の配偶者・永住者の配偶者又は「定住者」の未成年で未婚の実子
Biological child who is a minor and single of Japanese,"Permanent Resident","Special Permanent Resident", Spouse of Japanese national, Spouse of Permanent Resident or "Long Term Resident"

☐ 日本人・永住者・特別永住者又は「定住者」の6歳未満の養子
Adopted child who is under 6 years old of Japanese,"Permanent Resident","Special Permanent Resident" or "Long Term Resident"

☐ その他（　　　　　　　　　　　　　　　　　　　　　　　　　　　　　　　）
Others

22　婚姻、出生又は縁組の届出先及び届出年月日　Authorities where marriage, birth or adoption was registered and date of registration

(1)日本国届出先　東京都●●市役所	届出年月日	2017 年	5 月	16 日
Japanese authorities	Date of registration	Year	Month	Day
(2)本国等届出先	届出年月日	年	月	日
Foreign authorities	Date of registration	Year	Month	Day

23　申請人の勤務先等　Place of employment or organization to which the applicant is to belong

※日本における勤務予定先を記載すること。
　Fill in the name of the intended place of work in Japan.

※(2)については、主たる勤務場所の所在地及び電話番号を記載すること。
　For sub-items (2) , give the address and telephone number of your principal place of employment.

(1)名称　　　　　　　　　　　　　　　　　支店・事業所名
　　Name　　　　　　　　　　　　　　　　Name of branch

(2)所在地　　　　　　　　　　　　　　　　電話番号
　　Address　　　　　　　　　　　　　　　Telephone No.

(3)年　収　　　　　　　円
　　Annual income　　　　Yen

24　滞在費支弁方法　Method of support to pay for expenses while in Japan

(1)支弁方法及び月平均支弁額　Method of support and an amount of support per month (average)

☐ 本人負担　　　　　　　円　　　☑ 在外経費支弁者負担　　　　　　　円
　Self　　　　　　　　　Yen　　　Supporter living abroad　　　　　Yen

☐ 在日経費支弁者負担　　　　　　円　　　☐ 身元保証人　　　　　　　　　　円
　Supporter in Japan　　　　　Yen　　　Guarantor　　　　　　　　　Yen

☐ その他　　　　　　　　　　　　円
　Others　　　　　　　　　　　Yen

(2)送金・携行等の別　Remittances from abroad or carrying cash

☐ 外国からの携行　　　　　　　　円　　　☐ 外国からの送金　　　　　　　　円
　Carrying from abroad　　　　Yen　　　Remittances from abroad　　　Yen

（携行者）　　　　　　携行時期　　　　）☐ その他　　　　　　　　　　　円
Name of the individual　Date and time of　　　Others　　　　　　　　Yen
carrying cash　　　　carrying cash

(3)経費支弁者(後記25と異なる場合に記入)　Supporter (Fill in the following in cases where different person other than that given in 25 below.)

①氏　名
　Name

②住　所　　　　　　　　　　　　　　　　電話番号
　Address　　　　　　　　　　　　　　　Telephone No.

③職業（勤務先の名称）　　　　　　　　　電話番号
　Place of employment　　　　　　　　　Telephone No.

④年　収　　　　　　　円
　Annual income　　　　Yen

申請人等作成用 3 　 T（「日本人の配偶者等」・「永住者の配偶者等」・「定住者」）　　在留資格認定証明書用
For applicant, part 3 T ("Spouse or Child of Japanese National" / "Spouse or Child of Permanent Resident" / "Long Term Resident")　　For certificate of eligibility

25　扶養者（申請人が扶養を受ける場合に記入）　Supporter (Fill in the followings when the applicant is to be supported.)

(1)氏　　名
　　Name

(2)生年月日　　　1975　　年　　8　　月　　1　　日　　(3)国　籍・地　域　　　日本
　　Date of birth　　　　　Year　　　Month　　　Day　　　Nationality/Region

(4)在留カード番号 / 特別永住者証明書番号
　　Residence card number / Special Permanent Resident Certificate number

(5)在留資格　　　　　　　　　(6)在留期間　　　　　(7)在留期間の満了日　　　年　　　　月　　　　日
　　Status of residence　　　　　　Period of stay　　　　　Date of expiration　　　Year　　　Month　　　Day

(8)申請人との関係（続柄）　Relationship with the applicant

☑ 夫　　　　　　□ 妻　　　　　　□ 父　　　　　　□ 母
　 Husband　　　　　Wife　　　　　　Father　　　　　Mother

□ 養父　　　　　□ 養母　　　　　□ その他（　　　　　　　　　　　　）
　 Foster father　　　Foster mother　　　Others

(9)勤務先名称　　　　　　　有限会社　●●　　　　　支店・事業所名
　　Place of employment　　　　　　　　　　　　　　　Name of branch

(10)勤務先所在地　　　東京都●●市●●一丁目●番●号　　　　電話番号　　0428 - XX - XXXX
　　Address　　　　　　　　　　　　　　　　　　　　　　　　　Telephone No.

(11)年　収　　　　　12,000,000　　円
　　Annual income　　　　　　　　　　　Yen

26　在日身元保証人又は連絡先　Guarantor or contact in Japan

(1)氏　　名　　　　　　乙野　一郎　　　　　　(2)職　業　　　　　　会社員
　　Name　　　　　　　　　　　　　　　　　　　Occupation

(3)住　所　　　　東京都●●区●●一丁目●番●号
　　Address

　　電話番号　　03 - XXXX - XXXX　　　　　携帯電話番号
　　Telephone No.　　　　　　　　　　　　　Cellular Phone No.

27　申請人，法定代理人，法第7条の2第2項に規定する代理人
　　Applicant, legal representative or the authorized representative, prescribed in Paragraph 2 of Article 7-2.

(1)氏　　名　　　　　　　　　　　　　　　　(2)本人との関係
　　Name　　　　　　　　　　　　　　　　　　Relationship with the applicant

(3)住　所
　　Address

　　電話番号　　　　　　　　　　　　　　　　携帯電話番号
　　Telephone No.　　　　　　　　　　　　　Cellular Phone No.

以上の記載内容は事実と相違ありません。　I hereby declare that the statement given above is true and correct.
申請人（代理人）の署名／申請書作成年月日　Signature of the applicant (representative) / Date of filling in this form

　　　　　　　　　　　　　　　　　　　　　　　　年　　　　月　　　　日
　　　　　　　　　　　　　　　　　　　　　　　　Year　　　Month　　　Day

注　意　申請書作成後申請までに記載内容に変更が生じた場合，申請人（代理人）が変更箇所を訂正し，署名すること。
Attention　In cases where descriptions have changed after filling in this application form up until submission of this application, the applicant (representative) must correct the part concerned and sign their name.

※　取次者　Agent or other authorized person

(1)氏　　名　　　　　　　　　　　　(2)住　所
　　Name　　　　　　　　　　　　　　Address

(3)所属機関等　Organization to which the agent belongs　　　電話番号　Telephone No.

記載例（質問書）

質 問 書

　この質問書は，提出された申請の審査のために答えていただくものであり，**重要な参考資料**となります。回答に当たっては，各質問について該当するものにチェック☑又は○印で囲み，その他記入部分については，できるだけ具体的に，かつ詳しく記載・説明願います。

　なお，事実に反する記入をしたことが判明した場合には審査上不利益な扱いを受ける場合がありますので，ご留意下さい。

【記入に際しての説明】

※申請人（相手の方）とは，これから入国・在留のための審査を受ける外国人（我が国に滞在を希望する外国人）を指します。

※配偶者（あなた）とは，上記申請人と婚姻している日本人又は外国人を指します。

1　**お互いの身分事項**について記入して下さい。日本国籍の方につきましてはフリガナもお願いします。

申　請　人	国　籍	氏　名	㊚
	ベトナム	●●●●● ●●● ●●●	女

<table>
<tr><td rowspan="8">配

偶

者</td><td colspan="2">氏　名</td><td colspan="2">フリガナ　ヘイ ヤマ カズ コ
丙 山 一 子</td><td>国籍</td><td>日　本</td></tr>
<tr><td rowspan="4">自
宅</td><td>住　所</td><td colspan="4">トウキョウト●●ク●●チョウ
東京都●●区●●町１丁目●番●ー●号</td></tr>
<tr><td>電　話</td><td colspan="4">自宅　　　　　　　　　　携帯
(03) ×××ー××××　　(090) ×××ー××××</td></tr>
<tr><td>同居者の有無</td><td colspan="4">□無　☑有　（氏名 ●●●●● ●●●● ●●●● ）</td></tr>
<tr><td colspan="5">□自己所有　☑借家　家賃　350,000 円　　　1 LDK</td></tr>
<tr><td rowspan="3">職

場</td><td>会社名</td><td colspan="2">●●●●株式会社</td><td colspan="2">職務内容
需要予測</td></tr>
<tr><td>所在地</td><td colspan="4">茨城県●●市●● 1ー●</td></tr>
<tr><td>電　話</td><td colspan="2">029-●●●-●●●●</td><td>就職年月日</td><td>平成 19 年 11 月 1 日</td></tr>
</table>

2 結婚に至った経緯（いきさつ）についてお尋ねします。

（1） 初めて知り合った時期，場所や結婚までのいきさつを記入して下さい。

① 初めて会った時期： <u>2009</u> 年 <u>7</u> 月 <u>25</u> 日
　　　場所： <u>ニュージャージー州／アメリカ</u>

② 初めて会ってから（紹介により知り合われた方は，紹介されたいきさつ
から）結婚届を出されるまでのいきさつを，年月日を示しながら，できる
だけ詳しく記載して下さい。

なお，行数の足りないときは，適宜の用紙を使用し記載していただいて
結構です。また，説明に関連する写真・手紙や国際電話の利用などを証明
するものを添付されても結構です。

　私は日本国籍の"丙山一子"と申します。この度の申請人であり私の夫であるベトナム国籍"
●●●●●● ●●●● ●●●●"に在留資格「日本人の配偶者等」を賜りたく，在留資格変
更許可申請を行わせていただくに当たり，夫と初めて知り会ってから結婚に至り，また現在に至
るまでの経緯を下記にご説明させていただきます。

　2009年7月，私は大学院留学のために渡米し，同年7月～8月の2か月間は大学付属の語学
学校に通っておりました。その時に私が滞在していたアパートに，当時近くの職場に勤めていた
夫も暮らしており，私と夫は当該アパートの隣人として知り合ったのです。

　週末に利用することの多かった共用のコインランドリーでは，夫と顔を合わせることも多く，
いつしか私たちは話す機会も自然に増え，車を持っていなかった私が学校に送ってもらったこと
がきっかけで，その後お互いに連絡を取り合うようになりました。そして2人の関係は，私の大
学院が始まった2008年9月頃から真剣な交際へと発展し，11月頃にはお互いの家を行き来する
ようになりました。

　2010年を迎え，お互いに目指している目標に向けて頑張りつつ，順調に交際を続けるうちに
私たちはお互いのことをより大切に感じられるようになりました。そこで，同年春には一緒に暮
らし始め，そのことによってお互いをより深く理解できるようになり，私たち2人の絆は次第に
深まっていき，また結婚へつながる想いも生まれるようになりました。それからというもの，私
たちは楽しいことだけに限らず，お互いの意見を交わす時間も増していき，そのように交際を深
めていく中で，私は2012年5月の大学院修了を無事に迎えるに至りました。

　卒業後，私は米国での就職活動を始めたのですが，なかなか希望の職を得ることができず，
2012年秋には日本でのUターン就職を決意することとなりました。そこで，それまでに結婚へ
の意志が固まりつつあった私たちは，真剣に結婚についても話し合うようになりました。その話
合いの結果として，夫は私と共に日本で生活をしていくことを決意し，●●キャリアフォーラム

（●●で毎年開催される主に留学生のためのジョブフェア）で面接を受け，現職を得たのです。そして，2013年4月，夫は私の帰国に合わせ，現職●●●●有限会社のアナリストとして（在留資格「技術人，同」）来日いたしました。

　2013年はお互いにとって新しい職場での初年度ということもあり，お互いに仕事に慣れることを第一に考え，生活が落ち着く頃を待ち，結婚式を挙げることに決めました。その生活の中ではただ恋人であった時とはまた違った形でお互いを思いやる気持ちで努力を重ね，よりお互いを大切に思えるようになったと実感しております。

　2013年の年末から2014年の正月には，初めて2人でベトナムの夫の郷里を訪れました。夫の両親からも私たちの結婚について理解と応援を得られ，夫の兄弟2人とは，実家のある村からホーチミン市まで2泊3日の旅行を共にしました。そして，仕事と日本における生活もようやく落ち着いた2014年5月25日に，私たちは，東京都●●区役所において婚姻の届出を提出し，正式な夫婦となりました。

　その後も順調に私たち夫婦の結婚生活は続き，2015年12月には夫の弟"●●●●●　●●●●　■■■■"の結婚式（於ホーチミン市）に参加するため，再びベトナムを訪れる機会がありました。この時は，弟と同じ敷地内にある夫の兄"●●●●●　●●●●　▲▲▲▲▲"の居宅でお世話になり，より一層，夫の親族の方々とも良好な関係を築くことができたと実感しております。

　そして2016年5月，入籍から2年経ち，私たち夫婦もようやく結婚式を挙げることとなりました。「●●ホテル」で50人ほど（彼の同僚，私の親族・友人）を招いてささやかな披露宴を行うこともできました。そして現在に至り，この度の申請に至った次第です。

　なお，夫は来日以来，「技術」の在留資格を賜り本邦に滞在しておりましたが，日本における生活が安定した現在，将来を踏まえて生活の本拠を構えようと，夫と共に不動産の購入について色々と調べておりましたところ，「永住者」及び「日本人の配偶者等」という在留資格の存在を知りました。そこで，上記の在留資格について貴局に実際にお伺いしてご相談させていただいたところ，私たちの現況においては「日本人の配偶者等」への在留資格変更許可申請を行うことが適切であるとのご教授をいただきましたので，本件申請を行わせていただくこととなりました。

　以上のような経緯により，本件申請を行わせていただく次第ですので，夫"●●●●●　●●●●　●●●●"に「日本人の配偶者等」への在留資格変更のご許可を賜りたく，何卒，よろしくお願い申し上げる次第です。

以上

（2）紹介者の有無などについて

☑無

□有（結婚相談所による紹介の場合は，氏名欄に会社名を記載して下さい。）

紹介者：国　　籍：_____

氏　　名：_____（男・女）

生年月日：_____年_____月_____日

住　　所：_____

電話番号：_____

外国人の方の場合は在留カード番号 _____

紹介された年月日，場所及び方法

年 月 日：_____年_____月_____日

場　　所：_____

方　　法：□写真　□電話　□対面　□E－mail

□その他（_____）

紹介者と申請人（相手の方）との関係（詳しく記載して下さい）

紹介者と配偶者（あなた）との関係（詳しく記載して下さい）

＊紹介者との関係は，単に友人・知人と記載するのではなく，どのような関係か詳しく記載して下さい。

3　夫婦間の会話で使われている言語についてお尋ねします。

（1）日常，ご夫婦の会話に使われている言葉（例えば，中国語，日本語等）は何ですか。

　　英語

（2）お互いの母（国）語は何ですか。

① 申請人（お相手の方）　　ベトナム　語

② 配偶者（あなた）　　日本　語

（3）申請人（お相手の方）は，配偶者（あなた）の母国語をどの程度理解できますか。

　　　□難しい＝通訳が必要　　　　☑筆談／あいさつ程度

　　　□日常会話程度は可能　　　　□会話に支障なし

（4）配偶者（あなた）は，申請人（お相手の方）の母国語をどの程度理解できますか。

　　　☑難しい＝通訳が必要　　　　□筆談／あいさつ程度

　　　□日常会話程度は可能　　　　□会話に支障なし

（5）申請人（お相手の方）が日本語を理解できる場合は，いつ，どのように学んだのか，具体的に記載して下さい。

　来日当初（1〜2年）は，会社の委託を受けた日本語講師によるマンツーマンのレッスンを受けていました。業務が忙しくなるにつれてレッスンを受けることが出来なくなってしまいましたが，今後は業務が落ち着き次第，日本語学校等に通う予定でおります。

（6）お互いの言葉が通じない場合，どのような方法で，意志の疎通を図っていますか。

【方法】：　お互いに英語による会話が可能なため，言葉が通じなくて困ったことはありません。

【通訳者がいた（いる）場合】

　　① 通訳者の氏名：

　　② 通訳者の国籍：

　　③ 通訳者の住所：

4　日本国内で結婚された方は，結婚届出時の証人2名を記入して下さい。

（1）氏名：　丙山　一美（へいやま　かずみ）※配偶者の母　　　　（男・㊛）

　　　住所：　神奈川県●●市●●北1－●－●－●

　　　電話：　0467－××－××××

（2）氏名：　乙石　太郎（おついし　たろう）※大学院時代の恩師　（㊚・女）

　　　住所：　神奈川県●●市●●区●●1－●－●－●

　　　電話：　03－××××－××××　※（オフィス）

5 結婚式（披露宴）を行った方は，その年月日と場所等を記入して下さい。

年月日： 2016 年 5 月 25 日

場　所： ●●ホテル

出席者：申請人側　　父　　母　　兄　　弟　　姉　　妹　　子

　　　　配偶者側　　⓪　　⓪　　兄　　弟　　姉　　妹　　子

双方の出席者　計　約45 人

6 結婚歴についてお尋ねします。

申請人（お相手の方）：☑初婚

　　　　　　　　　　　□再婚（　　　回目）

前回の結婚は＿＿＿＿＿年＿＿＿月＿＿＿日～＿＿＿年＿＿＿月＿＿＿日

　　　　　　　　　　　　　　　（□離婚　□死別）

配偶者（あ　な　た）：☑初婚

　　　　　　　　　　　□再婚（　　　回目）

前回の結婚は＿＿＿＿＿年＿＿＿月＿＿＿日～＿＿＿年＿＿＿月＿＿＿日

　　　　　　　　　　　　　　　（□離婚　□死別）

7 申請人（お相手の方）がこれまでに来日されているときは，その回数と時期を記入して下さい。

（1）回数　　1　　回

（2）時期来日目的　　　　　　　　　　　　来日目的（観光・仕事等）

① 2012 年 4 月 14 日～ 現在 年 月 日（ 仕事 ）

② ＿＿＿年＿＿月＿＿日～＿＿＿年＿＿月＿＿日（＿＿＿＿＿＿）

③ ＿＿＿年＿＿月＿＿日～＿＿＿年＿＿月＿＿日（＿＿＿＿＿＿）

④ ＿＿＿年＿＿月＿＿日～＿＿＿年＿＿月＿＿日（＿＿＿＿＿＿）

⑤ ＿＿＿年＿＿月＿＿日～＿＿＿年＿＿月＿＿日（＿＿＿＿＿＿）

　　　　　※多数の場合は直近の渡航歴を記載願います。

8 配偶者（あなた）がこれまでに申請人の母国に行かれているときは，その回数と時期を記入して下さい。

（1）知り合ってから結婚までの間（　1　回）

①	2013	年	12	月	27	日～	2014	年	1	月	5	日
②		年		月		日～		年		月		日
③		年		月		日～		年		月		日
④		年		月		日～		年		月		日
⑤		年		月		日～		年		月		日

　　　※多数の場合は直近の渡航歴を記載願います。

（2）結婚後（　1　回）

①	2014	年	12	月	5	日～	2015	年	12	月	10	日
②		年		月		日～		年		月		日
③		年		月		日～		年		月		日
④		年		月		日～		年		月		日
⑤		年		月		日～		年		月		日

　　※多数の場合は直近の渡航歴を記載願います。

9　**申請人は日本から退去強制されたことがありますか（出国命令も含みます。）。**
　　☑無
　　□有（　　　　　　　回）

10　9で「退去強制されたことがある」と記入された方にお尋ねします。
（1）違反の内容
　　　□不法残留（オーバーステイ）
　　　□不法入国（密入国・偽造パスポート使用など）
　　　□その他　（　　　　　　　　　　　　　　　　）
（2）退去強制などにより出国した年月日（直近のもの）と空港名
　　　　年月日：　　　　年　　　　月　　　　日　　　　　　空港から
（3）当時使用していたパスポートの国籍，氏名及び生年月日は，今回の申請におけ
　　　る国籍，氏名及び生年月日と同じですか。
　　　□同じ
　　　□別の氏名等　　国　　籍：
　　　　　　　　　　　氏　　名：
　　　　　　　　　　　生年月日：　　　　年　　　　月　　　　日

1

日本人と外国人が結婚するケース

（4）退去強制されるまでの間に夫婦で同居した事実がある方は，その期間と住所を記入して下さい。

期間：　　　年　　　月　　　日　〜　　　年　　　月　　　日

住所：

11　申請人（お相手の方）と配偶者（あなた）の親族について記入して下さい。

　※日本に居住している方の電話番号は可能な限り記入して下さい。父母がお亡くなりになっている場合には，「住所欄」に「死亡」と記載して下さい。お子さんについては，（2）の表に記載して下さい。お子さんがいない場合は，「なし」と記載して下さい。

（1）父・母・兄弟・姉妹について記載して下さい。

	続柄	氏　名	年齢	住　所	電話番号
【記載例】	父	入管太郎	62	東京都千代田区××1-2-301	03-▽△-××××
夫の親族	父	●●●●● ●●● ●●	67	●●● ●●●● ●●●●●●, ●●●● ●●●, BINH DINH, VIETNAM	(84) ××××-××××
	母	●●●● ●●● ●●●●	64	同上	同上
	兄	●●●● ●●●● ▲▲▲▲▲	36	●●/●/● ●●●●● ●,●●● ●●● ● ●●●●● ●●●●● ●● ●●●, Quan 2 Ho Chi Minh City, Viet Nam	
	弟	●●●●● ●●●● ■■■■■	30	同上	
【記載例】	父	Nyukan James V.	62	New York, U.S.A（都市名まで）	××××-12-○○-345
妻の親族	父	丙山　一男	58	神奈川県●●市●●1-●-●-●	0467-●●-●●●●
	母	丙山　一美	58	同上	同上

（2）お子さんについて記載して下さい。

続柄	氏　名	生年月日	住　所
【記載例】			
夫の長男	入管三郎	1975.11.19	埼玉県さいたま市△△区××9-8-7
妻の長女	Nyukan Mary C	1999.12.15	New York, U.S.A（都市名まで）
	なし		

12　親族で今回のご結婚を知っている方はどなたですか。
　　（該当するところを○で囲んで下さい。）
　　夫側：　㊦　㊊　㊉　㊎　姉　妹　子
　　妻側：　㊦　㊊　兄　弟　姉　妹　子

以上のとおり，記載内容に相違ありません。

　　平成　　　年　　　月　　　日

　　　　署　名：＿＿＿＿＿＿＿＿＿＿＿＿＿＿＿＿＿＿＿＿＿＿＿

(注) 事実に反する記入をしたことが判明した場合には申請人に係る審査上不利益な扱いを受ける場合や罪に問われる場合がありますので，提出前に，記載内容に間違いがないことを確認し，ご自身で署名してください。

1　日本人と外国人が結婚するケース

記載例（身元保証書）

身 元 保 証 書

平成 **28** 年 **12** 月 **1** 日

法 務 大 臣 殿

　　国 籍　**ベトナム**

　　氏 名　**●●●●●●● ●●●● ●●●●**

上記の者の本邦在留に関し、下記の事項について保証いたします。

記

　　1．滞 在 費

　　2．帰 国 旅 費

　　3．法令の遵守
上記のとおり相違ありません。

身元保証人
　　氏 名　**丙山 一子**　　　　　　　　印

　　住 所　**東京都●●区●●町1丁目●番●-●号**

　　　　　　　　　　　　　　　　TEL　**03-XXXX-XXXX**

　　職 業（勤務先）　**●●●●株式会社（●●本社）**　TEL　**029-XXX-XXXX**

　　国 籍（在留資格，期間）　**日本**

　　被保証人との関係　**妻**

「日本人との配偶者等」の在留資格認定証明書交付申請の場合には，入国管理局では定型フォームの「質問書」を提出するように求めている。しかし，このフォームに書ききれないような場合や「質問書」では問われていないが説明しておきたいことなどがあれば，別紙として事情説明書などを添付することとなる。

　以下は，「日本人との配偶者等」の在留資格認定証明書交付申請が2度にわたり不交付となり，3度目に提出した際の事情説明書である。このように申請人が特に説明したいこと，アピールしたいことなどがあれば，その内容が審査に関係するかどうかを判断した上で別紙として提出することになる。

記載例（事情説明書）

平成26年2月1日

東京入国管理局長　殿

氏　　名：○○　××
住　　所：東京都港区港南1−2−3
電話番号：090−1234−5678

事　情　説　明　書

　私は日本国籍　○○　××（40歳）です。

　私は平成24年9月，中国遼寧省で中国人女性　△　○○と見合いをし，互いに好感を持ったため，彼女の父親の承諾のもと，平成24年10月1日，瀋陽市遼寧民生局に婚姻の登録をいたしました。帰国後，平成24年11月1日，東京都●●区役所に婚姻届を提出し，早速妻を呼びたいと考え，平成25年1月20日と，平成25年11月1日の2度にわたり「日本人の配偶者等」の在留資格認定証明書交付申請を提出いたしましたがいずれも不交付通知を頂き，大変ショックを受けました。

真実の結婚であるにもかかわらずなぜ不許可なのか，いろいろ悩んだ結果，私の入管手続に対する知識の不足，提出した資料の不備な点などがあったことに気付きましたので改めて３度目の在留資格認定証明書交付申請をさせて頂くことにしました。

　私は，平成24年11月１日，△　○○　と結婚した時を含めて３回にわたり中国を訪問しています。
　　（中国訪問）　　　（日本出国）　　　　　　　（日本に帰国）
　　　第１回目　　　平成24年９月１日　　　　　　平成24年11月１日
　　　第２回目　　　平成25年２月１日　　　　　　平成25年３月１日
　　　第３回目　　　平成25年６月１日　　　　　　平成25年７月１日
　　　第４回目　　　平成26年３月１日　訪問予定

　第１回目の結婚の時は支給金として20万円を，また訪問の度に△　○○の生活費と日本語学校のための学費を渡しており，結婚以来１年間で約40万円を手渡しております（これは直接手渡したため，残念ながらこれを立証する資料がありません。）。
　これからは毎月３万円程度銀行送金する予定でおります。私達の結婚は誰からも強制されたものでもなく，私達２人の純粋な気持ちが同意したことによって生じたものです。メールや手紙などをご参照頂ければご理解頂けると存じます。また，この１年間で夫婦の絆が強くなってきていることを感じています。
　△　○○　は現在中国遼寧省撫順の○○外国語学校で日本語の勉強をしており，一日も早い日本入国の許可を待ちわびております（在学証明書別添）。
　何卒，私達が日本で一緒に生活ができるよう「日本人配偶者等」の在留資格を賜りますようよろしくお願いいたします。

イ　配偶者が海外（査証免除国）在住で日本に呼び寄せる場合
　　日本人との国際結婚で，相手が海外在住の場合には「日本人の配偶者等」の在留資格認定証明書交付申請を行うのが一般的であるが，一連の

手続を行った場合には、どんなに早くても数か月の時間を要する。その間、結婚したばかりの夫婦が離れ離れに生活することとなるため、中には日本人が帰国する際に配偶者も同伴して日本へ入国することもある。このケースは配偶者が査証免除国人の場合によく見られる。

　外国人配偶者は査証免除国であるため、ビザの発給を受けずに「短期滞在」の在留資格を付与されて日本に入国することが可能である。90日の「短期滞在」が付与されればその間に「日本人の配偶者等」の在留資格認定証明書交付申請を日本の入国管理局に申請することとなる。本人が日本に入国しているにもかかわらず海外から呼び寄せる手続の申請をするのは、現在の入国管理局での手続上では「短期滞在」から他の在留資格への変更は原則として認めていないからである。そのため、外国人配偶者が日本国内に滞在しているにもかかわらず、海外在住の人物を招へいするための手続である在留資格認定証明書交付申請を行い、申請の結果、「日本人の配偶者等」の在留資格認定証明書が交付されたら、今度はそれを添付して「短期滞在」から「日本人の配偶者等」への在留資格変更許可申請を行うこととなる。「短期滞在」から他の在留資格への変更ができないことは既に述べたが、その例外の1つがこのケースである。つまり、短期滞在で日本に滞在中に適切な在留資格認定証明書が交付された場合には、例外的な扱いとして変更申請が受理される可能性がある。ただし、これについては明確な規定などがあるわけではなく、あくまでも「短期滞在」からの変更は受理しないというのが原則であり、わざわざ帰国して大使館などでビザ申請を行い再度来日するという申請者に対して便宜を図るという意味合いで、例外として受理されているケースも見られる。そのため、外国人配偶者が「短期滞在」で入国し国内で「日本人配偶者等」への在留資格変更を希望する場合には、前もって「例外的措置であり、必ずしも受理されるとは限らない」旨を明確に説明しておいた方がよいだろう。もちろん、何らかの事情で在留資格変更許可申請が受理されなかった場合には、「短期滞在」の在留期限が到

来する日までに必ず日本から出国しなければならず，仮に出国しなかった場合には不法残留となり退去強制手続の対象となる。

　また，このケースでは，「短期滞在」で入国後に「日本人の配偶者等」の在留資格認定証明書交付申請は行ったが，短期滞在の在留期限までに審査結果が出なかった場合も考えられる。通常，90日の「短期滞在」を所持して入国後すぐに手続を開始すれば，ほとんどのケースで90日の在留期限までには申請に対する結果が出ることとなる。ところが，海外から取り寄せる資料があった場合や何らかのトラブルで申請が遅れると在留期限までに申請結果が出ないこともある。このようなケースは外国人配偶者が日本へ入国した後に，国内で婚姻届を提出する際に多く見られ，書類の不備等で母国から独身証明書などの必要書類を取り寄せるような状況で生じやすい。このような場合には当然に在留期限までに出国しなければならず，金銭的，精神的にも申請者に大きな負担がかかることになる。そのため，国内での「日本人の配偶者等」への変更を行う場合には，事前にスケジュールを明確に定め各種申請に対する必要書類等についても入念に調査しておくことを強く勧める。

　一方，日本での滞在中に「日本人配偶者等」の在留資格認定証明書が交付された場合には，すぐに「短期滞在」からの在留資格変更申請を行うこととなる。この場合には在留資格変更許可申請が受理されれば，申請結果（許可・不許可）が出るまで又は在留期間満了の日から2か月のいずれか早い日までは，現に有する在留期間満了後も引き続いて在留することができる（在留期間が30日以内の者は除かれる）。申請の結果，「日本人の配偶者等」の在留資格へと変更されれば，そのまま日本人の配偶者として滞在することになる。また，例外的ではあるが，在留資格認定証明書が交付されていても在留資格変更許可申請が何らかの理由で不許可とされる場合があり，このときは指定された期日までに出国することとなる。

・一般的な場合

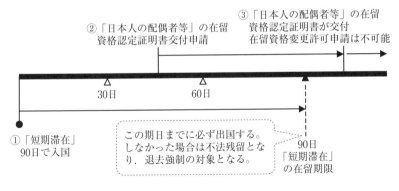

・スケジュールが遅れた場合

　国内で在留資格を変更する際に気をつけなければならないのが，「短期滞在」の在留期限である。在留資格認定証明書交付申請はあくまでも海外にいる者を招へいするための手続であり，原則として申請人が日本国内に「短期滞在」で滞在していることとは関係がない。そのため，在留資格認定証明書交付申請を行っても短期滞在の在留期限は必ず守らなければならない。一方，在留資格変更許可申請は国内にいる者が対象の手続であり，これが受理された場合には原則として審査結果が出るまで（ただし，最長2か月間）は引き続き在留することができる。よって，「短

期滞在」の在留期限が経過しても問題がない。しかし，中には「短期滞在」の在留期限ぎりぎりに在留資格認定証明書交付申請を行ったケースなどでは勘違いから日本に滞在して不法滞在となるケースもしばしば見受けられる。日本人配偶者との婚姻には何ら問題がないにも関わらず，手続上のミスから退去強制の対象となったため，その後の入国に非常に苦労する例もある。そのためにも，在留期限には細心の注意を払い，前もってスケジュールを明確に定めておくことを強く勧める。

(2) **退去強制歴があるケース**

ア　在留特別許可が不許可となり，再度呼び寄せの手続をするケース

日本国内で不法残留したことにより退去強制手続がとられ，その際に在留特別許可を希望したにもかかわらず，許可されなかった場合には退去強制令書に基づき本国などへ送還されることになる。このようなケースでは「日本人の配偶者等」の在留資格認定証明書の交付申請を行うこととなるが，そこで問題となるのが日本への上陸拒否期間である。退去強制された外国人は，原則としてその後5年間（ケースによっては10年間）は上陸拒否期間に該当するため，日本へ上陸をすることはできない。しかしながら，国際結婚を伴う在留特別許可を希望した場合には，大半のケースで日本人との婚姻が既に成立しているため，結果として家族や夫婦が2国間に別れて生活することとなる。万が一にも，日本での在留特別許可が許可されずに退去強制となると，このように家族にとっては非常につらい状況となりうる。しかも，在留資格認定証明書を発行するかどうかは上陸拒否期間とは全く別の問題であるため，仮に退去強制された時から上陸拒否期間である5年（又は10年）が経過したとしても，必ずしも在留資格認定証明書が交付されるとは限らない。その上，申請を行えば過去に退去強制された事実は必ず明らかになるので，入国管理局の審査も慎重となるケースが多い。特に氏名やパスポートの偽装による不法入国や偽名での婚姻手続など，過去に日本での滞在中に法令違反がある場合には，在留資格認定証明書の取得は困難となる。

このケースでは，退去強制後にどのような形で夫婦としての実態が継続されていたかがポイントの1つとなる。退去強制後にお互いの交流が全く認められないケースなどでは，そもそも日本滞在時から夫婦としての実態があったのかが疑問視され，難しい状況となるだろう。日本人が定期的に配偶者の母国を訪れたり，生活費を毎月送金するなどの行為が認められれば在留資格認定証明書取得の可能性は高まることが多いが，いずれにせよ過去の違反内容と今回の入国目的を慎重に比較検討した上で審査されることとなる。その点においては，配偶者との間に日本国籍の子が出生している場合についても同様であり，過去の入管法違反の度合いによっては何度申請を行っても不交付という結果になることもあり得る。

このように在留特別許可が得られずに退去強制となった場合には，再び家族が日本で生活をするために多大な努力が必要となる。しかし，法務大臣が特別に事情を認めた場合には，上陸拒否期間などの上陸拒否事由に該当していても特例として在留資格認定証明書が交付されるなどして，上陸特別許可として日本への入国が可能となるケースがある。この上陸特別許可により入国する際には，原則として空港の入国管理局などに外国人配偶者が搭乗する予定のフライトナンバーと入国日などを通知することになる。空港の入国審査ではパスポートなどから上陸拒否期間中であることが分かるため，前もって通知しておかないと入国審査で拒否される可能性があるためである。ただし，この上陸特別許可も在留特別許可と同様に法務大臣の自由裁量とされており，希望をすれば必ず与えられるものではない。上陸特別許可の明確な許可基準などは明らかにされていないが，上陸拒否の事由が重大なものではなく，日本国籍の配偶者や子が日本にいる場合などに許可されるケースが多いようである。このようなケースでは，退去強制後に2国間に別れた夫婦などが，渡航歴，金銭のやり取り，生活状況などを含めてどのような交流をしていたかが重要になると思われる。

イ　今回の結婚とは別に，過去に退去強制されたことがあるケース

　日本人との国際結婚で，海外に住む外国人配偶者が今回の申請とは別に，過去に日本から退去強制されたことがあるケースでは，過去の滞在歴を正確に把握することが大切である。よく見られる事例としては，日本人が仕事や観光で海外に行き，現地で日本語が堪能な外国人と知り合い婚姻に至るようなケースである。この場合でも，一般的には「日本人の配偶者等」の在留資格認定証明書交付申請を行い，現地から配偶者として呼び寄せることになる。しかし，過去に退去強制されたことがある場合には，いくら今回の婚姻とは別のことであっても簡単に許可が下りるとは考えづらい。この時によく確認しなければならないのは，配偶者が過去にどのような状況で日本に滞在し退去強制されたかの事実確認である。

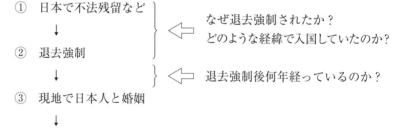

　特に日本で入管法違反以外の犯罪に関与しているような場合には，入管法第5条に定める上陸拒否事由に該当するかどうかを真っ先に確認しなければならない。第5条では日本への上陸を拒否する事由が十数項目にわたり列挙されているが，中でも多いのが薬物使用，売春，それに窃盗などによる1年以上の懲役刑などに該当する場合である。入管法で明確に上陸拒否に該当することを明示している以上，このようなケースに該当する場合には在留資格認定証明書が交付されることはよほどの事情

がない限り難しいと思われる。特に海外にいる配偶者が売春などで検挙された過去がある場合には，日本人の夫に打ち明けることができないまま，在留資格認定証明書交付申請を行ってしまうこともある。入国管理局から在留資格認定証明書の不交付通知書が送付され，職員からその理由を説明されて初めて逮捕歴が明るみに出ることもある。そのため，海外にいる配偶者とのコミュニケーションをよく取り，お互いの信頼関係を築くことが大切となる。

　また，退去強制の理由が入管法違反のみの場合も考えられるが，この際にも詳しく事情を把握しなければならない。入管法違反と一口に言っても，うっかりした不法残留から偽造パスポート等を使った不法入国など，その内容は様々である。当然ではあるが，その内容が悪質であるほど在留資格認定証明書の取得は難しくなり，上陸拒否期間の5年間（ケースによっては10年間）が経過していたとしても，在留資格認定証明書交付申請が不交付となり続けることも珍しくない。悪質と判断されるケースは状況により異なるが，偽造パスポートで入国してそのまま偽名で婚姻届を提出しているような場合や不法入国を繰り返している場合など，日本の法律を遵守する姿勢が全く見られないようなケースでは申請が不許可となることが多い。

　さらに，外国人配偶者が以前にも日本人と結婚していたようなケースでは，その婚姻生活についても確認すべきである。中には偽装結婚で日本に出稼ぎに来ていて，それが発覚して退去強制となっている例も見られる。入国管理局などにより偽造結婚が発覚しているケースでは，現在の正当な婚姻に基づき日本人との間に実子がいる場合でも，「日本人の配偶者等」の在留資格認定証明書がなかなか交付されないこともある。

　そのため，以前の滞在歴などを詳細に把握する事が非常に重要である。とはいえ，婚姻生活は配偶者のプライバシーに深く関わる内容であるため，事実を確認する際には細心の注意を払う必要がある。

❷ 既に国内に滞在しているケース

(1) 一般的な国際結婚の場合

ア 外国人配偶者が再婚で，既に「日本人の配偶者等」の在留資格を保有している場合

日本人との再婚による国際結婚で，相手が既に「日本人の配偶者等」を保有しているケースである。外国人配偶者が以前に日本人と結婚しており，その後，離婚して新たな日本人配偶者と知り合ったような場合によく見られる。この場合，現在保有している「日本人の配偶者等」は前回の婚姻に基づき許可されたものであるから，本来であれば一度帰国し，新しい日本人配偶者に在留資格認定証明書交付の申請をしてもらい再度入国するのが原則である。しかし，何らかの事情により在留期限が到来する直前に新たな配偶者との婚姻が成立した場合などでは，そのまま在留資格を更新するケースも見られる。その際の手続は在留期間更新であるが原則として新規に在留資格を取得するのと同様の手続を行うこととなる。この際に気をつけなければならないのが，外国人配偶者の以前の婚姻状況である。特に婚姻の期間や離婚に至る経緯などは詳細に把握しなければならない。婚姻期間については，これが1年にも満たない場合には前回の婚姻の実態が疑われ，次回の在留期間更新が不許可となることもある。日本人との婚姻を理由に海外から入国してその直後に離婚したり，在留期間を更新した直後不自然に離婚しているようなケースでは，いくら今回の婚姻が正当なものであっても在留期間の更新は難しいことが多い。また，離婚の経緯についても重要であり，前の婚姻時の日本人配偶者が離婚に納得していない場合や，離婚を巡りトラブルが起きている場合には，親族などの関係者が意図的に入国管理局にマイナスとなる虚偽の情報を送りつけたりする例もある。もちろん，入国管理局はこのような情報に左右されるような単純な審査は行っていないが，少なくともプラスに取られることはないと思われる。

いずれにせよ，日本人との再婚を理由に在留期間更新の申請をする際には，①離婚に至る経緯，②離婚後の滞在歴，③新しい配偶者との出会い，そして，④現在に至るまでの婚姻状況を詳細に説明する必要があるだろう。②の離婚後の滞在歴については，外国人配偶者が女性である場合には生活費などに困ることも多く，新しい配偶者と出会うまではどのように生活費を捻出していたかが問題となることもある。もし貯金を切り崩して生活していたのなら通帳のコピーなどを提出すべきであるし，何らかの職に就いていたのなら在職証明などを提出した方がよいだろう。

　また，日本人の配偶者として生活していなかった期間についても注意しなければならない。前回の婚姻が正当なものであっても，離婚した時点でなぜ帰国しなかったのかを詳細に説明しなければならない。なお，同様のケースでは，在留資格取消制度（102頁を参照）に該当する可能性があるため注意しなければならない。このケースでは「配偶者の身分を有する者としての活動を継続して6か月以上行わないで在留すること（正当な理由のある場合を除く）」の場合には在留資格が取り消される旨が記されているので注意しなければならない。

イ　外国人配偶者が「日本人の配偶者等」以外の在留資格を保有しているケース

　日本人との国際結婚で外国人配偶者が「技術・人文知識・国際業務」などの就労可能な在留資格を所持している場合には，原則として「日本人の配偶者等」へと変更を行うこととなる。しかし，外国人配偶者の中には日本人と結婚しても独立心が強く，「日本人の配偶者に生活のすべてを依存したくない」と考え，婚姻後も在留資格を変更することなく，現状の在留資格を更新し永住許可を取得することを望むケースも見られる。確かに「日本人の配偶者等」へと変更を行うと，日本人との婚姻が日本に滞在する要件となるため簡単には離婚ができないことになるが，

就労に制限がなくなるなどのメリットが大きいため多くのケースでは変更するのが一般的である。もちろん，日本人との結婚後も「技術・人文知識・国際業務」などの在留資格を更新し続けることも可能であるが，一般的には現状よりも有利な在留資格へと変更できるにもかかわらず，あえてそれを行わないことになるため，その際には「なぜ変更しないのか？」という理由を明確にすべきだろう。また，外国人配偶者の在留資格が「永住者」や「定住者」などの場合には，日本人と結婚したとしても原則として「日本人の配偶者等」へと変更することはない。在留条件が限定されている一部の「定住者」の場合は例外となるが，基本的には在留に条件がない在留資格から日本人との婚姻という条件付きの在留となり，変更前よりも外国人配偶者にとって状況が不利となるため，在留資格変更申請を行うのはよほどの事情がある場合のみである。

　さて，「日本人の配偶者等」へと変更を行う場合であるが，この手続は国際結婚における最も一般的なものであり，①日本人との出会い，②交際に至る経緯，③現在の婚姻生活などが審査のポイントとなる。外国人配偶者も正規の在留資格を保有しているため，大きな問題となるようなケースは少ないが，日本人と外国人配偶者との間に仲介者などがいるような場合ではトラブルとなることがある。特にその仲介者が不法滞在者である場合や，俗にブローカーと呼ばれるように金銭を得て仲介を行うような場合には，偽装結婚の疑いをもたれることもあるため注意しなければならない。また，当然ではあるが外国人配偶者の過去の在留実績に問題がある場合には，今回の婚姻が正当なものであっても不許可となることが十分に考えられる。稀に見られるのが結婚前に「技術・人文知識・国際業務」などの在留手続を行う際に架空の会社を利用したり，偽造文書を提出しているようなケースである。その他には，就労可能な在留資格を取得後にすぐに会社を辞め，在留期限の切れる直前に日本人と結婚しているようなケースも考えられる。いずれにせよ，外国人配偶者の過去の滞在歴を詳細に把握することが大切である。

●日本人と結婚し「日本人の配偶者等」へ変更する場合

・必要資料（在留資格変更許可申請）

準備する資料	日本で準備する資料	①パスポート　原本提示	
		②在留カード 　　　　　　　原本提示	
		③申請人（外国人） 　の顔写真 　（縦4cm×横3cm） 　　　　　　　　1枚	※申請前3か月以内に正面から撮影された無帽，無背景で鮮明なもの ※写真の裏面に申請人の氏名を記載し，申請書の写真欄に貼付する。
		④戸籍謄本　　　　1通	※配偶者（日本人）のもの ※戸籍謄本に婚姻事実の記載がない場合には，戸籍謄本に加え婚姻届出受理証明書を提出する。
		⑤住民税納税証明書 　　　　　　　　1通	※配偶者（日本人）のもの ※1年間の総収入，課税額及び納税額が記載されたもの ※納税証明書に総収入，課税額及び納税額の記載がない場合は，課税証明書及び納税証明書の提出が必要となる。
		⑥住民票の写し　　1通	※配偶者（日本人）のもの ※世帯全員の記載のあるもの
		⑦スナップ写真 　　　　　　　2～3枚	※夫婦で写っており，容姿がはっきり確認できるもの
	海外で準備する資料	⑧結婚証明書　　　1通	※申請人（外国人）の国籍国の機関から発行されたもの ※申請人に戸籍謄本が発行される場合には，2人の婚姻が記載された外国機関発行の戸籍謄本の提出でも可
記載する資料	定型フォームに	⑨在留資格変更許可 　申請書　　　　　1通	
		⑩質問書　　　　　1通	
		⑪身元保証書　　　1通	※原則として配偶者（日本人）が身元保証人となる。

【添付資料についての注意点】
・官公署などから取得する提出資料は，すべて発行日から3か月以内のものを提出する。
・審査の過程において上記以外の資料が求められる可能性もある。
・提出資料が外国語で作成されている場合には，日本語訳を添付する（一部の英文書は除く）。
・提出資料は原則として返却されない。再度入手困難な資料等で返却を希望する場合には，当該資料の原本にコピーを添付し，申請時にその旨を伝えること。

記載例（在留資格変更許可申請書）

別記第三十号様式（第二十条関係）
申請人等作成用 1
For applicant, part 1

日本国政府法務省
Ministry of Justice, Government of Japan

在 留 資 格 変 更 許 可 申 請 書
APPLICATION FOR CHANGE OF STATUS OF RESIDENCE

東京 入国管理局長 殿
To the Director General of　Regional Immigration Bureau

写 真
Photo

出入国管理及び難民認定法第20条第2項の規定に基づき、次のとおり在留資格の変更を申請します。
Pursuant to the provisions of Paragraph 2 of Article 20 of the Immigration Control and Refugee Recognition Act,
I hereby apply for a change of status of residence.

1 国籍・地域 Nationality/Region　ベトナム

2 生年月日 Date of birth　1982 年 Year　3 月 Month　1 日 Day

3 氏名 Name　該当なし ●●●●●●●●●● ●●●● ●●●●
（Family name / Given name）

4 性別 Sex　(男)・女 Male / Female

5 出生地 Place of birth　BIHN DINH

6 配偶者の有無 Marital status　(有)・無 Married / Single

7 職業 Occupation　アナリスト

8 本国における居住地 Home town/city　BIHN DINH

9 住居地 Address in Japan　東京都●●区●●町一丁目●番●ー●号

電話番号 Telephone No.　03-XXXX-XXXX

携帯電話番号 Cellular phone No.　090-XXXX-XXXX

10 旅券 Passport　(1)番号 Number　NXXXXXXX

(2)有効期限 Date of expiration　2017 年 Year　8 月 Month　11 日 Day

11 現に有する在留資格 Status of residence　技術

在留期間 Period of stay　3年

在留期間の満了日 Date of expiration　2019 年 Year　4 月 Month　14 日 Day

12 在留カード番号 Residence card number　B 第XXXXXXXXX号

13 希望する在留資格 Desired status of residence　日本人の配偶者等

在留期間 Period of stay　3年　（審査の結果によって希望の期間とならない場合があります。）(It may not be as desired after examination.)

14 変更の理由 Reason for change of status of residence　妻"丙山 一子"と婚姻しており、今後も本邦における継続した生活を望むため

15 犯罪を理由とする処分を受けたことの有無（日本国外におけるものを含む。）Criminal record (in Japan / overseas)
有（具体的内容 Yes (Detail :　）・(無) / No

16 在日親族（父・母・配偶者・子・兄弟姉妹など）及び同居者
Family in Japan(Father, Mother, Spouse, Son, Daughter, Brother, Sister or others) or co-residents

続柄 Relationship	氏名 Name	生年月日 Date of birth	国籍・地域 Nationality/Region	同居 Residing with applicant or not	勤務先・通学先 Place of employment/ school	在留カード番号 特別永住者証明書番号 Residence card number Special Permanent Resident Certificate number
妻	丙山 一子	1984.7.1	日本	(はい)・いいえ Yes / No	●●●●株式会社	該当なし
				はい・いいえ Yes / No		
				はい・いいえ Yes / No		
				はい・いいえ Yes / No		
				はい・いいえ Yes / No		
				はい・いいえ Yes / No		

※ 16については、記載欄が不足する場合は別紙に記入して添付すること。なお、「研修」、「技能実習」に係る申請の場合は記載不要です。
　Regarding item 16, if there is not enough space in the given columns to write in all of your family in Japan, fill in and attach a separate sheet.
　In addition, take note that you are not required to fill in item 16 for applications pertaining to "Trainee" or "Technical Intern Training".

（注）裏面参照の上、申請に必要な書類を作成して下さい。Note : Please fill in forms required for application. (See notes on reverse side.)

申請人等作成用 2 　 T 　（「日本人の配偶者等」・「永住者の配偶者等」・「定住者」）　　在留期間更新・在留資格変更用
For applicant, part 2　T （"Spouse or Child of Japanese National" / "Spouse or Child of Permanent Resident" / "Long Term Resident"）　　For extension or change of status

17	身分又は地位　　Personal relationship or status		
	☑ 日本人の配偶者 Spouse of Japanese national	☐ 日本人の実子 Biological child of Japanese national	☐ 日本人の特別養子 Child adopted by Japanese nationals in accordance with the provisions of Article 817-2 of the Civil Code (Law No.89 of 1896)
	☐ 永住者又は特別永住者の配偶者 Spouse of Permanent Resident or Special Permanent Resident		☐ 永住者又は特別永住者の実子 Biological child of Permanent Resident or Special Permanent Resident
	☐ 日本人の実子の実子 Biological child of biological child of Japanese national		☐ 日本人の実子又は「定住者」の配偶者 Spouse of biological child of Japanese national or "Long Term Resident"
	☐ 日本人・永住者・特別永住者・日本人の配偶者又は「定住者」の未成年で未婚の実子 Biological child who is a minor of Japanese,"Permanent Resident","Special Permanent Resident", Spouse of Japanese national, Spouse of "Long Term Resident"		
	☐ 日本人・永住者・特別永住者又は「定住者」の6歳未満の養子 Adopted child who is under 6 years old of Japanese,"Permanent Resident","Special Permanent Resident" or "Long Term Resident"		
	☐ その他（　　　　　　　　　　　　　　　　　　　　　　　　　　　　　　　　　　　　） Others		

18	婚姻, 出生又は縁組の届出先及び届出年月日　　Authorities where marriage, birth or adoption was registered and date of registration						
(1)	日本国届出先 Japanese authorities	東京都●●区役所	届出年月日 Date of registration	2013	年 Year 5	月 Month 1	日 Day
(2)	本国等届出先 Foreign authorities	駐日ベトナム社会主義共和国大使館	届出年月日 Date of registration	2016	年 Year 4	月 Month 2	日 Day

19	申請人の勤務先等　　Place of employment or organization to which the applicant belongs		
(1)	名称 Name	●●・●●・●●・●● （有）	支店・事業所名 Name of branch　　本店
(2)	所在地 Address	東京都●●区●●一丁目●番●号 ●●●●●ビル	電話番号 Telephone No.　　03-XXXX-XXXX
(3)	年 収 Annual income	13,665,477　円 Yen	

20 滞在費支弁方法　Method of support to pay for expenses while in Japan
(1) 支弁方法及び月平均支弁額　　Method of support and an amount of support per month (average)

☑ 本人負担 Self	_____ 円 Yen	☐ 在外経費支弁者負担 Supporter living abroad	_____ 円 Yen
☐ 在日経費支弁者負担 Supporter in Japan	_____ 円 Yen	☐ 身元保証人 Guarantor	_____ 円 Yen
☐ その他 Others	_____ 円 Yen		

(2) 送金・携行等の別　　Remittances from abroad or carrying cash

☐ 外国からの携行 Carrying from abroad	_____ 円 Yen	☐ 外国からの送金 Remittances from abroad	_____ 円 Yen
（携行者 Name of the individual carrying cash	_____	携行時期 Date and time of carrying cash _____ ） ☐ その他 Others	_____ 円 Yen

(3) 経費支弁者（後記21と異なる場合に記入）　Supporter (Fill in the following in cases where different person other than that given in 21 below.)

① 氏 名 Name	_____
② 住 所 Address	_____ 電話番号 Telephone No. _____
③ 職業（勤務先の名称） Place of employment	_____ 電話番号 Telephone No. _____
④ 年 収 Annual income	_____ 円 Yen

申請人等作成用 3　　T（「日本人の配偶者等」・「永住者の配偶者等」・「定住者」）　　在留期間更新・在留資格変更用
For applicant, part 3　T ("Spouse or Child of Japanese National" / "Spouse or Child of Permanent Resident" / "Long Term Resident")　For extension or change of status

21　扶養者（申請人が扶養を受ける場合に記入）　Supporter (Fill in the followings when the applicant is being supported)

(1)氏　名　　該当なし
　　Name

(2)生年月日　　該当なし　年　該当なし　月　該当なし　日　　(3)国 籍・地 域　　該当なし
　　Date of birth　　　　　　Year　　　　　Month　　　　Day　　　Nationality/Region

(4)在留カード番号 / 特別永住者証明書番号　　該当なし
　　Residence card number / Special Permanent Resident Certificate number

(5)在留資格　　該当なし　　(6)在留期間　　該当なし
　　Status of residence　　　　Period of stay

(7)在留期間の満了日　　該当なし　年　該当なし　月　該当なし　日
　　Date of expiration　　　　　Year　　　　　Month　　　　Day

(8)申請人との関係（続柄）　Relationship with the applicant

□ 夫　　　　　　　□ 妻　　　　　　□ 父　　　　　□ 母
　 Husband　　　　　　Wife　　　　　　Father　　　　　Mother

□ 養父　　　　　　□ 養母　　　　　□ その他（　　　　　　　　　　　　　　　　　　　　）
　 Foster father　　　　Foster mother　　　Others

(9)勤務先名称　　該当なし　　支店・事業所名　　該当なし
　　Place of employment　　　　　Name of branch

(10)勤務先所在地　　該当なし　　電話番号　　該当なし
　　Address　　　　　　　　　　　　Telephone No.

(11)年 収　　該当なし　円
　　Annual income　　　　Yen

22　在日身元保証人又は連絡先　Guarantor or contact in Japan

(1)氏　名　　丙山 一子　　(2)職 業　　アナリスト
　　Name　　　　　　　　　　　Occupation

(3)住　所　　東京都●●区●●町一丁目●番●−●号　　03-XXXX-XXXX
　　Address

電話番号　　　　　　　　　携帯電話番号
Telephone No.　　　　　　　Cellular Phone No.

23　代理人（法定代理人による申請の場合に記入）　Legal representative (in case of legal representative)

(1)氏　名　　　　　　　　　　(2)本人との関係
　　Name　　　　　　　　　　　Relationship with the applicant

(3)住　所
　　Address

電話番号　　　　　　　　　携帯電話番号
Telephone No.　　　　　　　Cellular Phone No.

以上の記載内容は事実と相違ありません。　I hereby declare that the statement given above is true and correct.
申請人（法定代理人）の署名／申請書作成年月日　Signature of the applicant (legal representative) / Date of filling in this form

年　　　　　月　　　　　日
Year　　　　Month　　　Day

注意　Attention
申請書作成後申請までに記載内容に変更が生じた場合，申請人（法定代理人）が変更箇所を訂正し，署名すること。
In cases where descriptions have changed after filling in this application form up until submission of this application, the applicant (legal representative) must correct the part concerned and sign their name.

※　取次者　Agent or other authorized person

(1)氏　名　　　　　　　　　　(2)住　所
　　Name　　　　　　　　　　　Address

(3)所属機関等（親族等については，本人との関係）　　電話番号
　　Organization to which the agent belongs (in case of a relative, relationship with the applicant)　　Telephone No.

※　「質問書」，「身元保証書」の記載については113〜122頁までを参照のこと。

⑵ 不法滞在しているケース

　日本人との国際結婚で外国人配偶者が不法滞在をしている場合には，多く
のケースで在留特別許可を希望することとなる。不法滞在はどんなに善良に
長期間にわたり日本に滞在していても，その不法状態が自然に解消されるこ
とはなく，常に退去強制の可能性が付きまとうことになる。このような状況
は，不法滞在を続けながら日本人との婚姻が数十年にわたり継続されていて
も同じである。そのため，日本人と婚姻して家族とともに日本に生活基盤を
築くのであれば，退去強制手続を前提とした在留特別許可を求めることは避
けて通ることができない。原則として入管法では不法滞在をしている人物は
必然的に退去強制手続を受けることになるため，不法滞在者との国際結婚を
考える場合には，選択肢として主に①出国命令制度を利用して帰国する，②
何もせずに不法滞在の状態を維持する，③退去強制手続を前提として在留特
別許可を求める，の３通りが考えられる。①については帰国後の上陸拒否期
間は１年となるが，結婚後に夫婦が海外に別れて暮らすことになるため，よ
ほどの事情がない限りは利用することはないものと思われる。②について
は，そもそも日本に滞在していること自体が不法行為であり，このような状
態を放置しておくことは許されることではない。その上，外国人配偶者の在
留問題の解決を先延ばしにしているだけであり，何ら問題の解決に働くこと
はない。そのため，日本人との婚姻で引き続き日本で生活することが前提で
あれば，原則として③の在留特別許可を求める方法によることとなる。

　ア　退去強制手続と在留特別許可

　　「退去強制」とは日本政府が好ましくないと認める外国人を行政手続
　により日本の領域外に強制的に退去させることを指す。この退去強制に
　該当するケースとしては，入管法第24条に記載されており，国際結婚に
　関連すると思われる主なケースは以下のとおりである。

　　１．不法入国者

　　　有効なパスポートなどを所持せずに，又は他人のパスポートなどを

使って日本に入国した者

2．不法上陸者

　手段や方法は問わずに，上陸の許可などを受けることなく日本に上陸した者

3．偽造・変造文書を作成・提供した者

　不正に上陸や在留するために，偽物のパスポートや書類を作成したり提供した者

4．資格外活動者

　在留資格に許容される在留活動以外の「収入を伴う事業を運営する活動又は報酬を受ける活動」を，専ら行っている者

5．不法残留者（オーバーステイ）

　在留期間の更新又は在留資格の変更を受けずに，日本に滞在することを許された期間を過ぎて滞在している者

6．刑罰法令の違反者

7．売春関係業務の従事する者

8．不法入国や不法上陸を幇助した者

9．退去命令違反者

　この他にも要件は詳細に記載されているが，一般的に国際結婚に関連して退去強制事由で問題となるのは上記のようなケースである。原則として，このようなケースに該当する者は，その全員が退去強制手続を受け日本から出国することとなる。

　このように，どのような人物の入国を拒否し退去強制させるかの判断は，国際法上の一般原則として各国の裁量権に任されているのが現状であり，日本政府が非常に強い権限を持っているといえる。とはいえ，法治国家である日本は，国内に長年にわたり適正に在留している外国人に対し何の理由もなく退去強制を命じることは通常はあり得ない。国際人権Ｂ規約（市民的及び政治的権利に関する国際規約）第13条には，「外国人の恣意的追放の禁止」が定められており，「合法的にこの規約の締約国

の領域内にいる外国人は，法律に基づいて行われた決定によってのみ当該領域から追放することができる。国の安全のためのやむを得ない理由がある場合を除くほか，当該外国人は，自己の追放に反対する理由を提示すること及び権限のある機関又はその機関が特に指名する者によって自己の事案が審査されることが認められるものとし，この為にその機関又はその者に対する代理人の出頭が認められる。」と明記されている。日本での"法律に基づいて行われた決定"というのが，入管法で定める退去強制手続に該当する。

　さらに，日本から退去強制され出国することを前提とした手続中の特例的な措置として在留が認められるのが一般的に「在留特別許可」と呼ばれるものである。言い換えれば，不法滞在やオーバーステイなどで退去強制事由に該当し，本来であれば日本から退去強制させなければならない者を，様々な事情を考慮して例外的に日本での在留を認めるのが在留特別許可である。

　この許可を受けるためには退去強制手続を受けなければならず，結果として在留特別許可が認められなければ当然に退去強制令書が発付され日本から出国せざるを得なくなる。最終的にこのような決定を行うのは法務大臣であり，在留特別許可は法務大臣の裁決の特例とされている。この在留特別許可は法務大臣の自由裁量による処分とされており，法律上では在留特別許可を外国人本人から申請する権利はないものとされている。申請するための権利がなければ，申請する手段が存在しないことになり，在留特別許可申請という申請手続は法的には存在しない。つまり，在留特別許可を得るためには退去強制手続が前提となり，その手続中に日本に滞在したい旨を申し出ることになる。

　また，最終的に法務大臣が「在留特別許可」を当該外国人に与えなかったとしても，その判断が自由裁量である以上，与えなかったこと自体が違法となることは原則としてあり得ない。もちろん，その決定が不当かどうかという問題は残るが，前述したとおり国際法上の一般原則にもあると

おり，どのような外国人の滞在を許可するかは主権国家の自由であり，外国人本人から在留を求めることを要求する権利はないとされている。そのため，在留特別許可を得る際の外国人の立場は非常に弱く，「日本人との婚姻が成立すれば在留が許可される」といった単純なものではない。

　ただし，一般的に在留特別許可が許可されやすいケースとしては，以下の項目が考えられる。

1．日本国籍を持つ者と婚姻した外国人
2．「永住者」，「定住者」の在留資格を持つ外国人と婚姻した外国人
3．日本人との間に生まれた日本国籍の子の親である外国人

　言うまでもなく，日本人と婚姻していても在留特別許可が得られずに退去強制となるケースもあり，逆に婚姻関係などがなくても20年にわたり不法残留を続けていた外国人家族に許可された例もある。そのため，一概に上記のケースがすべてではなく，あくまでも個別の状況に応じて判断されると言える。

イ　在留特別許可に必要な資料

　前述したとおり在留特別許可申請という申請は存在しない。在留特別許可制度は，退去強制手続の中で法務大臣から与えられるものであり，在留特別許可を得るために必要な書類や申請フォームが明確に定められている訳でもない。とはいえ，在留特別許可を求める人は多く存在しており，現実的な対応として入国管理局では退去強制手続を前提に在留特別許可を希望する人に対しては，準備する資料や記入するフォームなどを用意している。以下に示すのは，現時点で東京入国管理局が配布した必要資料一覧と記入フォームである。

※　この他にも有利と思われる資料や説明しなければならないことなどがあれば，必要書類を適宜提出して構わない。

記載例（申告書）

別紙1

申　告　書

1　申告者の身分事項

国　　籍　　**インドネシア**

氏　　名　　●●●● ●●●●●●●●●●●● ●●●●●●●●　●●●● ●●●●●●●●　●●●●●●

（**男**）・女）

生 年 月 日　　**1974年　9月　28日**

日本の住所　　**茨城県●●市●●△△△－□□**

Tel　　（　　　）

2　違反事実

ア　私は，　　　　年　　月　　日　　時　　分を超えて不法残留しています。

（**イ**）　私は，**199●** 年11月　日，**インドネシア** 国　**バリ島**　から

船・（航空機）（便名等　　　　）で　**福岡空港**　に到着・上陸し，不法入国（上陸）しました。

3　申告の理由（理由を簡潔に記載してください。）

稼働を目的として入国し，借金返済の為，不法滞在となりました。

以上のとおり間違いありません

年　　月　　日

印又は署名

申告者本人署名＿＿＿＿＿＿＿＿＿＿＿＿＿＿＿

1

日本人と外国人が結婚するケース

143

記載例（陳述書）

陳　述　書

1　申告書（手続を受けている外国人本人）の身分事項

国　　　籍	インドネシア
出　生　地	インドネシア
本国の住所	●●．●● ●●●●●●●● ●●●●●● JAMBRANA−BALI
日本の住所	茨城県●●市●●△△△−□□

自宅　　なし
携帯（申告者）090−●●●●−●●●●
（配偶者）090−●●●●−●●●●

日本での職業	該当なし
氏　　　名	●　●●●　●●　●●●●
	（● ●●●●● ●●● ●●●●●）
生　年　月　日	1974 年 9 月 28日　生　　男・女　　（満 42 歳）

2　違反事実

ア　私は，在留資格＿＿＿＿＿＿及び在留期間＿＿＿＿＿＿で在留していたところ，その最終在留期限である＿＿＿年＿＿月＿＿日（＿時＿分）を超えて不法残留しています。

イ　私は，＿＿＿＿＿年＿＿月＿＿日，有効な旅券又は乗員手帳を所持しないで，＿＿＿＿＿＿＿＿＿＿からで＿＿＿＿＿＿＿に到着・上陸し，不法入国（上陸）しました。

ウ　私は，１９９●年 11 月 ●●日，インドネシア国　バリ島　から　飛行機　で　福岡空港　に到着・上陸し，その際有効な旅券を所持していましたが，当初から同真正旅券を使って上陸の許可を受けるつもりもなく，不法入国しました。

3 入国目的（該当するものを○で囲ってください。）
　　(稼働)観光，就学，留学，病気治療，研修，興業，同居，親族訪問
　　その他

4 違反理由（上記「2」の回答が，アの場合：決められた期間内にどうして帰国しなかったのか，イの場合：どうして本物のパスポートを持たないで入国したのか，ウの場合：どうして本物のパスポートを所持しながら使用しなかったのか，その理由を詳しく書いてください。）
　　入国するための借金の返済をしなければならないため，不法に滞在してしまいました。
　　今は心から反省しておりますが，入国当時は日本で仕事をするために他人名義で入国する人も多かったので安易な気持ちで来日しました。

5 関係者の有無
　　(有)（＿＿＿3＿＿＿人）・無

6 入国時の交通手段（該当するものを○で囲ってください。）
　　(航空機)，船舶（密航船・貨物船・漁船・コンテナ船・タンカー）
　　その他＿＿＿＿＿＿＿＿＿＿＿＿＿＿＿＿＿・不詳

7 ブローカー介在の有無
　　ア　(有)（本邦外：国籍 インドネシア ）・（本邦内：国籍＿＿＿＿＿＿＿＿）
　　　　無
　　イ　上記で「有」とした場合，その手数料及び介在状況（ブローカーに何をして，貰ったのか）
　　　　インドネシア，氏名不詳，男性，日本入国手続に関して全般的に。

8 婚姻について
　　知り合って婚姻に至った経緯
　　　　最初に知り合った時期　2005 年 9 月●●日ころ
　　　　最初に知り合った場所　所在地 茨城県●●市
　　　　　　　　　　　　　　　名　称　●●●
　　知り合い交際するようになった経緯（詳しく書いてください。）
　　　　最初に知り合ったのは2005年です。私の仕事先に妻がパートで来ており，友人になりました。彼女が退職した後も買い物先で偶然会ったりしました。彼女が前の配偶者と離婚した後に連絡を頻繁に取り合うようになり，お互いの相談相手から交際相手に発展しました。彼女の子供の世話をしたり，病気の時には支えになりました。
　　　　彼女を大切に思うようになればなるほど，どうしても隠しておくことができず，私にビザが無いことを告白したところ，彼女は驚いたようでした。
　　　　しかし既にお互いに離れ離れになることは考えられないほど親密になっており，彼

女が出頭申告について調べてくれました。私は内心怖かったのですが，彼女のために
勇気を出して出頭することを決めました。

同居年月日　2016　年 10 月●●日から
同居場所　　茨城県●●市●●
日本における婚姻届出
　　　届出年月日　2014 年　2　月　14　日
　　　届出を提出した市区町村役場名　　茨城県●●市役所
　　　届出に書いた証人の氏名　▲▲　▲▲　　　　　関係 妻の長女
　　　　　　　　　　　　　　　□□　□□　　　　　関係 友人

本国（日本にある大使館，領事館を含む。）への婚姻届出　　　有 ⊖無⊖

　　　届出年月日　　　　　　年　　　　月　　　　日
　　　届出先

9　勤務先等（無職の方は，記載する必要ありません。）

申告者（手続を受けている外国人本人）

　　　勤務先　　**株式会社●●●●**
　　　所在地　　**茨城県●●市●●△△△△－△△**
　　　　　　　　　　　　　　　　　　TEL 029● （　●● ）　●●●●
　　　月収　　約　　　18　　　万円

配偶者（手続を受けている外国人の夫又は妻）

　　　勤務先　　□□□□□
　　　所在地　　**茨城県●●市●●**□□□－□□

TEL 029● (●●) ●●●●

月収　　約 19 万円

10　申告者の最終稼働先
ア　所在地（都道府県）　：　茨城県
イ　業種　　　　　　　　：　菓子作り
ウ　稼働内容　　　　　　：　菓子製造工場
エ　報酬（日額換算）　　：日給　8,000　　円
オ　報酬総額　　　　　　：　月額約18万　円
カ　稼働動機　　　　　　：　生活のため
キ　雇用主の国籍　　　　：　日本

ク　暴力団関係の有無　　：　有　・　無

ケ　従業員数　　　　　　：日本人　20　外国人　0　人

11　家族・親族状況（書ききれない場合，任意の用紙を使用し，二親等の親族まで記入してください。なお，日本国内の親族に関しては，居住地及び電話番号を必ず記入ください。）

日本国内にいる申告者本人の子・父母・兄弟・配偶者の父母・兄弟					
居住地および電話番号	続柄	氏　　名	生年月日	職業	交流の有　無
茨城県●●市●● △△△－□□ TEL：029●－××－××××	妻	●● ●●	1973年 10月14日生	介護士	有 無
 TEL：	妻の長女	▲▲ ▲▲	1996年 12月29日生	アルバイト	有 無
 TEL：	妻の次女	■■ ■■	2002年 12月27日生	高校生	有 無
 TEL：					有・無

日本以外の国にいる申告者本人の子・父母・兄弟等					
居住地および電話番号	続柄	氏　　　名	生年月日	職業	交流の 有　無
●● ●●● ●●● ●●● ●● NEGALA BALI TEL：0878-61●●-▲▲▲▲	母	LUH ●●● ▲▲▲	1945年 12月31日生	無	有　無
同　上 TEL：	姉	NI ●●● ■■■■	1960年 4月13日生	会社員	有　無
●●● ●● ●●●● ●●● DENPASAR, BALI TEL：0812-97●●-▲▲▲▲	兄	NGURAH ●●●●●●	1962年 5月27日生	会社員	有　無
●●● ●●●● ●● NO.●● TABANAN BALI TEL：0818-05●●-▲▲▲▲	妹	NI △△△ □□□□	1976年 11月24日生	保育園の 先生	有　無
TEL：			年 月　日生		有・無
TEL：			年 月　日生		有・無

１２　履歴

日本に入国する前の学歴・職歴・婚姻歴等				
年	月	記　　　　　　　　　　事		備　考
年 1996	月 7	MANATEMEN　　　　　　　　　　　中退 　　　PARIWISATA INDONESIA　　学校　卒業		最終学歴
年	月	で　　　　　　として働く		職　歴
年	月	で　　　　　　として働く		
年	月	で　　　　　　として働く		
年	月	で　　　　　　として働く		
年	月	人　「　　　」　と婚姻		婚姻歴
年	月	人　「　　　」　と婚姻		
年	月	人　「　　　」　と婚姻		

今回日本に入国した後の学歴・職歴・婚姻歴等			
年	月	記　　　　　事	備　考
		中退 学校　卒業	学　歴
年 1996	月 11	茨城県△△市　□□□□ 　　　　　　で　　作業員　として働く	職　歴
年 2000	月 5	茨城県●●市　▽▽▽▽ 　　　　　　で　　作業員　として働く	
年 2002	月 6	茨城県●●市　●●●● 　　　　　　で　　作業員　として働く	
年	月	で　　作業員　として働く	
年	月	でアルバイト　として働く	
年 2014	月 2	日本人　●●　●●　　　　と婚姻	婚姻歴
年	月		
年	月		

13　その他
　　　過去における入管法違反の有無及び回数
　　　　有（　　　　回）・無
　　　今まで又は現在，日本の警察で取調べを受けた事実の有無
　　　　有　・　無　（有れば以下の事項について記載してください。）
　　　　取調べ年月日　　　　　年　　　月　　　日
　　　　取調べを受けた警察署等　................................
　　　　取調べを受けた理由　................................
　　　　　　　　　　　　　　　　................................

　　　　処分結果
　　　　　　　　　年　　　月　　　日　................................

以上記載の内容に間違いありません。
　　　　　年　　　月　　　日（陳述書作成日）
　　　　　　　　　　　　　　　　　　　　　　　　印
　　　　　　..
　　　　　　　　申告者本人署名及び押印又は指印（左手人差し指）

記載例（履歴書・配偶者用）

履歴書（配偶者用）

本籍地	茨城県●●市●●●●1－●●－12				
氏名性別	●● ●● （男・⦿女）	生年月日	年　月　日 1973　10　14		

（学歴）

昭和 61 年 3 月	日	茨城県▲▲市立▲小学校卒業	
平成 元 年 3 月	日	茨城県▲▲市立■■中学校卒業	
平成 4 年 3 月	日	茨城県立▼▼▼▼高等学校卒業	
平成 6 年 3 月	日	筑波○○○○専門学校卒業	
年 月	日		

（職歴）

入社年月日	社名・所在地	電話番号	業種	稼働期間
平成 6 年 4 月	○○病院 茨城県●●市△△△△1－●●	029●－××－××××	医療 事務	
平成 17 年 4 月	株式会社●●●●	029●－××－××××	事務	
平成 23 年 5 月	株式会社△△△△	029●－××－××××	事務	
平成 25 年 4 月	医療法人□□□□□	029●－××－××××	介護士	
年 月				
年 月				
年 月				

（家族構成）※二親等の家族（前婚姻時の子供を含む）まで

続柄	氏名・性別	年齢	職業	住所・電話番号
長女	▲▲　▲▲	21	アルバイト	茨城県●●市●●●●１－●●－12 090－●●●●－●●●●
二女	■■　■■	15	高校生	同　上 090－▲▲▲▲－▲▲▲▲

以上記載内容に間違いありません。
　　年　　　月　　　日（作成日）　　　　　署名押印＿＿＿＿＿＿＿＿＿

記載例（質問書・配偶者用）

質問書（配偶者）

1　容疑者の存在について両親や兄弟は

☑ 全員知っている　□ 親のみ知っている　□ 兄弟のみ知っている

□ 知らない（□ 教えていない　□ 連絡を取らない　□ 音信不通　□ その他）

※ 「全員知っている」と答えた以外の方は，その理由を簡単に書いてください。

理由　事前に「結婚をしたい人がいる」と報告をしたから

2　容疑者との婚姻（同居）について両親や兄弟は

□ 全員知っている　□ 親のみ知っている　☑ 兄弟のみ知っている

□ 知らない（□ 教えていない　□ 連絡を取らない　□ 音信不通　□ その他）

※ 「全員知っている」と答えた以外の方は，その理由を簡単に書いてください。

理由

3　近隣住民との付き合い

☑ 同じ建物内で，自分も容疑者も知っている人がいる（顔見知り程度でも可）。

□ 同じ建物内ではないが，近所に自分と容疑者を知っている人がいる（顔見知り程度でも可）。

※ 部屋番号及び氏名，又はわかる範囲で，自分と容疑者を知っている人物を書いてください。

長女　▲▲　▲▲　二女　■■　■■

□ 付き合いは全くない。

4　友人との付き合い（複数回答可）

☑ 共通の友人がいる

□ 自分の友人は容疑者の存在を知っている。

□ 容疑者の友人は自分のことを知っている。

□ 知っている人はいない。

5　婚姻について

□ 初婚　☑ 再婚　□再々婚以上（　　回目）

外国人との婚姻回数　0　回

6　容疑者と知り合った経緯

□ 知り合いの紹介　氏名　　　　　　　　　連絡先

□ 結婚相談所　　　会社名　　　　　　　　連絡先

☑ 偶然　　　　　　場所　以前，働いていた会社で知り合いになり，その後偶然再会

7　知り合ったときに，容疑者は日本語を

□ 話せた　☑ 片言　□ あまりわからない　□ わからない

※ 「話せた」と答えた以外の方は，コミュニケーションの取り方について書いてください。

日常的な会話は問題ありませんが，通じない場合は翻訳サイト等を利用しました。

8　容疑者の入管法違反事実を知った時期及び方法
　　時期　□　知り合った当日　　☑　2013 年 1 月頃（知り合ってから 8 年 くらい後）
　　方法　□　容疑者からの告白　□　その他

9　結婚について
　　☑　自分からプロポーズした　□　容疑者からプロポーズされた
　　□　プロポーズはしていない
　　※　「プロポーズはしていない」と答えた方は，結婚の意思をどうやって相手に伝えたの
　　　　か，その方法又は経緯を書いてください。

10　同居について
　　☑　自分が住んでいるところに容疑者が来た。
　　□　容疑者が住んでいるところに自分が行った。
　　□　新しい住居を用意した。

11　生活態様について
　　①　□　持ち家　☑　賃貸　（賃貸名義人　●●　●●　　　　家賃　62,000　　　　　　円）
　　②　給料（収入）　月190,000 円
　　③　生活費は，☑　自分が管理　　□　容疑者が管理　　□　個々人で管理
　　④　小遣いは，□　容疑者に渡す　□　容疑者からもらう　☑　決まっていない
　　⑤　借金は，☑　ない
　　　　　　　　□　ある（金額　　　　　　　内容　　　　　　　　　　　　　　　　　）
　　　　　　　　　　□銀行　□信販会社　□その他
　　　　　　　　　　行名　会社名
　　⑥　部屋の間取り　3LDK

12　前科・前歴
　　□　あり（　　回）　☑　なし
　　※　「あり」と答えた方は，時期及び内容を書いてください。

以上の記載内容に間違いありません。
　　作成日　　　年　　　　月　　　　日　　　　　署名押印　　　　　　　　　　　　　　印

1

日本人と外国人が結婚するケース

ただし，記入フォームは出頭する入国管理局により若干異なることも
ある。また，書類の内容や記載方法などは予告なく変更されることがあ
るため，退去強制手続を前提として在留特別許可を希望する場合には，
必ず事前に問合せをして詳細を確認することを強く勧める。

ウ　出国命令制度

　出国命令制度とは，2004年の入管法改正に伴い制定された制度で，日
本に滞在する不法残留者に自主的に出頭させ出国させるための措置であ
る。一定の条件を満たし，自ら出頭した不法残留者は身柄を収容される
ことなく日本から出国することが可能となり，通常，帰国後は上陸拒否
期間が5年間（場合によっては10年間）となるところを1年間に軽減さ
れる。自主出頭した場合には，①身柄が拘束されない，②帰国後の上陸
拒否期間が1年間に軽減（通常は5年間，ケースによっては10年間）され
るといったメリットがあるが，すべての不法滞在者が出国命令制度の対
象となるわけではない。出国命令制度の対象となり自ら出頭した場合に
メリットを享受できるのは次の条件に該当する場合である。

　①　出国の意思を持って自ら入国管理官署に出頭した者であること
　②　不法残留以外の退去強制事由に該当しないこと
　③　窃盗罪等の一定の罪により懲役又は禁錮に処せられた者でないこ
　　と
　④　過去に退去強制されたこと又は出国命令を受けて出国したことが
　　ないこと
　⑤　速やかに本邦から出国することが確実と見込まれること

　出頭者がこのような条件に該当すると思われる場合には，入国警備官
は収容前置主義の例外として収容することなく入国審査官に引き渡すこ
ととなり，速やかに出国命令制度に該当するかどうかの審査が行われ
る。そして，該当すると判断されれば，出国命令書が交付され15日を超
えない範囲内で出国期限が定められることとなる。ただし，条件におい

て注意する点としては，①については，出国の意思があったとしても警察に逮捕され，入国管理局から摘発されて退去強制となった場合には，自らの意思ではないので出国命令制度は適用されない。また，②の不法残留とは，正規の在留資格を持っていた外国人が在留期限後も更新の手続などをすることなく，日本に滞在し続けることを言う。そのため，偽造のパスポートで入国した場合などには不法入国となり，出国命令制度の対象とはならないので注意が必要である。出頭者は不法滞在していることが前提であるから，万が一にも条件に該当しない場合には収容された上で退去強制手続が取られる可能性もある。そのため，出国命令制度を利用する場合には条件に該当しているかどうかを十分に確認しなければならない。出国命令制度に該当した場合には，出頭からおよそ2週間ほどで出国することが可能となる。出頭時にはパスポート（紛失している場合には身分証明書など）や外国人登録証明書などをもって出頭することとなる。最終的には帰国のための航空券や予約確認書なども必要となるが，ケースにより実際に出頭してから帰国するまでの日程が異なるため，チケットを無駄にしないためにも一度出頭してから入国管理局の指示を受けて購入すべきである。

　国際結婚において出国命令制度を利用するケースとしては，外国人配偶者などを一度帰国させ，再度日本に呼び寄せるケースが想定される。外国人配偶者が不法残留しているような場合には，退去強制手続に基づき在留特別許可を求めるケースと，出国命令制度を利用して再度呼び寄せるケースの二者択一となることが多い。前者の場合には日本にいながらにして正規の在留資格が与えられる可能性がある一方，最終的な結果が出るまでに2〜3年もかかる場合もあり，その期間中は就労できないなどの不便もある。後者の場合には，出国命令制度の条件に該当すれば収容されることなく帰国でき，本国では自由に過ごすことができる。また，退去強制後の上陸拒否期間は1年間となるため，その後は「日本人の配偶者等」などの在留資格認定証明書の交付申請を行うことも可能となる。

このように出国命令制度にはメリットがあるように見えるが，利用する際には注意しなければならない。というのは，上陸拒否期間が経過したことと上陸を認めることは全くの別物であるため，帰国後に在留資格認定証明書の交付申請をしても必ずしも許可されるとは限らないからだ。しかも，「日本人の配偶者等」の在留資格を申請する際には２国間をまたいでの婚姻生活の継続性なども審査されることになるため，日本に居住する配偶者は多大な苦労を伴うこととなる。相手国での一定期間の同居が可能であったり，頻繁に渡航できる時間と費用が捻出できればよいが，日本で定職についている場合にはこれも難しいことが多い。メールや電話でのやり取りの他に生活費の仕送りなどの交流が続くだけでは，１〜２年で婚姻生活が破綻してしまうケースも少なくない。そのため，日本での婚姻生活を希望する場合には，退去強制手続に基づき在留特別許可を求めるケースが圧倒的多数をしめる。もちろん，出頭者が数年にもわたり日本で不安定な生活を続けることに精神的に耐えられない場合や，何らかの事情により在留特別許可される可能性が少ないと思われる場合には，出国命令制度で帰国して呼び寄せることも考えられるが，あくまでも例外と考えた方がよいだろう。ちなみに，在留特別許可を希望するため退去強制手続を受けて自ら途中で帰国した場合や，最終的に在留特別許可されなかった場合には，もちろん出国命令制度は適用されずに最短でも５年間の上陸拒否期間となる。そのため，双方の制度のメリット・デメリットを把握した上で，総合的に判断しなければならない。

エ　退去強制手続の流れ

退去強制手続は，原則として以下のような流れで進むこととなる。

退去強制手続の第一段階は，入国警備官が行う違反調査である。これは退去強制事由に該当すると思われる外国人に対して，入国，上陸又は在留に関する違反事件を調査することであり，違反事実の有無を明らか

退去強制手続図解

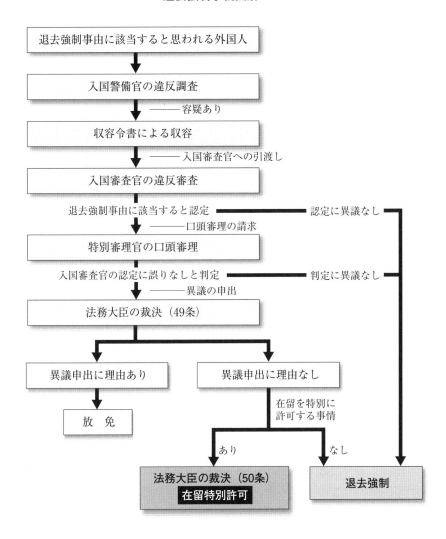

にするためのものである。違反調査を行うに至るケースとしては，第三者からの通報や容疑者本人の申告，それに入国警備官が実際に現場にいて確認した場合などであり，違反調査を実行するためには退去強制事由

に該当すると推測させる程度の資料があれば十分とされている。そして，違反調査の結果，退去強制に該当する客観的かつ合理的な根拠がある場合には，入国警備官は収容令書によりその外国人を収容することとなる。退去強制手続を進めるに当たっては容疑者をすべて収容する「収容前置主義」がとられているため，原則として退去強制事由に該当する外国人はそのすべてが収容されることとなる。このようにして収容された場合の収容期間は30日以内とされているが，やむを得ない事由がある時にはさらに30日延長することができるとされているため，収容令書により外国人を収容した場合には最長で60日間の収容が可能となる。このようにして外国人を収容した場合には，入国警備官から入国審査官へと身柄が引き渡されることになる。

　入国審査官へと身柄が引き渡されると，退去強制手続の第二段階と言える違反審査が行われる。入国審査官は入国警備官から引き渡された調書や証拠物に基づき，その外国人が退去強制事由に該当しているかどうか，さらに出国命令対象者に該当しないかどうかを審査することとなる。審査の結果，入国審査官は退去強制事由に該当しないことが明らかになれば，すぐにその外国人を放免しなければならない。しかし，退去強制事由に該当すると認定した場合には，入国審査官はその外国人に対して口頭審理の請求ができる旨を知らせた上で，審査の結果を書面で伝えることになる。その外国人が口頭審理放棄書に署名するなど「口頭審理の請求をしない」旨の意思表示をした場合には，速やかに退去強制令書を発付することにより退去強制が行われることとなる。一方，その外国人が入国審査官による通知を受けた日から３日以内に口頭審理の請求をした場合には，特別審理官による口頭審理が行われることとなる。

　口頭審理は退去強制手続の第三段階とも言え，前段階の入国審査官が行った「退去強制事由に該当する」という認定に誤りがないかを再検討するものである。審理の結果，入国審査官の認定に誤りがある，つまり「退去強制事由に該当しない」となればその外国人は直ちに放免される

こととなる。しかし，認定に誤りがないと判定した場合には，特別審理官はその外国人に対して異議の申出ができる旨を知らせた上で，判定の結果を伝えることになる。

前段階と同様に，通知を受けた外国人は3日以内に法務大臣に対して異議申し出をすることができる。これが退去強制手続の最終段階である。異議の申出があれば法務大臣は異議の申出に理由があるかどうかを裁決することになる。異議の申出には「不服の理由を示す資料」を提出しなければならないとされており，その内容としては以下のような理由が規定されている。

① 審査手続に法令の違反がある
② 法令の適用に誤りがある
③ 事実の誤認がある
④ 退去強制が著しく不当である

上記①～③について異議の申出に理由が認められれば，その外国人は直ちに放免されることとなり，逆に異議の申出に理由が認められなければ退去強制令書が発付されることとなる。ただし，このように法務大臣が異議の申出に理由がないと裁決した場合でも，以下のような場合には法務大臣は在留を特別に許可することができるとされている。

① 永住許可を受けているとき
② かつて日本国民として日本に本籍を有したことがあるとき
③ 人身取引などにより他人の支配下に置かれて日本に在留するものであるとき
④ その他，法務大臣が特別に在留が許可されるべき事情があると認めるとき

これが在留特別許可と呼ばれるものであり，国際結婚に関連して在留特別許可を受ける場合には，その大半が④の理由に該当するものと思われる。在留特別許可はこのような退去強制手続に基づき行われ，法務大臣の裁決の特例は，法務大臣の自由裁量にゆだねられている。

オ 在留特別許可に係るガイドライン（その1）

平成17年3月に策定された「第3次出入国管理基本計画」と平成18年
3月に閣議決定された「規制改革・民間開放推進3か年計画」を踏ま
え，平成18年10月に「在留特別許可に係るガイドライン」が公表され
た。平成21年7月には修正追加も行われ，在留特別許可に関する大まか
な指針が示されている。在留特別許可が得られるかどうかは，このよう
なガイドラインを参考にしつつ個別に判断される。

第1 在留特別許可に係る基本的な考え方及び許否判断に係る考慮事項

在留特別許可の許否の判断に当たっては，個々の事案ごとに，在留を希望
する理由，家族状況，素行，内外の諸情勢，人道的な配慮の必要性，更には
我が国における不法滞在者に与える影響等，諸般の事情を総合的に勘案して
行うこととしており，その際，考慮する事項は次のとおりである。

積極要素

積極要素については，入管法第50条第1項第1号から第3号（注参照）に
掲げる事由のほか，次のとおりとする。

1 特に考慮する積極要素
　(1) 当該外国人が，日本人の子又は特別永住者の子であること
　(2) 当該外国人が，日本人又は特別永住者との間に出生した実子（嫡出子
　　又は父から認知を受けた非嫡出子）を扶養している場合であって，次の
　　いずれにも該当すること
　　ア 当該実子が未成年かつ未婚であること
　　イ 当該外国人が当該実子の親権を現に有していること
　　ウ 当該外国人が当該実子を現に本邦において相当期間同居の上，監護
　　　及び養育していること
　(3) 当該外国人が，日本人又は特別永住者と婚姻が法的に成立している場
　　合（退去強制を免れるために，婚姻を仮装し，又は形式的な婚姻届を提
　　出した場合を除く。）であって，次のいずれにも該当すること

ア　夫婦として相当期間共同生活をし，相互に協力して扶助していること

イ　夫婦の間に子がいるなど，婚姻が安定かつ成熟していること

(4)　当該外国人が，本邦の初等・中等教育機関（母国語による教育を行っている教育機関を除く。）に在学し相当期間本邦に在住している実子と同居し，当該実子を監護及び養育していること

(5)　当該外国人が，難病等により本邦での治療を必要としていること，又はこのような治療を要する親族を看護することが必要と認められる者であること

2　その他の積極要素

(1)　当該外国人が，不法滞在者であることを申告するため，自ら地方入国管理官署に出頭したこと

(2)　当該外国人が，別表第二に掲げる在留資格（注参照）で在留している者と婚姻が法的に成立している場合であって，前記1の(3)のア及びイに該当すること

(3)　当該外国人が，別表第二に掲げる在留資格で在留している実子（嫡出子又は父から認知を受けた非嫡出子）を扶養している場合であって，前記1の(2)のアないしウのいずれにも該当すること

(4)　当該外国人が，別表第二に掲げる在留資格で在留している者の扶養を受けている未成年・未婚の実子であること

(5)　当該外国人が，本邦での滞在期間が長期間に及び，本邦への定着性が認められること

(6)　その他人道的配慮を必要とするなど特別な事情があること

消極要素

消極要素については，次のとおりである。

1　特に考慮する消極要素

(1)　重大犯罪等により刑に処せられたことがあること

〈例〉・凶悪・重大犯罪により実刑に処せられたことがあること

・違法薬物及びけん銃等，いわゆる社会悪物品の密輸入・売買によ

り刑に処せられたことがあること

(2)　出入国管理行政の根幹にかかわる違反又は反社会性の高い違反をして
いること

〈例〉・不法就労助長罪，集団密航に係る罪，旅券等の不正受交付等の罪
などにより刑に処せられたことがあること

・不法・偽装滞在の助長に関する罪により刑に処せられたことがあ
ること

・自ら売春を行い，あるいは他人に売春を行わせる等，本邦の社会
秩序を著しく乱す行為を行ったことがあること

・人身取引等，人権を著しく侵害する行為を行ったことがあること

2　その他の消極要素

(1)　船舶による密航若しくは偽造旅券等又は在留資格を偽装して不正に入
国したこと

(2)　過去に退去強制手続を受けたことがあること

(3)　その他の刑罰法令違反又はこれに準ずる素行不良が認められること

(4)　その他在留状況に問題があること

〈例〉・犯罪組織の構成員であること

第2　在留特別許可の許否判断

在留特別許可の許否判断は，上記の積極要素及び消極要素として掲げてい
る各事項について，それぞれ個別に評価し，考慮すべき程度を勘案した上，
積極要素として考慮すべき事情が明らかに消極要素として考慮すべき事情を
上回る場合には，在留特別許可の方向で検討することとなる。したがって，
単に，積極要素が1つ存在するからといって在留特別許可の方向で検討され
るというものではなく，また，逆に，消極要素が1つ存在するから一切在留
特別許可が検討されないというものでもない。

主な例は次のとおり。

〈「在留特別許可方向」で検討する例〉

・当該外国人が，日本人又は特別永住者の子で，他の法令違反がないなど在
留の状況に特段の問題がないと認められること

・当該外国人が，日本人又は特別永住者と婚姻し，他の法令違反がないなど在留の状況に特段の問題がないと認められること

・当該外国人が，本邦に長期間在住していて，退去強制事由に該当する旨を地方入国管理官署に自ら申告し，かつ，他の法令違反がないなど在留の状況に特段の問題がないと認められること

・当該外国人が，本邦で出生し10年以上にわたって本邦に在住している小中学校に在学している実子を同居した上で監護及び養育していて，不法残留である旨を地方入国管理官署に自ら申告し，かつ，当該外国人親子が他の法令違反がないなどの在留の状況に特段の問題がないと認められること

〈「退去方向」で検討する例〉

・当該外国人が，本邦で20年以上在住し定着性が認められるものの，不法就労助長罪，集団密航に係る罪，旅券等の不正受交付等の罪等で刑に処せられるなど，出入国管理行政の根幹にかかわる違反又は反社会性の高い違反をしていること

・当該外国人が，日本人と婚姻しているものの，他人に売春を行わせる等，本邦の社会秩序を著しく乱す行為を行っていること

（注）　出入国管理及び難民認定法（抄）

（法務大臣の裁決の特例）

第50条　法務大臣は，前条第3項の裁決に当たって，異議の申出が理由がないと認める場合でも，当該容疑者が次の各号のいずれかに該当するときは，その者の在留を特別に許可することができる。

　　一　永住許可を受けているとき。

　　二　かつて日本国民として本邦に本籍を有したことがあるとき。

　　三　人身取引等により他人の支配下に置かれて本邦に在留するものであるとき。

　　四　その他法務大臣が特別に在留を許可すべき事情があると認めるとき。

2，3（略）

別表第二

在留資格	本邦において有する身分又は地位
永住者	法務大臣が永住を認める者
日本人の配偶者等	日本人の配偶者若しくは民法（明治29年法律第89号）第817条の2の規定による特別養子又は日本人の子として出生した者
永住者の配偶者等	永住者の在留資格をもって在留する者若しくは特別永住者（以下「永住者等」と総称する。）の配偶者又は永住者等の子として本邦で出生しその後引き続き本邦に在留している者
定住者	法務大臣が特別な理由を考慮し一定の在留期間を指定して居住を認める者

カ　在留特別許可に係るガイドライン（その2）

　平成22年4月に法務省は，在留特別許可された事例とされなかった事例について公表している。明確な判断基準等は公表されていないが，公表内容から大まかな傾向はつかむことができるだろう。

1　在留特別許可について

　入管法第50条に規定する在留特別許可は，法務大臣の裁量的な処分であり，その許否判断に当たっては，個々の事案ごとに，在留を希望する理由，家族状況，生活状況，素行，内外の諸情勢その他諸般の事情に加え，その外国人に対する人道的な配慮の必要性と他の不法滞在者に及ぼす影響とを含めて，総合的に判断しています。

　在留特別許可制度については，これまでにも上記の観点から適切な運用を図ってきており，在留特別許可処分の透明性を高めるため，平成15年以降各種の事例を公表しているところですが，更に在留特別許可処分の透明性を高めるとともに，各種事例の内容を分かりやすくするため，今般，平成20年以降に在留特別許可された事例36件，在留特別許可されなかった事例36件につ

いて，主な事案別（在留を希望する理由別）に分類の上，次の２のとおり公表します。なお，事例については，今後も追加する予定です。

※１　難民認定手続の中で在留特別許可された事例については，入管法第61条の２の６第４項の規定により，入管法第50条の規定が適用されず，入管法第61条の２の２の規定により，難民認定手続の中で在留特別許可の許否の判断をするものとされていることから，これらの事例を除いています。また，人身取引の被害者については，全員が在留特別許可されたことから，これらの事例も除いています。

※２　※１と同様の趣旨から，難民認定手続の中で在留特別許可されなかった事例についても除いています。

※３　次の２の「在日期間（本邦入国後）」，「違反期間」及び「婚姻期間」は，特別審理官による判定までの期間です。

２　在留特別許可された事例及び在留特別許可されなかった事例
　(1)　配偶者が日本人の場合

●在留特別許可された事例

	発覚理由	違反態様	在日期間	違反期間	婚姻期間	夫婦間の子	刑事処分等	許可内容	特記事項
1	出頭申告	不法残留	約１年７月	約７月	約１年６月	１人未成年	無	在留資格：日本人の配偶者等（１年）	
2	出頭申告	不法残留	約３年３月	約３年	約９月	無妊娠中	無	在留資格：日本人の配偶者等（１年）	
3	出頭申告	不法残留	約６年	約４年	約３月	無	無	在留資格：日本人の配偶者等（１年）	
4	出頭申告	不法残留	約23年７月	約23年６月	約10月	無	無	在留資格：日本人の配偶者等（１年）	
5	出頭申告	不法入国	約５年７月	約５年７月	約９月	１人未成年	無	在留資格：日本人の配偶者等（１年）	
6	出頭申告	不法入国	約７年２月	約７年２月	約７月	無	無	在留資格：日本人の配偶者等（１年）	
7	当局摘発	不法残留	約２年５月	約２年４月	約３月	無	無	在留資格：日本人の配偶者等（１年）	

| 8 | 警察逮捕 | 不法入国 | 約17年9月 | 約17年9月 | 約5月 | 1人未成年 | 入管法違反（不法在留）により，懲役2年6月・執行猶予3年の判決 | 在留資格：日本人の配偶者等（1年） | 逮捕までに約12年同居しており，調査の結果，夫婦の同居実態等に信ぴょう性が認められたもの。 |

● 在留特別許可されなかった事例

	発覚理由	違反態様	在日期間	違反期間	婚姻期間	夫婦間の子	刑事処分等	特記事項
1	出頭申告	不法残留	約7年3月	約3年11月	約3年9月	無	無	調査の結果，同居・婚姻の実態に疑義がもたれたもの。在留希望理由に病気治療も挙げていたが，医師から本国でも治療可とされたもの。
2	出頭申告	不法残留	約16年	約15年9月	約2年4月	無	無	調査の結果，同居事実がないことが判明し，合理的な別居理由もなかったもの。
3	出頭申告	不法残留	約18年11月	約18年10月	約1年6月	無	道交法違反（無免許運転），覚せい剤取締法違反等により，懲役3年・執行猶予5年の判決	出頭申告した約9月後に刑事処分等欄記載の事実で逮捕されたもの。
4	出頭申告	不法残留	約13年3月	約13年	約5年	無	無	スナックを経営し，複数の不法残留者を雇用していたもの。
5	当局摘発	不法残留	約2年	約5月	約2週間	無	無	在留資格「就学」の許可を受けて在留中，専らホステスとして稼動（約9月）していたもの。「留学」への在留資格変更許可申請中に資格外活動容疑で摘発。その後，在留資格変更許可申請が不許可となり，不法残留となったもの。収容後に婚姻（同居事実なし）。
6	当局摘発	資格外活動	約1月	約1月	約1月	無	無	在留資格「短期滞在」の許可を受けて在留中，専らホステスとして稼動していたもの。配偶者との同居実態なし。

	発覚理由	違反態様	在日期間	違反期間	夫婦間の子	刑事処分等	特記事項
7	警察逮捕	売春関係	約6年7月	約3年9月	無	売春防止法違反（周旋等）により，懲役1年6月・執行猶予3年（罰金あり）の判決	不法残留後に在留特別許可（日本人の配偶者等）を受けて在留中，経営するマッサージ店で従業員に売春をさせていたもの。
8	警察逮捕	売春関係業務従事	約7年5月	約7年3月	無	売春防止法違反（勧誘）につき，不起訴（起訴猶予）処分	在留資格「日本人の配偶者等」の許可を受けて在留中，売春に従事していたもの。逮捕までの約2年は配偶者との同居事実なし。
9	警察逮捕	売春関係業務従事	約20年2月	約17年6月	1人未成年	売春防止法違反（周旋）により，懲役1年6月・執行猶予4年の判決	在留資格「永住者」の許可を受けて在留中，経営するクラブで売春の周旋をしていたもの。過去に入管法違反（不法就労助長罪）で罰金刑を受けた経緯あり。
10	警察逮捕	麻薬関係有罪判決	約8年2月	約2年8月	1人未成年	覚せい剤取締法違反（使用）により，懲役1年4月の判決	在留資格「定住者」の許可（日本人と婚姻した母親の連れ子として，未成年時に来日）を受けて在留中に逮捕されたもの。窃盗による前科1件（執行猶予付き有罪判決）あり。服役中に配偶者は所在不明となり，子（日本国籍）は本国で親族が養育していたもの。

（2） 配偶者が正規に在留する外国人の場合

●在留特別許可された事例

	発覚理由	違反態様	在日期間	違反期間	婚姻期間	夫婦間の子	刑事処分等	許可内容	特記事項
1	出頭申告	不法残留	約3年4月	約3年1月	約7月	無	無	永住者の配偶者等1年	配偶者は在留資格「永住者」
2	出頭申告	不法残留	約2年10月	約2年7月	約8月	無	無	永住者の配偶者等1年	配偶者は在留資格「永住者」
3	出頭申告	不法残留	約15年3月	約15年	約1年5月	無	無	永住者の配偶者等1年	配偶者は在留資格「永住者」
4	出頭申告	不法残留	約9年4月	約9年1月	約7月	無	無	定住者1年	配偶者は在留資格「定住者」

No	発覚理由	違反態様	在日期間	違反期間	婚姻期間	夫婦間の子	刑事処分等	許可内容	特記事項
5	出頭申告	不法残留	約12年7月	約12年4月	約1年7月	無	出頭申告した約4月後，入管法違反（不法残留）で逮捕され，同法65条により入管に引き渡された経緯あり。	定住者1年	配偶者は在留資格「定住者」
6	出頭申告	不法入国	約7年3月	約7年3月	約1年	1人未成年	無	定住者1年	配偶者は在留資格「定住者」
7	出頭申告	不法入国	約6年9月	約6年9月	約8年3月	1人未成年	無	定住者1年	被退去強制歴1回あり。配偶者とは前回の在留時に婚姻。配偶者は在留資格「定住者」

● 在留特別許可されなかった事例

No	発覚理由	違反態様	在日期間	違反期間	婚姻期間	夫婦間の子	刑事処分等	特記事項
1	出頭申告	不法残留	約18年1月	約9年	約3年5月	無	所得税法違反により，懲役1年・執行猶予3年（罰金あり）の判決	出頭申告した後に在宅起訴され，判決を受けたもの。配偶者は在留資格「永住者」
2	出頭申告	不法入国	約5年5月	約5年5月	約4月	無	入管法違反（不法在留）により，懲役2年6月・執行猶予4年の判決	被退去強制歴1回あり。出頭申告後に逮捕されたもの。配偶者は在留資格「技術」

(3) 外国人家族の場合

　※　違反態様及び在日期間は本人の態様等。配偶者には内縁も含む。
　　　子の年齢は特別審理官による判定時のもの

● 在留特別許可された事例

No	発覚理由	違反態様	在日期間	違反期間	家族構成等	許可内容	特記事項
1	出頭申告	不法残留	約12年5月	約12年2月	配偶者：不法残留（在日期間：約12年5月） 子：本邦出生後，在留資格未取得・12歳 子：本邦出生後，在留資格未取得・9歳 子：本邦出生後，在留資格未取得・6歳	家族5人とも，在留資格：定住者 在留期間：1年	家族全員で出頭申告したもの。本人は被退去強制歴1回あり。
2	出頭申告	不法残留	約18年11月	約18年10月	配偶者：不法残留（在日期間：約17年2月） 子：本邦出生後，在留資格未取得・11歳 子：本邦出生後，在留資格未取得・6歳	家族4人とも，在留資格：定住者 在留期間：1年	家族全員で出頭申告したもの。

					配偶者・子	家族	
3	出頭申告	不法入国	約19年3月	約19年3月	配偶者：不法入国（在日期間：約17年8月）子：本邦出生後，在留資格未取得・11歳	家族3人とも，在留資格：定住者 在留期間：1年	家族全員で出頭申告したもの。配偶者は，出頭した約2か月後，入管法違反（不法在留）で逮捕され，同法65条により入管に引渡された。
4	出頭申告	不法入国	約19年4月	約19年4月	配偶者：不法入国（在日期間：約19年10月）子：本邦出生後，在留資格未取得・14歳 子：本邦出生後，在留資格未取得・9歳 子：本邦出生後，在留資格未取得・5歳	家族5人とも，在留資格：定住者 在留期間：1年	家族全員で出頭申告したもの。本人は被退去強制歴1回あり。
5	当局摘発	不法残留	約17年7月	約13年10月	配偶者：不法残留（在日期間：約15年9月）子：本邦出生後，在留資格未取得・8歳	家族3人とも，在留資格：定住者 在留期間：1年	配偶者が難病に罹患しているもの。
6	当局摘発	不法残留	約18年2月	約18年1月	配偶者：不法入国（在日期間：約17年10月）子：本邦出生後，在留資格未取得・13歳	家族3人とも，在留資格：定住者 在留期間：1年	
7	当局摘発	不法残留	約15年5月	約15年2月	配偶者：不法残留（在日期間：約13年9月）子：本邦出生後，在留資格未取得・12歳 子：本邦出生後，在留資格未取得・8歳 子：本邦出生後，在留資格未取得・4歳	家族5人とも，在留資格：定住者 在留期間：1年	
8	警察逮捕	不法残留	約14年1月	約13年10月	配偶者：不法残留（在日期間：約14年1月）子：本邦出生後，在留資格未取得・12歳	家族3人とも，在留資格：定住者 在留期間：1年	本人が入管法違反（不法在留）で逮捕され，同法65条により入管に引渡されたもの。
9	警察逮捕	不法入国	約18年11月	約18年11月	配偶者：不法入国（在日期間：約19年9月）子：本邦出生後，在留資格未取得・12歳	家族3人とも，在留資格：定住者 在留期間：1年	本人が入管法違反（不法在留）により懲役2年6月・執行猶予4年の判決を受けたもの。
10	出頭申告	不法残留	約10年3月	約10年2月	子：不法残留（在日期間：約10年3月）・14歳	家族2人とも，在留資格：定住者 在留期間：1年	子は本国で交際していた者（外国籍・交流なし）との間に生まれたが，認知等を受けていないもの。
11	当局摘発	不法入国	約15年4月	約15年4月	子：本邦出生後，在留資格未取得・12歳 子：本邦出生後，在留資格未取得・7歳	家族3人とも，在留資格：定住者 在留期間：1年	子2人は，過去に交際していた者（外国籍・交流なし）との間に生まれたが，認知等を受けていないもの。

● 在留特別許可されなかった事例

	発覚理由	違反態様	在日期間	違反期間	家族構成等	特記事項
1	出頭申告	不法残留	約17年10月	約17年7月	配偶者：不法残留（在日期間：約15年10月） 子：本邦出生後，在留資格未取得・8歳	本人は日系三世であると身分を偽って在留許可を受けていたもの。
2	出頭申告	不法入国	約13年2月	約13年2月	配偶者：不法入国（在日期間：約11年9月） 子：本邦出生後，在留資格未取得・6歳	本人は被退去強制歴1回あり。
3	当局摘発	不法残留	約21年5月	約20年11月	配偶者：不法入国（在日期間：約11年9月） 子：本邦出生後，在留資格未取得・7歳	配偶者は被退去強制歴1回あり。
4	当局摘発	不法残留	約20年4月	約20年1月	配偶者：不法残留（在日期間：約9年7月） 子：本邦出生後，在留資格未取得・8歳 子：本邦出生後，在留資格未取得・1歳	
5	当局摘発	不法残留	約20年8月	約20年7月	配偶者：不法残留（在日期間：約16年2月） 子：本邦出生後，在留資格未取得・10歳 子：本邦出生後，在留資格未取得・2歳 子：本邦出生後，在留資格未取得・0歳	配偶者は本邦入国を容易にする目的で同国人と偽装結婚し，来日したもの。
6	当局摘発	不法入国	約13年11月	約13年11月	配偶者：不法残留（在日期間：約8年1月） 子：本邦出生後，在留資格未取得・7歳 子：本邦出生後，在留資格未取得・0歳	本人は被退去強制歴2回あり。
7	当局摘発	不法入国	約15年11月	約15年11月	配偶者：不法残留（在日期間：約15年7月） 子：本邦出生後，在留資格未取得・9歳 子：本邦出生後，在留資格未取得・0歳	本人は被退去命令歴（他人名義旅券行使）1回あり。
8	当局摘発	不法入国	約16年1月	約16年1月	配偶者：不法残留（在日期間：約11年2月） 子：本邦出生後，在留資格未取得・8歳 子：本邦出生後，在留資格未取得・1歳	本人は日系三世であると身分を偽って不法入国したもの。
9	当局摘発	不法残留	約6年6月	約6年3月	子：不法残留（在日期間：約6年6月）・15歳 子：本邦出生後，在留資格未取得・0歳	子2人は配偶者（外国籍）との間に生まれたが，既に同配偶者との交流はなく，家族3人で生活していたもの。

（4）　その他

● 在留特別許可された事例

	発覚理由	違反態様	在日期間	違反期間	刑事処分等	在留希望の理由	許可内容	特記事項
1	出頭申告	不法入国	約16年11月	約16年11月	無	日本人前夫との間に出生した子（日本国籍・4歳）の監護・養育	在留資格：定住者在留期間：1年	子の親権者は日本人前夫であるが，実際は本人（在留特別許可された者）が監護・養育していることが判明したもの。過去に在留特別許可を1回受けた経緯あり。
2	出頭申告	不法残留	約24年11月	約24年8月	無	本邦に在留基盤がある。過去に交際していた同国人との間に出生した子（外国籍・本邦出生後，在留資格未取得・12歳）の監護・養育	本人・子とも，在留資格：定住者在留期間：1年	生活状況に安定性が認められたもの。
3	出頭申告	不法入国	約6年	約6年	無	日本人配偶者との間に出生した子（日本国籍）2人の監護・養育	在留資格：定住者在留期間：1年	DV被害者として公的機関に保護されたもの。配偶者との離婚は未成立
4	出頭申告	不法残留	約3年3月	約1年8月	無	日本人配偶者との間に出生した子（日本国籍）1人の監護・養育	在留資格：定住者在留期間：1年	配偶者の協力が得られずに不法残留となった後，DV被害者として公的機関に保護されたもの。配偶者との離婚は未成立
5	出頭申告	不法残留	約16年1月	約15年11月	無		本人・子2人とも，在留資格：特定活動（出国準備期間）在留期間：1月	DV被害者として公的機関に保護されたもの。今後の生活を考え，子2人（外国籍・本邦出生後，在留資格未取得・8歳及び3歳）を連れて早急に帰国したいと希望。
6	出頭申告	出生後資格未取得	約15年7月	約15年5月	無	本邦での学業・生活の継続（本邦出生・15歳）	在留資格：定住者在留期間：1年	外国籍両親が所在不明等になり，児童相談所が保護しているもの。
7	出頭申告	出生後資格未取得	約2年4月	約2年2月	無	本邦で出生後，母親（不法残留者）は所在不明・父親不詳であり，日本人の養子となったもの。	在留資格：定住者在留期間：1年	養父母のほかに監護・養育者なし。

8	当局摘発	不法残留	約12年8月	約12年7月	無	日本人との間に出生した子（外国籍・本邦出生後，在留資格未取得・12歳）の監護・養育	本人・子とも，在留資格：定住者 在留期間：1年	子の父親（日本人）は所在不明。子は父親の認知を受けておらず，外国籍となったもの。
9	警察逮捕	刑罰法令違反	約24年1月		詐欺罪により，懲役3年6月の判決	4歳時に来日しており，本邦に生活基盤がある。	在留資格：定住者 在留期間：1年	日本人と婚姻した母親の連れ子として来日。在留資格「永住者」の許可を受けて在留中に逮捕されたもの。
10	出頭申告	不法残留	約20年10月	約20年9月	無	本邦に生活基盤がある。	在留資格：定住者 在留期間：1年	来日時30歳

● 在留特別許可されなかった事例

	発覚理由	違反態様	在日期間	違反期間	刑事処分等	在留希望の理由	特記事項
1	当局摘発	資格外活動	約8年8月	約1年4月	無	資格外活動は行っておらず，同居中の日本人恋人がいる。	在留資格「人文知識・国際業務」の許可を受けて在留中，専ら調理人として稼動していたもの。同居中の日本人恋人との婚姻意思なし。
2	当局摘発	資格外活動	約6年	約6月	無	資格外活動は行っておらず，本邦で会社を設立する予定である。	在留資格「人文知識・国際業務」の許可を受けて在留中，在留資格「留学」の許可を受けて在留する婚約者とともに，専ら雑貨小売業を営んでいたものであり，両名ともに資格外活動で退去裁決
3	当局摘発	資格外活動	約7年8月	約2年11月	無	同国人妻（在留資格「留学」）及び同妻との間に生まれた子（在留資格「家族滞在」）との本邦での生活継続	在留資格「家族滞在」の許可を受けて在留中，専ら整体院を営んでいたもの。
4	警察逮捕	人身取引加害者等	約23年		人身売買罪，売春防止法違反（周旋）等により，懲役2年4月の判決	本邦に生活基盤がある。	在留資格「日本人の配偶者等」の許可を受けて在留中，売春を周旋していたほか，売春をさせるために人を買い受けたもの。日本人配偶者は，本人が服役中に死亡

No.							
5	当局摘発	不法入国幇助	約7年6月		無	家族（不法入国を幇助した相手である配偶者及び配偶者との間の子（10歳））との本邦での生活継続	在留資格「日本人の配偶者等」の許可を受けて在留中（その後，「永住者」の許可を受けている。），当時は恋人であった同国人（被退去命令歴1回あり）に他人名義旅券を行使して本邦に不法入国させるため，各種書類を準備するなどして，不法入国を幇助したもの。配偶者も不法入国者として退去裁決
6	警察逮捕	麻薬関係有罪判決	約13年3月		不正作出支払用カード電磁的記録共用，大麻取締法違反（所持）等により，懲役2年6月の判決	日本人前妻及び前妻が養育中の実子（日本国籍）に経済的援助をするため，本邦での生活・稼動の継続	在留資格「永住者」の許可を受けて在留中に逮捕されたもの。傷害等による前科（執行猶予付き有罪判決）1回あり。
7	警察逮捕	刑罰法令違反	約9年7月		盗品等処分あっせんにより，懲役2年・執行猶予3年（罰金あり）の判決	在留資格「永住者」の許可を受けている実子（5歳）の本邦での養育	日本人と婚姻した母親の連れ子として15歳時に来日。在留資格「永住者の配偶者等」の在留資格変更許可申請中に逮捕されたもの。
8	警察逮捕	刑罰法令違反	約12年1月		電磁的公正証書原本不実記録・同供用により，懲役1年6月・執行猶予4年の判決	日本人前夫との間に出生した子（日本国籍）の養育	在留資格「永住者」（不法残留後に在留特別許可（日本人の配偶者等）を受けた後，「永住者」となったもの。）の許可を受けて在留中に逮捕されたもの。他人に（日本人と偽装結婚させた上）在留許可を受けさせる目的で虚偽の図画（写真撮影）を作成したもの。子は前夫が監護・養育中
9	警察逮捕	刑罰法令違反	約3年10月		公正証書原本不実記載・同行使により，懲役1年・執行猶予3年の判決	同時に来日した連れ子2人（16歳及び14歳）との本邦での生活継続	日本人と偽装結婚した上，在留資格「日本人の配偶者等」の許可を受けて在留中に逮捕されたもの。連れ子2人は在留資格「定住者」の許可を受けていたが，3人とも在留期間更新許可申請が不許可となり，不法残留となったもの。
10	警察逮捕	不法残留	約21年11月	約21年10月	入管法違反（不法残留）につき不起訴（起訴猶予）処分	本邦に生活基盤がある。	来日時40歳。来日まで本国で教育を受け，職に就いていたもの。
11	出頭申告	不法残留	約2年1月	約1年8月	無	日本人との養子縁組	来日時12歳。父・兄が第三国へ出稼ぎに出ているもの（本人との交流あり。）。

1

日本人と外国人が結婚するケース

12	当局摘発	不法入国	約16年8月	約16年8月	無	日本人の婚約者がいる。	日系三世であると身分を偽って不法入国したもの。
13	警察逮捕	麻薬関係有罪判決	約19年		覚せい剤取締法違反（使用）により，懲役1年の判決	日系三世であり，本邦に生活基盤がある。	在留資格「定住者」の許可を受けて在留中，窃盗により執行猶予付き有罪判決を受け，同猶予期間中に覚せい剤を使用して逮捕されたもの。成人となった後に来日
14	警察逮捕	刑罰法令違反	約16年9月		建造物侵入，窃盗，住居侵入等により，懲役4年6月の判決	日系三世である。14歳時に来日しており，本邦に生活基盤がある。	在留資格「定住者」の許可を受けて在留中，窃盗団の一員として逮捕されたもの。道交法違反で罰金刑2回を受けた経緯あり。
15	警察逮捕	刑罰法令違反	約8年3月		道交法違反（無免許運転），業務上過失致死により，懲役3年の判決	日系三世である。17歳時に来日しており，本邦に生活基盤がある。	在留資格「定住者」の許可を受けて在留中に逮捕されたもの。過去に道交法違反（無免許運転）等により罰金刑2回を受けた経緯あり。

（法務省ホームページより抜粋）

2 国籍が異なる外国人同士の結婚

① 日本に呼び寄せるケース

　国籍が異なる外国人同士の婚姻に係る在留資格手続に関しては，その変更内容はある程度限定される。基本的には，在留資格「永住者」と婚姻した場合には「永住者の配偶者等」となり，日系人などの「定住者」と結婚した場合には配偶者も「定住者」となる。また，「家族滞在」もあるが，これは「教授」，「芸術」，「宗教」，「報道」，「高度専門職」，「経営・管理」，「法律・会計業務」，「医療」，「研究」，「教育」，「技術・人文知識・国際業務」，「企業内転勤」，「介護」，「興行」，「技能」，「文化活動」，「留学」のいずれかの在留資格を持つ外国人と婚姻した場合に得ることができる。この他にも主たる生計を維持する者が「特定活動」の場合などのケースも考えられるが，ごく一部の例外であるため本書では省略するものとする。

外国人同士の国際結婚の主なパターン

	配偶者1（主たる生計を維持する者）	配偶者2（扶養を受ける者）
1	「永住者」「特別永住者」	「永住者の配偶者等」
2	「定住者」	「定住者」
3	「教授」，「芸術」，「宗教」，「報道」，「経営・管理」，「法律・会計業務」，「医療」，「研究」，「教育」，「技術・人文知識・国際業務」，「企業内転勤」，「介護」，「興行」，「技能」，「文化活動」，「留学」	「家族滞在」

　なお，外国人配偶者が海外にいる場合には，原則としてそれぞれの在留資格に見合った在留資格認定証明書交付申請を行うこととなる。

① 永住者の配偶者を在留資格「永住者の配偶者等」で海外から呼び寄せるケース

・必要資料（在留資格認定証明書交付申請）

準備する資料	日本で準備する資料	①返信用封筒　　　1通	※簡易書留用392円切手を貼付し，あらかじめ宛先を記載する。
		②住民税納税証明書　　　1通	※配偶者（永住者）のもの ※1年間の総収入，課税額及び納税額が記載されたもの ※納税証明書に総収入，課税額及び納税額の記載がない場合は，課税証明書及び納税証明書の提出が必要となる。
		③住民票の写し　　　1通	※配偶者（永住者）のもの ※世帯全員の記載のあるもの
	海外から取り寄せる資料	④申請人（外国人）の顔写真 （縦4cm×横3cm）　　　1枚	※申請前3か月以内に正面から撮影された無帽，無背景で鮮明なもの ※写真の裏面に申請人の氏名を記載し，申請書の写真欄に貼付する。
		⑤結婚証明書　　　1通	※配偶者（永住者）及び申請人（外国人）の国籍国の機関から発行されたもの ※申請人に戸籍謄本が発行される場合には，2人の婚姻が記載された外国機関発行の戸籍謄本の提出でも可 ※日本の役所に届け出ている場合には，婚姻届出受理証明書を提出する。
		⑥スナップ写真　　　2～3枚	※夫婦で写っており，容姿がはっきり確認できるもの
記載する資料	定型フォームに	⑦在留資格認定証明書交付申請書　　　1通	
		⑧質問書　　　1通	
		⑨身元保証書　　　1通	※原則として配偶者（永住者）が身元保証人となる。

【添付資料についての注意点】
・官公署などから取得する提出資料は，すべて発行日から3か月以内のものを提出する。
・審査の過程において上記以外の資料が求められる可能性もある。
・提出資料が外国語で作成されている場合には，日本語訳を添付する（一部の英文書は除く）。
・提出資料は原則として返却されない。再度入手困難な資料等で返却を希望する場合には，当該資料の原本にコピーを添付し，申請時にその旨を伝えること。

・記載例
　上記資料中，⑦在留資格認定証明書交付申請書，⑧質問書，⑨身元保証書は，「日本人の配偶者等」の場合と共通である。110～122頁までを参照のこと。

② 定住者の配偶者を在留資格「定住者」で海外から呼び寄せるケース

・必要資料（在留資格認定証明書交付申請）

準備する資料	日本で準備する資料	①返信用封筒　　　　　　1通	※簡易書留用392円切手を貼付し，あらかじめ宛先を記載する。
		②住民税課税及び納税証明書　　　　　1通	※1年間の総収入，課税額及び納税額が記載されたもの ※納税証明書に総収入，課税額及び納税額の記載がない場合は，課税証明書及び納税証明書の提出が必要となる。
		③住民票の写し　　　　　1通	※扶養者のもの
		④婚姻届出受理証明書	※日本の役所に届け出ている場合のみ
		⑤在職証明書	※扶養者が会社等に勤務している場合のみ
		⑥確定申告書の写し	※扶養者が自営業等である場合のみ
		⑦営業許可証の写し	※扶養者が自営業等であり，許可証がある場合のみ 自営業等の場合には，自ら職業等について立証しなければならない。
	海外から取り寄せる資料	⑧申請人（外国人配偶者）の顔写真（縦4cm×横3cm）　　　　　1枚	※申請前3か月以内に正面から撮影された無帽，無背景で鮮明なもの ※写真の裏面に申請人の氏名を記載し，申請書の写真欄に貼付する。
		⑨結婚証明書　　　　　1通	※申請人の国籍国の機関から発行されたもの
		⑩スナップ写真　　　2～3枚	※2人で写っており，容姿がはっきりと確認できるもの
記載する資料	定型フォームに	⑪在留資格認定証明書交付申請書　　　1通	
		⑫質問書　　　　　　　1通	
		⑬身元保証書　　　　　1通	※原則として扶養者が身元保証人となる。

【添付資料についての注意点】
・官公署などから取得する提出資料は，すべて発行日から3か月以内のものを提出する。
・審査の過程において上記以外の資料が求められる可能性もある。
・提出資料が外国語で作成されている場合には，日本語訳を添付する（一部の英文書は除く）。
・提出資料は原則として返却されない。再度入手困難な資料等で返却を希望する場合には，当該資料の原本にコピーを添付し，申請時にその旨を伝えること。
・「定住者」の招へいに関しては，日系人の場合などの様々な状況が想定され，その都度必要資料も異なる。そのため，添付資料については申請前に必ず入国管理局に確認すること。

③　外国人配偶者を在留資格「家族滞在」で海外から呼び寄せるケース

・必要資料（在留資格認定証明書交付申請）

準備する資料	日本で準備する資料	①返信用封筒　　　　　1通	※簡易書留用392円切手を貼付し，あらかじめ宛先を記載する。
		②職業及び収入を証する書面	※扶養者のもの ア　扶養者が収入を伴う事業を運営する活動，又は報酬を受ける活動を行っている場合 　(i)　在職証明書又は営業許可書の写し等 　　　※扶養者の職業が分かる証明書を提出する。 　(ii)　住民税の課税（又は非課税）証明書，及び納税証明書 　　　※1年間の総所得及び納税状況が記載されたもの 　　　※1年間の総所得及び納税状況の両方が記載されている証明書であれば，いずれか一方でも可 イ　扶養者が上記ア以外の活動を行っている場合 　(i)　扶養者名義の預金残高証明書，又は給付金額及び給付期間を明示した奨学金給付に関する証明書 　(ii)　上記(i)に準ずるもので，申請人の生活費用を支弁することができることを証するもの
		③在留カード又はパスポートの写し	※扶養者のもの
	海外から取り寄せる資料	④申請人と扶養者との身分関係を証する文書	以下のいずれかの資料を提出する。 ア　戸籍謄本　　　　　　　　　　1通 イ　婚姻届受理証明書　　　　　　1通 ウ　結婚証明書（写し）　　　　　1通 エ　出生証明書（写し）　　　　　1通 オ　上記ア〜オまでに準ずる文書　適宜 ※ア，イに該当する場合は日本で準備する。
		⑤申請人（外国人）の顔写真 （縦4cm×横3cm） 　　　　　　　　1枚	※申請前3か月以内に正面から撮影された無帽，無背景で鮮明なもの ※写真の裏面に申請人の氏名を記載し，申請書の写真欄に貼付する。
定型フォームに記載する資料		⑥在留資格認定証明書交付申請書　　1通	

【添付資料についての注意点】
・官公署などから取得する提出資料は，すべて発行日から3か月以内のものを提出する。
・審査の過程において上記以外の資料が求められる可能性もある。
・提出資料が外国語で作成されている場合には，日本語訳を添付する（一部の英文書は除く）。
・提出資料は原則として返却されない。再度入手困難な資料等で返却を希望する場合には，当該資料の原本にコピーを添付し，申請時にその旨を伝えること。

別記第六号の三様式（第六条の二関係）
申請人等作成用 1
For applicant, part 1

日本国政府法務省
Ministry of Justice, Government of Japan

在 留 資 格 認 定 証 明 書 交 付 申 請 書
APPLICATION FOR CERTIFICATE OF ELIGIBILITY

東京　入国管理局長　殿
To the Director General of　Regional Immigration Bureau

出入国管理及び難民認定法第7条の2の規定に基づき、次のとおり同法第7条第1項第2号に掲げる条件に適合している旨の証明書の交付を申請します。
Pursuant to the provisions of Article 7-2 of the Immigration Control and Refugee Recognition Act, I hereby apply for the certificate showing eligibility for the conditions provided for in 7, Paragraph 1, Item 2 of the said Act.

1 国 籍・地 域　中国（台湾） Nationality/Region	2 生年月日　1977 年 12 月 1 日 Date of birth　Year　Month　Day

3 氏 名　Family name 陳 ●●　Given name CHEN ●-●
Name

4 性 別　（男）・ 女　5 出生地　TAIWAN　6 配偶者の有無　（有）・ 無
Sex　Male / Female　Place of birth　Marital status Married / Single
TAIWAN

7 職 業　主婦　8 本国における居住地
Occupation　Home town/city

9 日本における連絡先　東京都●●区●●1-●-●-●号
Address in Japan

電話番号　該当なし　携帯電話番号　090-XXXX-XXXX
Telephone No.　Cellular phone No.

10 旅券　(1)番 号　3XXXXXXXX　(2)有効期限　2025 年 3 月 4 日
Passport　Number　Date of expiration　Year　Month　Day

11 入国目的（次のいずれか該当するものを選んでください。）　Purpose of entry: check one of the followings
□ I「教授」　□ I「教育」　□ J「芸術」　□ J「文化活動」　□ K「宗教」　□ L「報道」
　"Professor"　"Instructor"　"Artist"　"Cultural Activities"　"Religious Activities"　"Journalist"
□ L「企業内転勤」　□ M「経営・管理」　□ L「研究（転勤）」
　"Intra-company Transferee"　"Business Manager"　"Researcher (Transferee)"
□ N「研究」　□ N「技術・人文知識・国際業務」　□ N「介護」　□ N「技能」
　"Researcher"　"Engineer / Specialist in Humanities / International Services"　"Nursing Care"　"Skilled Labor"
□ N「特定活動（研究活動等）」　□ O「興行」　□ P「留学」　□ Q「研修」
　"Designated Activities (Researcher or IT engineer of a designated org)""Entertainer"　"Student"　"Trainee"
□ Y「技能実習（1号）」　□ Y「技能実習（2号）」　□ Y「技能実習（3号）」
　"Technical Intern Training (i)"　"Technical Intern Training (ii)"　"Technical Intern Training (iii)"
☑ R「家族滞在」　□ R「特定活動（研究活動等家族）」　□ R「特定活動（EPA家族）」
　"Dependent"　"Designated Activities (Dependent of Researcher or IT engineer of a designated org)"　"Designated Activities(Dependent of EPA)"
□ T「日本人の配偶者等」　□ T「永住者の配偶者等」　□ T「定住者」
　"Spouse or Child of Japanese National"　"Spouse or Child of Permanent Resident"　"Long Term Resident"
□「高度専門職（1号イ）」　□「高度専門職（1号ロ）」　□「高度専門職（1号ハ）」　□ U「その他」
　"Highly Skilled Professional(i)(a)"　"Highly Skilled Professional(i)(b)"　"Highly Skilled Professional(i)(c)"　Others

12 入国予定年月日　2016 年 3 月 1 日　13 上陸予定港　成田空港
Date of entry　Year　Month　Day　Port of entry

14 滞在予定期間　3年間　15 同伴者の有無　有・（無）
Intended length of stay　Accompanying persons, if any　Yes / No

16 査証申請予定地　TAIWAN
Intended place to apply for visa

17 過去の出入国歴　（有）・ 無
Past entry into / departure from Japan　Yes / No
（上記で「有」を選択した場合）（Fill in the followings when the answer is "Yes"）
回数　6 回　直近の出入国歴　2015 年 12 月 26 日 から　2016 年 1 月 5 日
time(s)　The latest entry from　Year　Month　Day　to　Year　Month　Day

18 犯罪を理由とする処分を受けたことの有無（日本国外におけるものを含む。）　Criminal record (in Japan / overseas)
有 （具体的内容　　　　　　　　　　　　　　　　　　　　　） ・（無）
Yes (Detail:　　　　　　　　　　　　　　　　　　　　　） / No

19 退去強制又は出国命令による出国の有無　有・（無）
Departure by deportation /departure order　Yes / No
（上記で「有」を選択した場合）　回数　回　直近の送還歴　年 月 日
(Fill in the followings when the answer is "Yes")　time(s)　The latest departure by deportation　Year　Month　Day

20 在日親族（父・母・配偶者・子・兄弟姉妹など）及び同居者
Family in Japan (Father, Mother, Spouse, Son, Daughter, Brother, Sister or others) or co-residents

続 柄 Relationship	氏 名 Name	生年月日 Date of birth	国籍・地域 Nationality/Region	同居予定 Intended to reside with applicant or not	勤務先・通学先 Place of employment/school	在留カード番号 特別永住者証明書番号 Residence card number Special Permanent Resident Certificate number
夫	唐 ●●	1978. 1. 1	中国（台湾）	（はい）・いいえ Yes / No	●●●●●●株式会社	B XXXXXXXX
				はい・いいえ Yes / No		
				はい・いいえ Yes / No		
				はい・いいえ Yes / No		

※ 20については、記載欄が不足する場合は別紙に記入して添付すること。なお、「研修」、「技能実習」に係る申請の場合は記載不要です。
Regarding item 20, if there is not enough space in the given columns to write in all of your family in Japan, fill in and attach a separate sheet.
In addition, take note that you are not required to fill in item 20 for applications pertaining to 'Trainee' / 'Technical Intern Training'.

（注）裏面参照の上、申請に必要な書類を作成して下さい。Note : Please fill in forms required for application. (See notes on reverse side.)

2

国籍が異なる外国人同士の結婚

179

申請人等作成用2　　R （「家族滞在」・「特定活動（研究活動等家族）」・「特定活動（EPA家族）」）

For applicant, part 2　R ("Dependent" / "Dependent who intends to live with their supporter

whose status is Designated Activities (Researcher or IT engineer / Nurse and Certified Careworker under EPA)")

在留資格認定証明書用
For certificate of eligibility

21　婚姻，出生又は縁組の届出先及び届出年月日
　　Authorities where marriage, birth or adoption was registered and date of registration

　　(1)日本国届出先　　　　　　　　　　該当なし
　　　　Japanese authorities

　　　　届出年月日　　　該当なし　　年　　　　　月　　　　　　日
　　　　Date of registration　　　　　　　Year　　　　Month　　　　　Day

　　(2)本国等届出先　　　　　　　　　　台北市
　　　　Foreign authorities

　　　　届出年月日　　　2010　　　年　　4　　月　　12　　日
　　　　Date of registration　　　　　　　Year　　　Month　　　Day

22　滞在費支弁方法
　　Method of support

　　☑ 親族負担　　　　　　　☐ 外国からの送金　　　　　　☐ 身元保証人負担
　　　　Relatives　　　　　　　　Remittances from abroad　　　　Guarantor

　　☐ その他 （　　　　　　　　　　　　　　　　　　　　　　　　　　　　　　　）
　　　　Others

23　申請人，法定代理人，法第7条の2第2項に規定する代理人
　　Applicant, legal representative or the authorized representative, prescribed in Paragraph 2 of Article 7-2.

　　(1)氏　名　　　唐　●●　　　　　　　　(2)本人との関係　　　　　　　夫
　　　　Name　　　　　　　　　　　　　　　　Relationship with the applicant

　　(3)住　所
　　　　Address　　　　　　　東京都●●区●●1-●-●-●号

　　電話番号　　　　該当なし　　　　　　携帯電話番号　　090-XXXX-XXXX
　　Telephone No.　　　　　　　　　　　Cellular Phone No.

　　以上の記載内容は事実と相違ありません。　　I hereby declare that the statement given above is true and correct.
　　申請人（代理人）の署名／申請書作成年月日　　Signature of the applicant (representative) / Date of filling in this form

　　　　　　　　　　　　　　　　　　唐 ●●　　2016 年　　　2 月　　　1 日
　　　　　　　　　　　　　　　　　　　　　　　Year　　　Month　　　Day

　　注　意　申請書作成後申請までに記載内容に変更が生じた場合，申請人（代理人）が変更箇所を訂正し，署名すること。
　　Attention　In cases where descriptions have changed after filling in this application form up until submission of this application, the applicant
　　　　　　　(representative) must correct the part concerned and sign their name.

※　取次者 Agent or other authorized person

　　(1)氏　名　　　　　　　　　　　　　(2)住　所　　　東京都千代田区平河町2-6-1　平川町ビル8F
　　　　Name　　　　　　　　　　　　　　　Address

　　(3)所属機関等　　Organization to which the agent belongs
　　　　　　　　　　　　　　　　　　　　　　　　　　電話番号　Telephone No.
　　　　行政書士法人ACROSEED　　　　　　　　　　　　　　　03-6905-6370

扶養者等作成用 1 　R （「家族滞在」・「特定活動（研究活動等家族）」・「特定活動（EPA家族）」）

For supporter, part 1 R ("Dependent" / "Dependent who intends to live with their supporter

whose status is Designated Activities (Researcher or IT engineer / Nurse and Certified Careworker under EPA)")

在留資格認定証明書用
For certificate of eligibility

1	扶養される家族（申請人）の氏名 Name of the family member to be supported (applicant)	陳　●●

2　扶養者　Supporter

(1)氏　名 Name	唐　●●		
(2)生年月日 Date of birth	1978 年　1 月　1 日 Year　Month　Day	(3)国 籍・地 域 Nationality/Region	中国（台湾）
(4)在留カード番号 Residence card number	B　×××××××××		
(5)在留資格 Status of residence	企業内転勤	(6)在留期間 Period of stay	3年
(7)在留期間の満了日 Date of expiration	2018 年　5 月　14 日 Year　Month　Day		

(8)申請人との関係（続柄）　Relationship with the applicant

☑ 夫　　　　　　　□ 妻　　　　　　　□ 父　　　　　　　□ 母
Husband　　　　　Wife　　　　　　Father　　　　　Mother

□ 養父　　　　　　□ 養母　　　　　　□ その他（　　　　　　　　　　　　　　）
Foster father　　　Foster mother　　　Others

(9)勤務先名称 Place of employment	●●●●株式会社	支店・事業所名 Name of branch	本社

(10)勤務先所在地　　　※ (10)については、主たる勤務場所の所在地及び電話番号を記載すること。
Address　　　　　　For sub-items (10), give the address and telephone number of your principal place of employment.

東京都●●区●●1－●－●

電話番号 Telephone	03－××××－××××
(11)年 収 Annual income	約420万　　円 Yen

以上の記載内容は事実と相違ありません。 I hereby declare that the statement given above is true and correct.

扶養者の署名及び押印／申請書作成年月日（印がない場合は押印省略可）
Signature and seal of the supporter or guarantor ／ Date of filling in this form (In cases of not possessing a seal, it it possible to omit it.)

（扶養者と申請人が同時に入国予定の場合、扶養者の通学先、勤務先又は所属機関名、代表者氏名の記名及び押印）

In cases where the applicant is to enter Japan with a supporter or guarantor, fill in the name of the place of study, work or the organization to which the supporter or guarantor belongs and the name of the representative of such place, and press the official seal of the organization.

唐 ●●　　　　　　　㊞　　2016 年　2 月　1 日
Seal　　　　　　Year　Month　Day

注意　　　　Attention

申請書作成後申請までに記載内容に変更が生じた場合、扶養者が変更箇所を訂正し、署名すること。
印がない場合は、変更箇所に署名すること。
（扶養者と申請人が同時に入国予定の場合、扶養者の所属機関等が変更箇所を訂正し、押印すること。）

In cases where descriptions have changed after filling in this application form up until submission of this application, the supporter or guarantor must correct the part concerned and press its seal on the correction.

In cases of not possessing a seal, sign the corrected part.

(In cases where the applicant is to enter Japan with a supporter or guarantor, the organization to which the supporter or guarantor belongs must correct the part concerned and press its seal on the correction.)

2

国籍が異なる外国人同士の結婚

記載例（申請理由書）

平成29年2月1日

東京入国管理局　殿

氏　　名：△　××
住　　所：東京都港区港南1－2－3
電話番号：090－1234－5678

申　請　理　由　書

　私は中国籍の　△　××　と申し，現在，在留資格「企業内転勤」をいただいて日本に滞在しております。この度，私の妻である中国籍の　△　○○を日本に呼び寄せたく「家族滞在」の在留資格認定証明書交付申請をさせていただきます。

　私は昨年5月に来日し，○○株式会社の東京本社にある国際業務部へ出向し，現在に至っております。

　来日してから約1年が経ち日々の職務に励んでおりますが，昨年末に母国にて結婚した妻を日本に呼び寄せて一緒に生活することを希望しております。

　日本での生活も1年以上が過ぎ，日本での社会生活や職場環境にも慣れ，精神的，金銭的なゆとりさえ感じられるようになりました。そのため，妻と一緒に日本で生活することにより，今後も安心して職務に打ち込むことができる生活環境を築きたいと考えており，今回の申請に至りました。

　以上のような次第であり，私の妻　△　○○　に在留資格「家族滞在」の認定証明書を交付していただけますようお願い申し上げます。

以上

国籍が異なる外国人同士の結婚で既に国内に滞在しているケース

　外国人同士の婚姻でその双方が既に日本国内に正規の在留資格をもって在留している場合には，扶養を受ける外国人配偶者の在留資格を変更するケースが大多数を占める。175頁でも示した通り，主たる生計を維持する者が保有する在留資格に応じて，自らの在留資格を「家族滞在」，「永住者の配偶者等」，「定住者」などへと変更させることになる。

　ただし，就労可能な在留資格を持つ者同士が婚姻する場合などで，婚姻により現在の在留資格の該当性が無くならない場合，つまり結婚をしても以前と同様に就業する場合等については，原則として在留資格を変更する必要はない。在留期限の到来時の在留期間更新許可申請において，婚姻の事実を記載することになる。また，結婚後は一度退職するが，何らかの形で就業を続ける場合には，現在の就労可能な在留資格を維持するのか，それとも「家族滞在」などの在留資格へと変更するのか判断しなければならない。例えば，現在の在留資格が「技術・人文知識・国際業務」で，婚姻後にはアルバイト程度の就業を考えている場合，その業務で「技術・人文知識・国際業務」の更新が可能かどうかを判断しなければならない。週2〜3日程度の就業や在留資格に該当しないような職種では更新が難しくなるため，「家族滞在」へと変更し資格外活動を取得した上で就労することとなる。とはいえ，「永住者」同士での婚姻など，そもそも何ら手続が必要ないケースも考えられ，外国人同士の婚姻による在留資格の変更は状況によりけりと言える。

　結婚により在留資格を変更するかどうかの判断基準の1つとしては，変更することにより「永住許可が取得しやすくなるかどうか」が1つの目安となる。永住許可は多くの場合は日本に滞在して10年以上経過していることが求められるが，「永住者の配偶者等」などの一部の在留資格では滞在期間が3年あるいは5年に短縮されることがある。日本に滞在する多くの外国人は，最終的に「永住許可」を取得することを望むケースが多いため，婚姻により在留資格を変更してもしなくてもよい場合には，永住許可に至る滞在年数が

1つの判断基準となる。

① 永住者と結婚し，在留資格を「永住者の配偶者等」へと変更するケース

・必要資料（在留資格変更許可申請）

準備する資料	日本国内で準備する書類	①パスポート　原本提示	
		②在留カード　原本提示	
		③申請人（外国人）の顔写真（縦4cm×横3cm）　1枚	※申請前3か月以内に正面から撮影された無帽，無背景で鮮明なもの ※写真の裏面に申請人の氏名を記載し，申請書の写真欄に貼付する。
		④住民税納税証明書　1通	※配偶者（永住者）のもの ※1年間の総収入，課税額及び納税額が記載されたもの ※納税証明書に総収入，課税額及び納税額の記載がない場合は，課税証明書及び納税証明書の提出が必要となる。 ※配偶者（永住者）が申請人の扶養を受けている場合などで提出できないときは，申請人の住民税の納税証明書（1年間の総収入，課税額及び納税額が記載されたもの）を提出する。
		⑤住民票の写し　1通	※配偶者（永住者）のもの ※世帯全員の記載のあるもの
		⑥スナップ写真　2～3枚	※夫婦で写っており，容姿がはっきり確認できるもの
	海外から取り寄せる書類	⑦結婚証明書　1通	※配偶者（永住者）及び申請人（外国人）の国籍国の機関から発行されたもの ※申請人に戸籍謄本が発行される場合には，2人の婚姻が記載された外国機関発行の戸籍謄本の提出でも可 ※日本の役所に届け出ている場合には，婚姻届出受理証明書を提出する。
記載する資料	定型フォームに記載する資料	⑧在留資格変更許可申請書　1通	
		⑨質問書　1通	
		⑩身元保証書　1通	※原則として配偶者（永住者）が身元保証人となる。

【添付資料についての注意点】
・官公署などから取得する提出資料は，すべて発行日から3か月以内のものを提出する。
・審査の過程において上記以外の資料が求められる可能性もある。
・提出資料が外国語で作成されている場合には，日本語訳を添付する（一部の英文書は除く）。
・提出資料は原則として返却されない。再度入手困難な資料等で返却を希望する場合には，当該資料の原本にコピーを添付し，申請時にその旨を伝えること。

　上記資料中，⑧在留資格変更許可申請書，⑨質問書，⑩身元保証書は「日本人の配偶者等」の場合と共通である。136～138頁及び113～122頁までを参照のこと。

② 「定住者」と結婚し，自らの在留資格を「定住者」へと変更するケース
・必要資料（在留資格変更許可申請）

準備する資料	日本国内で準備する資料	①パスポート　原本提示	
		②在留カード　原本提示	
		③申請人（外国人）の顔写真（縦4cm×横3cm）　1枚	※申請前3か月以内に正面から撮影された無帽，無背景で鮮明なもの ※写真の裏面に申請人の氏名を記載し，申請書の写真欄に貼付する。
		④住民税課税及び納税証明書　1通	※1年間の総収入，課税額及び納税額が記載されたもの ※1年間の総所得及び納税状況（税金を納めているかどうか）の両方が記載されている証明書であれば，いずれか一方を提出
		⑤住民票証明書　1通	※扶養者のもの
		⑥婚姻届出受理証明書　1通	※日本の役所に届け出ている場合のみ
		⑦在職証明書　1通	※扶養者が会社等に勤務している場合のみ
		⑧確定申告書の写し1通	※扶養者が自営業等である場合のみ
		⑨営業許可証の写し1通	※扶養者が自営業等であり，許可証がある場合のみ 自営業等の場合には，自ら職業等について立証しなければならない。
		⑩預貯金通帳の写し　適宜	
		⑪スナップ写真　2～3枚	※2人で写っており，容姿がはっきりと確認できるもの
	海外から取り寄せる資料	⑫結婚証明書　1通	※申請人の国籍国の機関から発行されたもの
記載する資料	定型フォームに	⑬在留資格変更許可申請書　1通	
		⑭質問書　1通	
		⑮身元保証書　1通	※原則として扶養者が身元保証人となる。

2

国籍が異なる外国人同士の結婚

185

【添付資料についての注意点】
・官公署などから取得する提出資料は，すべて発行日から3か月以内のものを提出する
・審査の過程において上記以外の資料が求められる可能性もある
・提出資料が外国語で作成されている場合には，日本語訳を添付する（一部の英文書は除く）
・提出資料は原則として返却されない。再度入手困難な資料等で返却を希望する場合には，当該資料の原本にコピーを添付し，申請時にその旨を伝えること
・「定住者」への変更に関しては，日系人の場合などの様々な状況が想定され，その都度必要資料も異なる。そのため，添付資料については申請前に必ず入国管理局に確認すること。

・記載例

※　在留資格変更許可申請については，247頁に記載の「日本人配偶者との死別により，在留資格を「日本人の配偶者等」から「定住者」へと変更する場合」と同様である。該当頁を参照のこと。

※「質問書」については113頁と同様である。該当頁を参照のこと。

③　国籍が異なる外国人と結婚し，在留資格を「家族滞在」へと変更するケース

・必要資料（在留資格変更許可申請）

準備する資料	日本国内で準備する資料	①パスポート　原本提示	
		②在留カード　原本提示	
		③申請人（外国人）の顔写真（縦4cm×横3cm）　　　1枚	※申請前3か月以内に正面から撮影された無帽，無背景で鮮明なもの ※写真の裏面に申請人の氏名を記載し，申請書の写真欄に貼付する。
		④職業及び収入を証する書面	※扶養者のもの ア　扶養者が収入を伴う事業を運営する活動，又は報酬を受ける活動を行っている場合 （i）　在職証明書又は営業許可書の写し等 　　※扶養者の職業が分かる証明書を提出する。 （ii）　住民税の課税（又は非課税）証明書，及び納税証明書 　　※1年間の総所得及び納税状況が記載されたもの 　　※1年間の総所得及び納税状況の両方が記載されている証明書であれば，いずれか一方でも可

		イ　扶養者が上記ア以外の活動を行っている場合 （i）扶養者名義の預金残高証明書，又は給付金額及び給付期間を明示した奨学金給付に関する証明書 （ii）上記(i)に準ずるもので，申請人の生活費用を支弁することができることを証するもの
海外から取り寄せる資料	⑤在留カード又はパスポートの写し	※扶養者のもの
	⑥申請人と扶養者との身分関係を証する文書	以下のいずれかの資料を提出する。 ア　戸籍謄本　　　　　　　　　　　1通 イ　婚姻届受理証明書　　　　　　　1通 ウ　結婚証明書（写し）　　　　　　1通 エ　出生証明書（写し）　　　　　　1通 オ　上記ア～オまでに準ずる文書　　適宜 ※ア，イに該当する場合は日本で準備する。
定型フォームに記載する資料	⑦在留資格変更許可申請書　　　　1通	

【添付資料についての注意点】
・官公署などから取得する提出資料は，すべて発行日から3か月以内のものを提出する。
・審査の過程において上記以外の資料が求められる可能性もある。
・提出資料が外国語で作成されている場合には，日本語訳を添付する（一部の英文書は除く）。
・提出資料は原則として返却されない。再度入手困難な資料等で返却を希望する場合には，当該資料の原本にコピーを添付し，申請時にその旨を伝えること。

記載例（在留資格変更許可申請）

別記第三十号様式（第二十条関係）

申請人等作成用 1
For applicant, part 1

日本国政府法務省
Ministry of Justice,Government of Japan

在 留 資 格 変 更 許 可 申 請 書
APPLICATION FOR CHANGE OF STATUS OF RESIDENCE

広島　　入国管理局長　殿
To the Director General of　　Regional Immigration Bureau

写 真
Photo

出入国管理及び難民認定法第20条第2項の規定に基づき、次のとおり在留資格の変更を申請します。
Pursuant to the provisions of Paragraph 2 of Article 20 of the Immigration Control and Refugee Recognition Act,
I hereby apply for a change of status of residence.

1 国 籍・地 域　インド　　　　　2 生年月日　1979 年 9 月 1 日
Nationality/Region　　　　　　　　　Date of birth　　Year　Month　Day

3 氏 名　　　該当なし　　　●●●●●●● ●●●●●● ●●●●●●●●●
Name　　Family name　　　　Given name

4 性 別　男・⦅女⦆　5 出 生 地　PANDHARAKAWDA　6 配偶者の有無　⦅有⦆・ 無
Sex　Male / Female　Place of birth　　　　　　　Marital status　Married / Single

7 職 業　　主婦　　　8 本国における居住地　NAGPUR
Occupation　　　　　　Home town/city

9 住 居 地　　広島県●●市●●区●●町1-●-●-●号　コーポ●●
Address in Japan

電話番号　　　該当なし　　　　携帯電話番号　090-XXXX-XXXX
Telephone No.　　　　　　　　Cellular phone No.

10 旅券　(1)番 号　B XXXXXXX　(2)有効期限　2017 年 3 月 6 日
Passport　Number　　　　　　Date of expiration　Year　Month　Day

11 現に有する在留資格　　技術　　　在留期間　　1年
Status of residence　　　　　　　　　Period of stay

在留期間の満了日　2017 年 3 月 1 日
Date of expiration　　　　Year　Month　Day

12 在留カード番号　　B XXXXXXXXX
Residence card number

13 希望する在留資格　　家族滞在
Desired status of residence

在留期間　　3年　　（審査の結果によって希望の期間とならない場合があります。）
Period of stay　　　　　　(It may not be as desired after examination.)

14 変更の理由　　　夫と共に日本で生活するため。
Reason for change of status of residence

15 犯罪を理由とする処分を受けたことの有無（日本国外におけるものを含む。）　Criminal record (in Japan / overseas)
有（具体的内容　　　　　　　　　　　　　　　　　　　　　）・⦅無⦆
Yes (Detail:　　　　　　　　　　　　　　　　　　　　　) / No

16 在日親族（父・母・配偶者・子・兄弟姉妹など）及び同居者
Family in Japan(Father, Mother, Spouse, Son, Daughter, Brother, Sister or others) or co-residents

続 柄 Relationship	氏 名 Name	生年月日 Date of birth	国 籍・地 域 Nationality/Region	同 居 Residing with applicant or not	勤務先・通学先 Place of employment/ school	在 留 カ ー ド 番 号 特別永住者証明書番号 Residence card number Special Permanent Resident Certificate number
夫	●●●●●●●●●●● ●●●●●	1975. 8. 1	インド	⦅はい⦆・いいえ Yes / No	●●●●●●●株式会社	B XXXXXXXXX
息子	●●●●●●● ●●●●	2012. 12. 12	インド	⦅はい⦆・いいえ Yes / No	該当なし	K XXXXXXXX
夫の弟	●●●●●● ●●●●●●●●	1975. 8. 1	日本	はい・⦅いいえ⦆ Yes / No	個人事業主	該当なし
				はい・いいえ Yes / No		
				はい・いいえ Yes / No		
				はい・いいえ Yes / No		

※ 16については、記載欄が不足する場合は別紙に記入して添付すること。なお、「研修」、「技能実習」に係る申請の場合は記載不要です。
Regarding item 16, if there is not enough space in the given columns to write in all of your family in Japan, fill in and attach a separate sheet.
In addition, take note that you are not required to fill in item 16 for applications pertaining to "Trainee" or "Technical Intern Training".

（注）裏面参照の上、申請に必要な書類を作成して下さい。　Note : Please fill in forms required for application. (See notes on reverse side.)

188

申請人等作成用 2　　T（「日本人の配偶者等」・「永住者の配偶者等」・「定住者」）　　在留期間更新・在留資格変更用
For applicant, part 2 T ("Spouse or Child of Japanese National" / "Spouse or Child of Permanent Resident" / "Long Term Resident")　　For extension or change of status

17　身分又は地位　　Personal relationship or status

- ☐ 日本人の配偶者　　　　　　　☐ 日本人の実子　　　　　　　　☐ 日本人の特別養子
  Spouse of Japanese national　　Biological child of Japanese national　　Child adopted by Japanese nationals in accordance with the provisions of Article 817-2 of the Civil Code (Law No.89 of 1896)

- ☐ 永住者又は特別永住者の配偶者　　　　　　☐ 永住者又は特別永住者の実子
  Spouse of Permanent Resident or Special Permanent Resident　　Biological child of Permanent Resident or Special Permanent Resident

- ☐ 日本人の実子の実子　　　　　　　　　　☐ 日本人の実子又は「定住者」の配偶者
  Biological child of biological child of Japanese national　　Spouse of biological child of Japanese national or "Long Term Resident"

- ☐ 日本人・永住者・特別永住者・日本人の配偶者・永住者の配偶者又は「定住者」の未成年で未婚の実子
  Biological child who is a minor of Japanese,"Permanent Resident","Special Permanent Resident", Spouse of Japanese national, Spouse of Permanent Resident or "Long Term Resident"

- ☐ 日本人・永住者・特別永住者又は「定住者」の6歳未満の養子
  Adopted child who is under 6 years old of Japanese,"Permanent Resident","Special Permanent Resident" or "Long Term Resident"

- ☐ その他（　　　　　　　　　　　　　　　　　　　　　　　　　　　　　　　）
  Others

18　婚姻, 出生又は縁組の届出先及び届出年月日　　Authorities where marriage, birth or adoption was registered and date of registration

(1)日本国届出先　　　該当なし　　　　　　届出年月日　　該当なし 年　該当なし 月　該当なし 日
Japanese authorities　　　　　　　　　　　Date of registration　　Year　　Month　　Day

(2)本国等届出先　　Registrar of Marriage, Nagpur　　届出年月日　　2014 年　11 月　15 日
Foreign authorities　　　　　　　　　　　　　Date of registration　　Year　　Month　　Day

19　申請人の勤務先等　　Place of employment or organization to which the applicant belongs

(1)名称　　　　　　　　　　　　　　　　支店・事業所名
Name　　　　　　　　　　　　　　　　Name of branch

(2)所在地　　　　　　　　　　　　　　　電話番号
Address　　　　　　　　　　　　　　　Telephone No.

(3)年 収　　　　　　　　　円
Annual income　　　　　　Yen

20　滞在費支弁方法　　Method of support to pay for expenses while in Japan

(1)支弁方法及び月平均支弁額　　Method of support and an amount of support per month (average)

- ☐ 本人負担　　　　　　　　　円　　☐ 在外経費支弁者負担　　　　　　　　円
  Self　　　　　　　　　　　　Yen　　Supporter living abroad　　　　　　　Yen

- ☐ 在日経費支弁者負担　　　　円　　☐ 身元保証人　　　　　　　　　　　　円
  Supporter in Japan　　　　　　Yen　　Guarantor　　　　　　　　　　　　Yen

- ☐ その他　　　　　　　　　　円
  Others　　　　　　　　　　　Yen

(2)送金・携行等の別　　Remittances from abroad or carrying cash

- ☐ 外国からの携行　　　　　　円　　☐ 外国からの送金　　　　　　　　　　円
  Carrying from abroad　　　　　Yen　　Remittances from abroad　　　　　　Yen

  （携行者　　　　　　　　　　携行時期　　　　　　　　）☐ その他　　　　円
  Name of the individual　　　　Date and time of　　　　　　　　　Others　　　Yen
  carrying cash　　　　　　　　carrying cash

(3)経費支弁者（後記21と異なる場合に記入）　　Supporter (Fill in the following in cases where different person other than that given in 21 below.)

①氏 名
Name

②住 所　　　　　　　　　　　　　　　　　電話番号
Address　　　　　　　　　　　　　　　　Telephone No.

③職業（勤務先の名称）　　　　　　　　　　電話番号
Place of employment　　　　　　　　　　Telephone No.

④年 収　　　　　　　　　円
Annual income　　　　　　Yen

2

国籍が異なる外国人同士の結婚

189

申請人等作成用 3　　T （「日本人の配偶者等」・「永住者の配偶者等」・「定住者」）　　在留期間更新・在留資格変更用
For applicant, part 3 T ("Spouse or Child of Japanese National" / "Spouse or Child of Permanent Resident" / "Long Term Resident")　　For extension or change of status

21　扶養者（申請人が扶養を受ける場合に記入）　Supporter (Fill in the followings when the applicant is being supported)
　　(1)氏　　名
　　　　Name　　　　　　_____
　　(2)生年月日　　　　　　　　　　年　　　　　　月　　　　　　日　　(3)国 籍・地 域
　　　　Date of birth　　　　　　Year　　　　Month　　　Day　　　Nationality/Region　_____
　　(4)在留カード番号 / 特別永住者証明書番号
　　　　Residence card number / Special Permanent Resident Certificate number
　　(5)在留資格　　　　　　　　　　　　　　　　　(6)在留期間
　　　　Status of residence　　　　　　　　　　　Period of stay
　　(7)在留期間の満了日　　　　　　　　年　　　　　　月　　　　　　日
　　　　Date of expiration　　　　　　Year　　　　Month　　　Day
　　(8)申請人との関係（続柄）　Relationship with the applicant
　　　　□ 夫　　　　　　　□ 妻　　　　　　　□ 父　　　　　　　□ 母
　　　　　Husband　　　　　　Wife　　　　　　　Father　　　　　　Mother
　　　　□ 養父　　　　　　□ 養母　　　　　　□ その他 （　　　　　　　　　　　　　　　　　　　）
　　　　　Foster father　　　Foster mother　　　Others
　　(9)勤務先名称　　　　　　　　　　　　　　　　　支店・事業所名
　　　　Place of employment　　　　　　　　　　　Name of branch
　　(10)勤務先所在地　　　　　　　　　　　　　　　　電話番号
　　　　Address　　　　　　　　　　　　　　　　　　Telephone No.
　　(11)年　収　　　　　　　　　　　　　円
　　　　Annual income　　　　　　　　　　Yen
22　在日身元保証人又は連絡先　Guarantor or contact in Japan
　　(1)氏　　名　　　　　　　　　　　　　　　　　(2)職　業
　　　　Name　　　　　　　　　　　　　　　　　　Occupation
　　(3)住　　所
　　　　Address
　　　　電話番号　　　　　　　　　　　　　　　　　携帯電話番号
　　　　Telephone No.　　　　　　　　　　　　　　Cellular Phone No.
23　代理人（法定代理人による申請の場合に記入）　Legal representative (in case of legal representative)
　　(1)氏　　名　　　　　　　　　　　　　　　　　(2)本人との関係
　　　　Name　　　　　　　　　　　　　　　　　　Relationship with the applicant
　　(3)住　　所
　　　　Address
　　　　電話番号　　　　　　　　　　　　　　　　　携帯電話番号
　　　　Telephone No.　　　　　　　　　　　　　　Cellular Phone No.

以上の記載内容は事実と相違ありません。　　　I hereby declare that the statement given above is true and correct.
申請人（法定代理人）の署名／申請書作成年月日　Signature of the applicant (legal representative) / Date of filling in this form

●●●●●●●●●　●●●●●●●●●●●●●　　　年　　　　　　月　　　　　　日
　　　　　　　　　　　　　　　　　　　　　　　　　　　Year　　　　Month　　　Day

注意　Attention
申請書作成後申請までに記載内容に変更が生じた場合，申請人（法定代理人）が変更箇所を訂正し，署名すること。
In cases where descriptions have changed after filling in this application form up until submission of this application, the applicant (legal representative)
must correct the part concerned and sign their name.

※　取次者　　Agent or other authorized person
　　(1)氏　名　　　　佐野　誠　　　　　　　　(2)住　所　　東京都千代田区平河町２−６−１
　　　　Name　　　　　　　　　　　　　　　　　　Address　　平河町ビル８階
　　(3)所属機関等（親族等については，本人との関係）　　　　　　　　電話番号
　　　　Organization to which the agent belongs (in case of a relative, relationship with the applicant)　　Telephone No.

　　　　　　行政書士法人ACROSEED　　　　　　　　　　　　　　03−6905−6370

扶養者等作成用 1　　R　（「家族滞在」・「特定活動（ハ）」・「特定活動（EPA家族）」）

For supporter, part 1 R ("Dependent" / "Designated Activities(c)" / "Dependent who intends to live with his or her supporter whose status is Designated Activities(EPA Nurse/ EPA Certified Careworker)")

在留期間更新・在留資格変更用
For extension or change of status

1　扶養している家族（申請人）の氏名及び外国人登録証明書番号
　Name and alien registration certificate number of the foreigner to be supported (applicant)

(1)氏　名　●●●●●●　●●●●●●　●●●●●●●●●
　Name

(2)外国人登録証明書番号　　　　B　××××××××××
　Alien registration certificate number

2　扶養者　Supporter

(1)氏　名　●●●●●●●　●●●●●●●●●　●●●●●●●●●
　Name

(2)生年月日　1975 年　8 月　1 日　(3)国　籍　　インド
　Date of birth　Year　Month　Day　Nationality

(4)外国人登録証明書番号　　　　B　××××××××××
　Alien registration certificate number

(5)在留資格　　家族滞在　　(6)在留期間　　　　1年
　Status of residence　　　Period of stay

(7)在留期限　2016 年　4 月　1 日
　Date of expiration　Year　Month　Day

(8)申請人との関係（続柄）　Relationship with the applicant
　☑ 夫　　　□ 妻　　　□ 父　　　□ 母
　Husband　Wife　Father　Mother
　□ 養父　　□ 養母　　□ その他　（　　　　　　　）
　Foster father　Foster mother　Others

(9)勤務先名称　●●●●株式会社　支店・事業所名　同左
　Place of employment　　　　Name of branch

(10)勤務先所在地　　広島市●●区●●1－●－●－●
　Address

　電話番号　082－××××－××××
　Telephone No.

(11)年　収　　約360万　円
　Annual income　　　　Yen

以上の記載内容は事実と相違ありません。 I hereby declare that the statement given above is true and correct.
扶養者又は身元保証人の署名及び押印
Signature and seal of supporter or guarantor

●●●●●●　●●●●●●●●●　●●●●●●●●●　年　月　日　印
　　　　　　　　　　　　　　　　　　　　　　Year　Month　Day　Seal

2

国籍が異なる外国人同士の結婚

191

3 結婚後の在留手続

❶ 在留期間更新許可

在留期間更新許可の概要は100頁に記したが，その許可要件としては以下のようなものが公表されている（一部抜粋）。なお，この許可要件は在留資格変更についても同様である。

● 一般原則

次に掲げる要件のいずれにも適合すると認められる場合に許可する。

1 行おうとする活動が申請に係る入管法別表に掲げる在留資格に該当すること

申請人である外国人が行おうとする活動が，「外交」，「公用」，「教授」，「芸術」，「宗教」，「報道」，「高度専門職」，「経営・管理」，「法律・会計業務」，「医療」，「研究」，「教育」，「技術・人文知識・国際業務」，「企業内転勤」，「介護」，「興行」，「技能」，「技能実習」，「文化活動」，「短期滞在」，「留学」，「研修」，「家族滞在」，「特定活動」の在留資格については同表の下欄に掲げる活動，「永住者」，「日本人の配偶者等」，「永住者の配偶者等」，「定住者」の在留資格については同表の下欄に掲げる身分又は地位を有する者としての活動であることが必要となる。

2 法務省令で定める上陸許可基準等に適合していること

法務省令で定める上陸許可基準は，外国人が日本に入国する際の上陸審査の基準であるが，「高度専門職」，「経営・管理」，「法律・会計業務」，「医療」，「研究」，「教育」，「技術・人文知識・国際業務」，「企業内転勤」，「介護」，「興行」，「技能」，「技能実習」，「留学」，「研修」，「家族滞在」，「特定活動」の在留資格の下欄に掲げる活動を行おうとする者については，在留資格変更及び在留期間更新に当たっても，原則として上陸許可基準に適合していることが求められる。

また，在留資格「特定活動」については「出入国管理及び難民認定法第7条第1項第2号の規定に基づき同法別表第一の五の表の下欄に掲げる活動を定める件」（特定活動告示）に該当するとして，在留資格「定住者」については「出入国管理及び難民認定法第7条第1項第2号の規定に基づき同法別表第二の定住者の項の下欄に掲げる地位を定める件」（定住者告示）に該当するとして，上陸を許可され在留している場合は，原則として引き続き同告示に定める要件に該当することを要す。

ただし，申請人の年齢や扶養を受けていること等の要件については，年齢を重ねたり，扶養を受ける状況が消滅する等，日本入国後の事情の変更により，適合しなくなることがあるが，このことにより直ちに在留期間更新が不許可となるものではない。

3　素行が不良でないこと

素行については，善良であることが前提となり，良好でない場合には消極的な要素として評価され，具体的には，退去強制事由に準ずるような刑事処分を受けた行為，不法就労をあっせんするなど出入国管理行政上看過することのできない行為を行った場合は，素行が不良であると判断されることとなる。

4　独立の生計を営むに足りる資産又は技能を有すること

申請人の生活状況として，日常生活において公共の負担となっておらず，かつ，その有する資産又は技能等から見て将来において安定した生活が見込まれること（世帯単位で認められれば足る。）が求められるが，仮に公共の負担となっている場合であっても，在留を認めるべき人道上の理由が認められる場合には，その理由を十分勘案して判断することとなる。

5　雇用・労働条件が適正であること

我が国で就労している（しようとする）場合には，アルバイトを含めその雇用・労働条件が，労働関係法規に適合していることが必要である。

なお，労働関係法規違反により勧告等が行われたことが判明した場合は，通常，申請人である外国人に責はないため，この点を十分に勘案して

判断することとなる。

6　納税義務を履行していること

　　納税の義務がある場合には，当該納税義務を履行していることが求められ，納税義務を履行していない場合には消極的な要素として評価される。例えば，納税義務の不履行により刑を受けている場合は，納税義務を履行していないと判断される。

　　なお，刑を受けていなくても，高額の未納や長期間の未納などが判明した場合も，悪質なものについては同様に取り扱われる。

7　入管法に定める届出等の義務を履行していること

　　入管法上の在留資格をもって日本に中長期間在留する外国人は，入管法第19条の7から第19条の13まで，第19条の15及び第19条の16に規定する在留カードの記載事項に係る届出，在留カードの有効期間更新申請，紛失等による在留カードの再交付申請，在留カードの返納，所属機関等に関する届出などの義務を履行していることが必要である。

〈中長期在留者の範囲〉

　　入管法上の在留資格をもって我が国に中長期間在留する外国人で，次の①～⑤のいずれにも該当しない人

　　①　「3か月」以下の在留期間が決定された人

　　②　「短期滞在」の在留資格が決定された人

　　③　「外交」又は「公用」の在留資格が決定された人

　　④　①～③の外国人に準じるものとして法務省令で定める人

　　⑤　特別永住者

なお，在留期間の更新及び在留資格の変更の法律上の許可の要件は，「上記1の要件に適合すること」及び「変更又は更新を適当と認めるに足りる相当の理由があること」とされている。そのため，2の要件に適合しない場合でも特例として許可されることがあり，3～7の要件に適合することは相当性の要件として求められている。

　　さらに，3～7の要件以外にも在留状況が好ましくない場合には，相当性

を理由に不許可となることもある。それとは逆に3～7の要件に適合しない場合でも，人道上その他特な理由がある場合には相当性があるものとして許可される場合もある。

　一般的な在留資格は，在留期限が切れる日の3か月前から在留期間更新許可の申請が受け付けられ，更新許可の手数料は4,000円である。

① 日本人の配偶者が，在留資格「日本人の配偶者等」を更新するケース
・必要資料（在留期間更新許可申請）

準備する資料	①パスポート　原本提示	
	②在留カード　原本提示	
	③申請人（外国人）の顔写真（縦4cm×横3cm）　　　　　　1枚	※申請前3か月以内に正面から撮影された無帽，無背景で鮮明なもの ※写真の裏面に申請人の氏名を記載し，申請書の写真欄に貼付する。
	④戸籍謄本　　　1通	※配偶者（日本人）のもの ※戸籍謄本に婚姻事実の記載があるもの
	⑤住民税納税証明書　　　1通	※配偶者（日本人）のもの ※1年間の総収入，課税額及び納税額が記載されたもの ※納税証明書に総収入，課税額及び納税額の記載がない場合は，課税証明書及び納税証明書の提出が必要となる。 ※配偶者（日本人）が申請人の扶養を受けている場合などで提出できないときは，申請人の住民税の納税証明書（1年間の総収入，課税額及び納税額が記載されたもの）を提出する。
	⑥住民票の写し　　　1通	※配偶者（日本人）のもの ※世帯全員の記載のあるもの
定型フォームに記載する資料	⑦在留期間更新許可申請書　　　1通	
	⑧身元保証書　　　1通	※原則として配偶者（日本人）が身元保証人となる。
【添付資料についての注意点】 ・官公署などから取得する提出資料は，すべて発行日から3か月以内のものを提出する。 ・審査の過程において上記以外の資料が求められる可能性もある。 ・提出資料が外国語で作成されている場合には，日本語訳を添付する（一部の英文書は除く）。 ・提出資料は原則として返却されない。再度入手困難な資料等で返却を希望する場合には，当該資料の原本にコピーを添付し，申請時にその旨を伝えること。		

記載例（在留期間更新許可申請）

別記第三十号の二様式（第二十一条関係）
申請人等作成用 1
For applicant, part1

日本国政府法務省
Ministry of Justice,Government of Japan

在 留 期 間 更 新 許 可 申 請 書
APPLICATION FOR EXTENSION OF PERIOD OF STAY

東京　入国管理局長　殿
To the Director General of　　Regional Immigration Bureau

写 真
Photo

出入国管理及び難民認定法第21条第2項の規定に基づき、次のとおり在留期間の更新を申請します。
Pursuant to the provisions of Paragraph 2 of Article 21 of the Immigration Control and Refugee Recognition Act,
I hereby apply for extension of period of stay.

1 国 籍・地 域　　カナダ
　 Nationality/Region

2 生年月日　1979 年　4 月　1 日
　 Date of birth　Year　Month　Day

Family name　　　　Given name

3 氏 名　　該当なし　●●●●●●● ●●●●● ●●●●●●
　 Name

4 性 別　（男）・女
　 Sex　Male / Female

5 出生地　日本
　 Place of birth

6 配偶者の有無　（有）・ 無
　 Marital status　Married / Single

7 職 業　　会社役員
　 Occupation

8 本国における居住地
　 Home town/city　　Richmond BC, Canada

9 住居地　　東京都●●区●●町1番●-●号
　 Address in Japan

電話番号　03-XXXX-XXXX
Telephone No.

携帯電話番号　080-XXXX-XXXX
Cellular phone No.

10 旅券　(1)番 号　BAXXXXXX
　　 Passport　Number

(2)有効期限　2020 年　9 月　18 日
Date of expiration　Year　Month　Day

11 現に有する在留資格　日本人の配偶者等
　　 Status of residence

在留期間　3年
Period of stay

在留期間の満了日　2016 年　5 月　1 日
Date of expiration　Year　Month　Day

12 在留カード番号　B 第XXXXXXXX号
　　 Residence card number

13 希望する在留期間　3年
　　 Desired length of extension

（審査の結果によって希望の期間とならない場合があります。）
(It may not be as desired after examination.)

14 更新の理由　引き続き家族と日本で生活するため、この度の申請に至りました。
　　 Reason for extension

15 犯罪を理由とする処分を受けたことの有無（日本国外におけるものを含む。）　Criminal record (in Japan / overseas)
　　 有（具体的内容　　　　　　　　　　　　　　　　　　　　　　　　　　　　　　）・（無）
　　 Yes (Detail:　　　　　　　　　　　　　　　　　　　　　　　　　　　　　　　) / No

16 在日親族（父・母・配偶者・子・兄弟姉妹など）及び同居者
　　 Family in Japan(Father, Mother, Spouse, Son, Daughter, Brother, Sister or others) or co-residents

続 柄 Relationship	氏 名 Name	生年月日 Date of birth	国籍・地域 Nationality/Region	同 居 Residing with applicant or not	勤務先・通学先 Place of employment/ school	在 留 カ ー ド 番 号 特別永住者証明書番号 Residence card number Special Permanent Resident Certificate number
妻	●●●● 真理	1978.1.1	日本	（はい）いいえ Yes / No	株式会社●●●●	該当なし
長女	●●●● 宏美 ●●●●●	2009.10.1	日本	（はい）いいえ Yes / No	●●区立●●小学校	該当なし
長男	●●●● ●●●● 一男	2012.4.1	日本	（はい）いいえ Yes / No	●●幼稚園	該当なし
義父	丙野 健太	1952.10.25	日本	はい（いいえ） Yes / No	株式会社●●●●	該当なし
父	●●●●●●●	1948.1.1	カナダ	はい（いいえ） Yes / No	●●インターナショナル	B 第XXXXXXXX号
母	●●●●●●●	1952.10.17	カナダ	はい（いいえ） Yes / No	●●インターナショナル	B 第XXXXXXXX号

※ 16については、記載欄が不足する場合は別紙に記入して添付すること。なお、「研修」、「技能実習」に係る申請の場合は記載不要です。
Regarding item 16, if there is not enough space in the given columns to write in all of your family in Japan, fill in and attach a separate sheet.
In addition, take note that you are not required to fill in item 16 for applications pertaining to "Trainee" or "Technical Intern Training".

(注) 裏面参照の上、申請に必要な書類を作成して下さい。　Note : Please fill in forms required for application. (See notes on reverse side.)

申請人等作成用 2　　T（「日本人の配偶者等」・「永住者の配偶者等」・「定住者」）　　在留期間更新・在留資格変更用
For applicant, part 2　T ("Spouse or Child of Japanese National" / "Spouse or Child of Permanent Resident" / "Long Term Resident")　　For extension or change of status

17　身分又は地位　　Personal relationship or status

☑ 日本人の配偶者　　　　　　　□ 日本人の実子　　　　　　　　　□ 日本人の特別養子
　　Spouse of Japanese national　　　 Biological child of Japanese national　　　Child adopted by Japanese nationals in accordance with the provisions
　　　　　　　　　　　　　　　　　　　　　　　　　　　　　　　　　　 of Article 817-2 of the Civil Code (Law No.89 of 1896)

□ 永住者又は特別永住者の配偶者　　　　　　　　□ 永住者又は特別永住者の実子
　　Spouse of Permanent Resident or Special Permanent Resident　　　Biological child of Permanent Resident or Special Permanent Resident

□ 日本人の実子の実子　　　　　　　　　　　　　　□ 日本人の実子又は「定住者」の配偶者
　　Biological child of biological child of Japanese national　　　　　Spouse of biological child of Japanese national or "Long Term Resident"

□ 日本人・永住者・特別永住者・日本人の配偶者・永住者の配偶者又は「定住者」の未成年で未婚の実子
　　Biological child who is a minor of Japanese,"Permanent Resident","Special Permanent Resident", Spouse of Japanese national,
　　Spouse of Permanent Resident or "Long Term Resident"

□ 日本人・永住者・特別永住者又は「定住者」の6歳未満の養子
　　Adopted child who is under 6 years old of Japanese,"Permanent Resident","Special Permanent Resident" or "Long Term Resident"

□ その他(　　　)
　　Others

18　婚姻，出生又は縁組の届出先及び届出年月日　　Authorities where marriage, birth or adoption was registered and date of registration

(1)日本国届出先 Japanese authorities	千葉県●●市役所	届出年月日 Date of registration	2007 年 Year	4 月 Month	1 日 Day
(2)本国等届出先 Foreign authorities	該当なし	届出年月日 Date of registration	年 Year	月 Month	日 Day

19　申請人の勤務先等　　Place of employment or organization to which the applicant belongs

(1)名称 Name	株式会社●●●●	支店・事業所名 Name of branch	本店
(2)所在地 Address	東京都●●区●●町1番地●　●●ビル●号	電話番号 Telephone No.	03-XXXX-XXXX
(3)年 収 Annual income	13,200,000　円 　　　　　　　Yen		

20　滞在費支弁方法　Method of support to pay for expenses while in Japan

(1)支弁方法及び月平均支弁額　　Method of support and an amount of support per month (average)

☑ 本人負担　　　　　　　　　　　円　　□ 在外経費支弁者負担　　　　　　　　　円
　　Self　　　　　　　　　　　　　Yen　　　Supporter living abroad　　　　　　　　Yen

□ 在日経費支弁者負担　　　　　　円　　□ 身元保証人　　　　　　　　　　　　　円
　　Supporter in Japan　　　　　　Yen　　　Guarantor　　　　　　　　　　　　　Yen

□ その他　　　　　　　　　　　　円
　　Others　　　　　　　　　　　Yen

(2)送金・携行等の別　Remittances from abroad or carrying cash

□ 外国からの携行　　　　　　　　円　　□ 外国からの送金　　　　　　　　　　　円
　　Carrying from abroad　　　　　Yen　　　Remittances from abroad　　　　　　　Yen

（携行者　　　　　　　　　　携行時期　　　　　　　　 ）□ その他　　　　　　　　円
　　Name of the individual　　　　　　Date and time of　　　　　　　　　Others　　　　　　　　Yen
　　carrying cash　　　　　　　　　　carrying cash

(3)経費支弁者(後記21と異なる場合に記入)　　Supporter (Fill in the following in cases where different person other than that given in 21 below.)

①氏 名
　Name

②住 所　　　　　　　　　　　　　　　　　　　　　　電話番号
　Address　　　　　　　　　　　　　　　　　　　　　Telephone No.

③職業（勤務先の名称）　　　　　　　　　　　　　　 電話番号
　Place of employment　　　　　　　　　　　　　　　Telephone No.

④年 収　　　　　　　　円
　Annual income　　　　　Yen

3

結婚後の在留手続

申請人等作成用 3　T （「日本人の配偶者等」・「永住者の配偶者等」・「定住者」）　　在留期間更新・在留資格変更用
For applicant, part 3 T ("Spouse or Child of Japanese National" / "Spouse or Child of Permanent Resident" / "Long Term Resident")　　For extension or change of status´

21 扶養者（申請人が扶養を受ける場合に記入）　Supporter (Fill in the followings when the applicant is being supported)
(1)氏　名
　　Name　＿＿＿＿＿＿＿＿＿＿＿＿＿＿＿＿＿＿＿＿＿＿

(2)生年月日　　　　　　　　　　　年　　　　　月　　　　　日　　(3)国 籍・地 域
　　Date of birth　　　　　　　　　Year　　　Month　　　Day　　Nationality/Region　＿＿＿＿＿＿＿＿＿＿＿

(4)在留カード番号 / 特別永住者証明書番号
　　Residence card number / Special Permanent Resident Certificate number　＿＿＿＿＿＿＿＿＿＿＿＿＿＿

(5)在留資格　　　　　　　　　　　　　　　　　　　　(6)在留期間
　　Status of residence　　　　　　　　　　　　　　　　Period of stay

(7)在留期間の満了日　　　　　　　年　　　　　月　　　　　日
　　Date of expiration　　　　　　　Year　　　Month　　　Day

(8)申請人との関係（続柄）　Relationship with the applicant
　　□ 夫　　　　　　　□ 妻　　　　　　　□ 父　　　　　　　□ 母
　　　 Husband　　　　　 Wife　　　　　　 Father　　　　　　 Mother
　　□ 養父　　　　　　□ 養母　　　　　　□ その他（　　　　　　　　　　　　　　　　　　　　　　　）
　　　 Foster father　　 Foster mother　　 Others

(9)勤務先名称　　　　　　　　　　　　　　　　　　　　支店・事業所名
　　Place of employment　　　　　　　　　　　　　　　Name of branch

(10)勤務先所在地　　　　　　　　　　　　　　　　　　電話番号
　　 Address　　　　　　　　　　　　　　　　　　　　Telephone No.

(11)年 収　　　　　　　　　　　　　　　円
　　 Annual income　　　　　　　　　　　　Yen

22 在日身元保証人又は連絡先　Guarantor or contact in Japan
(1)氏　名　　　　　　　　　●●●● 真理　　　(2)職　業　　　　会社役員
　　Name　　　　　　　　　　　　　　　　　　　　Occupation

(3)住　所　　　　東京都●●区●●町1番●-●号
　　Address

　　電話番号　　　　03-XXXX-XXXX　　　　携帯電話番号
　　Telephone No.　　　　　　　　　　　　　Cellular Phone No.

23 代理人（法定代理人による申請の場合に記入）　Legal representative (in case of legal representative)
(1)氏　名　　　　　　　　　　　　　　　　　　　(2)本人との関係
　　Name　　　　　　　　　　　　　　　　　　　Relationship with the applicant

(3)住　所
　　Address

　　電話番号　　　　　　　　　　　　　　　　携帯電話番号
　　Telephone No.　　　　　　　　　　　　　Cellular Phone No.

以上の記載内容は事実と相違ありません。　　I hereby declare that the statement given above is true and correct.
申請人（法定代理人）の署名／申請書作成年月日　　Signature of the applicant (legal representative) / Date of filling in this form

　　　　　　　　　　　　　　　　　　　　　　　年　　　　　月　　　　　日
　　　　　　　　　　　　　　　　　　　　　　Year　　　Month　　　Day

注意　Attention
申請書作成後申請までに記載内容に変更が生じた場合，申請人（法定代理人）が変更箇所を訂正し，署名すること。
In cases where descriptions have changed after filling in this application form up until submission of this application, the applicant (legal representative) must correct the part concerned and sign their name.

※ 取次者　　Agent or other authorized person
(1)氏　名　　　　　　　　　　　　　　　　　　(2)住　所
　　Name　　　　　　　　　　　　　　　　　　Address

(3)所属機関等（親族等については，本人との関係）　　　　　　電話番号
　　Organization to which the agent belongs (in case of a relative, relationship with the applicant)　　Telephone No.

② 永住者の配偶者が，在留資格「永住者の配偶者等」を更新するケース

・必要資料（在留期間更新許可申請）

準備する資料	①パスポート　原本提示	
	②在留カード　原本提示	
	③申請人（外国人）の顔写真（縦4cm×横3cm）　　　　　　　1枚	※申請前3か月以内に正面から撮影された無帽，無背景で鮮明なもの ※写真の裏面に申請人の氏名を記載し，申請書の写真欄に貼付する。
	④住民票	※配偶者（永住者）のもの ※世帯全員のもの
	⑤戸籍謄本・健康保険証など　　　　1通	※配偶者（永住者）のもの ※申請人との婚姻活動が継続していることが確認できるもの
	⑥住民税納税証明書　　　　　　　1通	※配偶者（永住者）のもの ※1年間の総収入，課税額及び納税額が記載されたもの ※納税証明書に総収入，課税額及び納税額の記載がない場合は，課税証明書及び納税証明書の提出が必要となる。 ※配偶者（永住者）が申請人の扶養を受けている場合などで提出できないときは，申請人の住民税の納税証明書（1年間の総収入，課税額及び納税額が記載されたもの）を提出する。
定型フォームに記載する資料	⑦在留期間更新許可申請書　　　　1通	
	⑧身元保証書　　　　　　1通	※原則として配偶者（日本人）が身元保証人となる。

・官公署などから取得する提出資料は，すべて発行日から3か月以内のものを提出する。
・審査の過程において上記以外の資料が求められる可能性もある。
・提出資料が外国語で作成されている場合には，日本語訳を添付する（一部の英文書は除く）。
・提出資料は原則として返却されない。再度入手困難な資料等で返却を希望する場合には，当該資料の原本にコピーを添付し，申請時にその旨を伝えること。

・記載例

　上記資料中，⑦在留期間更新許可申請書，⑧身元保証書は「日本人の配偶者等」の場合と共通である。196～198頁，及び122頁を参照のこと。

③ 国籍が異なる外国人と結婚し，在留資格「家族滞在」の在留期間を更新
するケース

・必要資料（在留期間更新許可申請）

準備する資料	①パスポート　原本提示	
	②在留カード　原本提示	※申請取次の場合には，外国人登録証明書の表・裏のコピーを提出
	③申請人（外国人）の顔写真（縦4cm×横3cm）　1枚	※申請前3か月以内に正面から撮影された無帽，無背景で鮮明なもの ※写真の裏面に申請人の氏名を記載し，申請書の写真欄に貼付する。
	④申請人と扶養者との身分関係を証する文書	※以下のいずれかを提出 ア　戸籍謄本　　　　　　　　　　1通 イ　婚姻届受理証明書　　　　　　1通 ウ　結婚証明書（写し）　　　　　1通 エ　出生証明書（写し）　　　　　1通 オ　上記ア〜エまでに準ずる文書　適宜
	⑤在留カード及びパスポートの写し	※扶養者のもの
	⑥職業及び収入を証する文書	※扶養者のもの ア　扶養者が収入を伴う事業を運営する活動，又は報酬を受ける活動を行っている場合 　(i)　在職証明書又は営業許可書の写し等 　　※扶養者の職業がわかる証明書を提出する。 　(ii)　住民税の課税（又は非課税）証明書，及び納税証明書 　　※1年間の総所得及び納税状況が記載されたもの 　　※1年間の総所得及び納税状況の両方が記載されている証明書であれば，いずれか一方でも可 イ　扶養者が上記ア以外の活動を行っている場合 　(i)　扶養者名義の預金残高証明書，又は給付金額及び給付期間を明示した奨学金給付に関する証明書 　(ii)　上記(i)に準ずるもので，申請人の生活費用を支弁することができることを証するもの
定型フォームに記載する資料	⑦在留期間更新許可申請書　　　　　　1通	

【添付資料についての注意点】
・官公署などから取得する提出資料は，すべて発行日から3か月以内のものを提出する。
・審査の過程において上記以外の資料が求められる可能性もある。
・提出資料が外国語で作成されている場合には，日本語訳を添付する（一部の英文書は除く）。
・提出資料は原則として返却されない。再度入手困難な資料等で返却を希望する場合には，当該資料の原本にコピーを添付し，申請時にその旨を伝えること。

記載例（在留期間更新許可申請）

別記第三十号の二様式（第二十一条関係）
申請人等作成用 1
For applicant, part1

日本国政府法務省
Ministry of Justice,Government of Japan

在 留 期 間 更 新 許 可 申 請 書
APPLICATION FOR EXTENSION OF PERIOD OF STAY

東京　入国管理局長　殿
To the Director General of　Regional Immigration Bureau

写 真
Photo

出入国管理及び難民認定法第21条第2項の規定に基づき，次のとおり在留期間の更新を申請します。
Pursuant to the provisions of Paragraph 2 of Article 21 of the Immigration Control and Refugee Recognition Act,
I hereby apply for extension of period of stay.

1 国 籍・地 域　中国　　　　2 生年月日　1979 年 7 月 1 日
Nationality/Region　　　　　　Date of birth　　Year　Month　Day

　　　　　　　Family name　　　　　Given name
3 氏 名　● 華　　●●●● HUA
Name

4 性 別　(男)・女　5 出生地　山東省　　6 配偶者の有無　(有)・無
Sex　Male/Female　Place of birth　　　Marital status　Married / Single

7 職 業　アルバイト　8 本国における居住地　山東省
Occupation　　　　Home town/city

9 住居地　千葉県●●市●●1-●
Address in Japan

電話番号　0471-XX-XXXX　　携帯電話番号　該当なし
Telephone No.　　　　　　Cellular phone No.

10 旅券　(1)番 号　GXXXXXXXX　(2)有効期限　2025 年 5 月 1 日
Passport　Number　　　Date of expiration　Year　Month　Day

11 現に有する在留資格　家族滞在　　在留期間　1年
Status of residence　　　　　Period of stay

在留期間の満了日　2016 年 8 月 5 日
Date of expiration　Year　Month　Day

12 在留カード番号　B 第XXXXXXXXX号
Residence card number

13 希望する在留期間　3年　（審査の結果によって希望の期間とならない場合があります。）
Desired length of extension　　（It may not be as desired after examination.)

14 更新の理由　引き続き，妻"陳●●"と共に日本で生活するため
Reason for extension

15 犯罪を理由とする処分を受けたことの有無（日本国外におけるものを含む。）　Criminal record (in Japan / overseas)
有（具体的内容　　　　　　　　　　　　　　　　　　　　　　） ・ (無)
Yes (Detail:　　　　　　　　　　　　　　　　　　　　　） / No

16 在日親族（父・母・配偶者・子・兄弟姉妹など）及び同居者
Family in Japan(Father, Mother, Spouse, Son, Daughter, Brother, Sister or others) or co-residents

続 柄	氏 名	生年月日	国籍・地域	同 居	勤務先・通学先	在 留 カ ー ド 番 号 特別永住者証明書番号
Relationship	Name	Date of birth	Nationality/Region	Residing with applicant or not	Place of employment/ school	Residence card number Special Permanent Resident Certificate number
妻	陳 ●●	1981. 2. 23	中国	(はい)・いいえ Yes / No	●●●●	B 第XXXXXXXXX号
				はい・いいえ Yes / No		
				はい・いいえ Yes / No		
				はい・いいえ Yes / No		
				はい・いいえ Yes / No		
				はい・いいえ Yes / No		

※ 16については、記載欄が不足する場合は別紙に記入して添付すること。 なお、「研修」、「技能実習」に係る申請の場合は記載不要です。
　 Regarding item 16, if there is not enough space to write in all of your family in Japan, fill in and attach a separate sheet.
　 In addition, take note that you are not required to fill in item 16 for applications pertaining to "Trainee" or "Technical Intern Training".

（注）裏面参照の上，申請に必要な書類を作成して下さい。 Note : Please fill in forms required for application. (See notes on reverse side.)

申請人等作成用 2　　R（「家族滞在」・「特定活動（研究活動等家族）」「特定活動（EPA家族）」）

For applicant, part 2 R ("Dependent" / "Dependent who lives with their supporter
whose status is Designated Activities (Researcher or IT engineer / Nurse and Certified Careworker under EPA)")

在留期間更新・在留資格変更用
For extension or change of status

17	婚姻，出生又は縁組の届出先及び届出年月日 Authorities where marriage, birth or adoption was registered and date of registration			

(1)日本国届出先
Japanese authorities　　　　　該当なし

届出年月日　　　　　　　　　　年　　　　　　月　　　　　　日
Date of registration　　　　　Year　　　　Month　　　　Day

(2)本国等届出先
Foreign authorities　　　　山東省威海市民政局

届出年月日　　　　2008　年　　7　月　　1　日
Date of registration　　　　Year　　　Month　　　Day

18　滞在費支弁方法
Method of support

☑ 親族負担　　　　　□ 外国からの送金　　　　　□ 身元保証人負担
Relatives　　　　　　　Remittances from abroad　　　　Guarantor

□ その他（　　　　　　　　　　　　　　　　　　　　　　　　　　　　　　　　　　）
Others

19　資格外活動の有無
Are you engaging in activities other than those permitted under the status of residence previously granted?　　　　㈲・無
　　Yes / No

有の場合は，(1)から(4)までの各欄を記入
Fill in (1) to (4) when your answer is "Yes".

(1)内　容　　　　　　　　　　　検品・梱包
Type of work

(2)名　称　　●　●　●　●　　支店・事業所名　　　　事業所
Name　　　　　　　　　　　　　Name of branch

電話番号　　0471－XX－XXXX
Telephone No.

(3)週間稼働時間　　28　　時間　　(4)報　酬　　約10　　円（☑ 月額 □ 日額）
Work time per week　　　Hour(s)　　Salary　　　　　　　Yen　　Monthly　　Daily

20　代理人（法定代理人による申請の場合に記入）　Legal representative (in case of legal representative)

(1)氏　名　　　　　　　　　　　　　(2)本人との関係
Name　　　　　　　　　　　　　　　Relationship with the applicant

(3)住　所
Address

電話番号　　　　　　　　　　　　　携帯電話番号
Telephone No.　　　　　　　　　　Cellular Phone No.

以上の記載内容は事実と相違ありません。　I hereby declare that the statement given above is true and correct.
申請人（法定代理人）の署名／申請書作成年月日　Signature of the applicant (legal representative) / Date of filling in this form

●　華　　　　　　2016　年　　6　月　　1　日
　　　　　　　　　　　　　Year　　　Month　　　Day

注意　　　Attention
申請書作成後申請までに記載内容に変更が生じた場合，申請人（法定代理人）が変更箇所を訂正し，署名すること。
In cases where descriptions have changed after filling in this application form up until submission of this application, the applicant (legal representative) must correct the part concerned and sign their name.

※　取次者　　　Agent or other authorized person

(1)氏　名　　佐野　誠　　　(2)住　所　　東京都千代田区平河町2-6-1
Name　　　　　　　　　　　Address　　平河町ビル8F

(3)所属機関等（親族等については，本人との関係）　　　　　　電話番号
Organization to which the agent belongs (in case of a relative, relationship with the applicant)　　Telephone No.

行政書士法人 ACROSEED　　　　　　　　　03-6905-6370

扶養者等作成用 1　　R　（「家族滞在」・「特定活動（研究活動等家族）」・「特定活動（EPA家族）」）

For supporter, part1 R ("Dependent" / "Dependent who lives with his or her supporter

whose status is Designated Activities (Researcher or IT engineer , Nurse and Certified Careworker under EPA)")

在留期間更新・在留資格変更用
For extension or change of status

1　扶養している家族（申請人）の氏名及び在留カード番号
　　Name and residence card number of the foreigner to be supported (applicant)

(1)氏　名　　　　　　　　　● 華
　　Name

(2)在留カード番号　　　　　　　　B第XXXXXXXXX号
　　Residence card number

2　扶養者　Supporter

(1)氏　名　　　　　陳 ● ●
　　Name

(2)生年月日　　　1981 年　2 月　1 日　　(3)国　籍・地　域　　　中国
　　Date of birth　　　　Year　　Month　　Day　　Nationality/Region

(4)在留カード番号　　　　　　　　B第XXXXXXXXX号
　　Residence card number

(5)在留資格　　人文知識・国際業務　　(6)在留期間　　　　　　1年
　　Status of residence　　　　　　　　　　Period of stay

(7)在留期間の満了日　　2016 年　8 月　1 日
　　Date of expiration　　　Year　　Month　　Day

(8)申請人との関係（続柄）　　Relationship with the applicant

☐ 夫　　　☑ 妻　　　☐ 父　　　☐ 母
Husband　　Wife　　　Father　　　Mother

☐ 養父　　☐ 養母　　☐ その他（　　　　　　　　　）
Foster father　Foster mother　Others

(9)勤務先名称　　　● ● ● ● ●　　支店・事業所名　　事業所
　　Place of employment　　　　　　Name of branch

(10)勤務先所在地　　※ (10)については、主たる勤務場所の所在地及び電話番号を記載すること。
　　Address　　　　　For sub-items (10), give the address and telephone number of your principal place of employment.

千葉県●●市●● 1 ー●

電話番号　　0471ーXXーXXXX
Telephone

(11)年　収　　　約350万　　　円
　　Annual income　　　　　　Yen

以上の記載内容は事実と相違ありません。 I hereby declare that the statement given above is true and correct.

扶養者の署名及び押印／申請書作成年月日（印がない場合は押印省略可）
Signature and seal of supporter or guarantor　/　Date of filling in this form (In cases of not possessing a seal, it it possible to omit it.)

陳 ● ●　　　　　　㊞印　2016 年　6 月　1 日
　　　　　　　　　　　　　Seal　　Year　Month　Day

注意　　Attention

申請書作成後申請までに記載内容に変更が生じた場合，扶養者が変更箇所を訂正し，押印すること。
印がない場合は，変更箇所に署名すること。

In cases where descriptions have changed after filling in this application form up until submission of this application, the supporter or guarantor
must correct the part concerned and press its seal on the correction.
In cases of not possessing a seal, sign the corrected part.

❷ 子どもが生まれ在留資格を取得するケース

　日本で外国人同士の婚姻により子が出生した場合等には，在留資格取得許可申請を行う必要がある。在留資格の取得とは，日本国籍の離脱や出生などの理由により，上陸手続を経ることなく日本に在留することとなった外国人が，引き続き60日以上日本に滞在する意思がある場合に必要となる手続である。国際結婚では就労可能な在留資格を持つ外国人同士に子が誕生した場合によく利用される。生まれたばかりの子には当然に在留資格などはないため，「家族滞在」等の在留資格を新たに取得するための手続である。出生した日から60日までは在留資格がなくても日本に滞在することが認められており，60日を超えて滞在する場合には出生の日から30日以内に在留資格取得許可申請を居住地を管轄する地方入国管理局，支局，出張所等に申請を行わなければならない。出産後の忙しさのためについ忘れることが多い手続であるが，申請期限を超えてしまうとその後の在留資格手続が複雑になることもあるため忘れずに申請しなければならない。ちなみに，配偶者の一方が日本国籍を有している場合には，原則として子は日本国籍となるためこの手続は不要である。

　子の出生に係る在留資格のパターンとして，外国人同士の婚姻で配偶者の1人が「定住者」の場合には，その実子も「定住者」となる。さらに，外国人同士の婚姻で配偶者の1人が「永住者」の場合には，その実子も「永住者」となるが，これは出生から30日以内に在留資格取得許可申請を行った場合であり，何らかの理由で30日を経過すると，原則として子の在留資格は「永住者の配偶者等」とされるため注意しなければならない。このような状況になると本来与えられたはずの「永住者」を取得するために，1年又は3年後にもう一度申請をしなければならなくなる。さらに，在留資格を取得することなく60日を超えて在留すると，退去強制事由に該当することとなる。さすがに生まれたばかりの子どもだけを退去強制にするということは考えにくいが，その後の手続が非常に複雑になることが予想されるため，在留資格

3

結婚後の在留手続

205

取得の場合には出生から30日という期限を厳守しなければならない。

国際結婚で出生した子の在留資格（主なケースのみ）

配偶者1[※1]		配偶者2[※1]		①子ども(国内で出生) ②子ども(海外で出生)	
日本国籍者	+	外国籍者	⇨	原則，日本国籍のため手続不要	
永住者		永住者		永住者の配偶者等[※2]（永住者）	定住者
		永住者の配偶者等			
定住者		定住者		定住者	
一般的な就労可能な在留資格		家族滞在		家族滞在	

※1　配偶者1と配偶者2は，一方が夫・他方が妻で，1が夫，2が妻ということではない。

※2　出生から30日以内に在留資格取得申請を行った場合には，原則として「永住者」となる。

※　上記と同様のケースであっても，申請者の状況により子に与えられる在留資格が異なるケースがある。

【在留資格取得申請に必要な資料】

①　申請書　1通

②　次の区分により，それぞれ定める書類　1通

　ア　日本の国籍を離脱した者：国籍を証する書類

　イ　出生した者：出生したことを証する書類

　ウ　ア及びイ以外の者で在留資格の取得を必要とするもの：その事由を証する書類

　　※　資料の提出に当たっては法務省令で定める資料以外にも提出を求める場合がある。また，法務省令で定める資料の提出を省略される場合もあり得る。

記載例 (在留資格取得許可申請)

別記第三十六号様式(第二十四条関係)

日本国政府法務省
Ministry of Justice, Government of Japan

在 留 資 格 取 得 許 可 申 請 書
APPLICATION FOR PERMISSION TO ACQUIRE STATUS OF RESIDENCE

横浜 入国管理局長　殿
To the Director General of　Regional Immigration Bureau

出入国管理及び難民認定法第22条の2第2項(第22条の3において準用する場合を含む。)の規定に基づき、次のとおり在留資格の取得を申請します。
Pursuant to the provisions of Paragraph 2 of Article 22-2 (including cases where the same shall apply mutatis mutandis under Article 22-3) of the Immigration Control and Refugee Recognition Act, I hereby apply for permission to acquire status of residence.

写 真
Photo
40mm × 30mm

1 国 籍・地 域 Nationality/Region	中国	2 生年月日 Date of birth　2014 年 Year　8 月 Month　1 日 Day

3 氏 名　Name　Family name 何 ●●　HE　Given name ●●●●●●

4 性 別　男・(女)　5 出生地　東京都●●区　6 配偶者の有無　有・(無)
Sex　Male / Female　Place of birth　Marital status　Married / Single

7 職 業　Occupation　　8 本国における居住地　福建省福清市
Home town / city

9 住居地　Address in Japan　神奈川県●●市●●区●●町1丁目●番地　●●ビル●号室

電話番号　080-XXXX-XXXX　携帯電話番号　080-XXXX-XXXX
Telephone No.　Cellular phone No.

10 旅券 (1)番 号　GXXXXXXXX　(2)有効期限　2019 年 Year　9 月 Month　1 日 Day
Passport　Number　Date of expiration

11 在留資格取得の事由　☑ 出生　□ 国籍離脱・喪失　□ その他 (
Cause of application　Birth　Loss of Japanese nationality　Others

12 在留の理由　永住者"許●●"の実子として、母と共に日本で引き続き生活するためこの度の申請に至りました。
Purpose of stay

13 希望する在留資格　　在留期間
Desired status of residence　Period of stay

14 在日親族(父・母・配偶者・子・兄弟姉妹など)及び同居者 Family in Japan (Father, Mother, Spouse, Son, Daughter, Brother, Sister or others) or co-residents

続 柄 Relationship	氏 名 Name	生年月日 Date of birth	国籍・地域 Nationality / Region	同居 Residing with applicant or not	勤務先・通学先 Place of employment/school	在留カード番号 特別永住者証明書番号 Residence card number Special Permanent Resident Certificate number
母	許 ●●	1982.1.1	中国	はい・いいえ Yes / No	有限会社●●●●	永住者
				はい・いいえ Yes / No		
				はい・いいえ Yes / No		
				はい・いいえ Yes / No		

15 在日身元保証人又は連絡先　Guarantor in Japan

(1)氏 名　Name　許 ●●　(2)本人との関係　Relationship with the applicant

(3)住 所　Address　神奈川県●●市●●区●●町1丁目●番地　●●ビル●号室

電話番号　Telephone No.　携帯電話番号　Cellular phone No.　080-XXXX-XXXX

16 代理人(法定代理人による申請の場合に記入) Legal representative (in case of legal representative)

(1)氏 名　Name　許 ●●　(2)本人との関係　Relationship with the applicant　母

(3)住 所　Address　神奈川県●●市●●区●●町1丁目●番地　●●ビル●号室

電話番号　080-XXXX-XXXX　携帯電話番号　080-XXXX-XXXX
Telephone No.　Cellular phone No.

以上の記載内容は事実と相違ありません。　I hereby declare that the statement given above is true and correct.
申請人(法定代理人)の署名／申請書作成年月日　Signature of the applicant (legal representative) / Date of filling in this form

2014 年 Year　月 Month　日 Day

注 意　申請書作成後申請までに記載内容に変更が生じた場合,申請人(法定代理人)が変更箇所を訂正し,署名すること。
Attention　In cases where descriptions have changed after filling in this application form up until submission of this application, the applicant (legal representative) must correct the part concerned and sign their name.

※ 取次者　Agent or other authorized person

(1)氏 名　Name　(2)住所　Address　東京都千代田区平河町2-6-1　平河町ビル8F

(3)所属機関等(親族等については,本人との関係)　電話番号
Organization to which the agent belongs (in case of a relative, relationship with the applicant)　Telephone No.

行政書士法人ACROSEED　03-6905-6370

③ 海外にいる子どもを日本に呼び寄せるケース

国際結婚において配偶者の一方が再婚である場合には，海外にいる前の婚姻で出生した外国籍の子ども（外国人配偶者の実子）を日本に呼び寄せて養育することがある。日本での婚姻生活が始まり，在留資格を取得し生活も安定してきたころに多く見られるが，この種のケースでは大きく分けて「定住者」に該当する①未成年で未婚の実子，②6歳未満の養子，又は「日本人の配偶者等」に該当する③日本人の実子・特別養子縁組の3つが代表的ケースである。

⑴ 未成年で未婚の実子

これについては「定住者告示」6で以下のように定められている。

「定住者告示」6

6　次のいずれかに該当する者（第1号から第4号まで又は第8号に該当する者を除く。）に係るもの

イ　日本人，永住者の在留資格をもって在留する者又は日本国との平和条約に基づき日本の国籍を離脱した者等の出入国管理に関する特例法（平成3年法律第71号）に定める特別永住者（以下「特別永住者」という。）の扶養を受けて生活するこれらの者の未成年で未婚の実子

ロ　1年以上の在留期間を指定されている定住者の在留資格をもって在留する者（第3号，第4号又は前号ハに掲げる地位を有する者として上陸の許可，在留資格の変更の許可又は在留資格の取得の許可を受けた者を除く。）の扶養を受けて生活する当該者の未成年で未婚の実子

ハ　第3号，第4号又は前号ハに掲げる地位を有する者として上陸の許可，在留資格の変更の許可又は在留資格の取得の許可を受けた者で1年以上の在留期間を指定されている定住者の在留資格をもって在留するものの扶養を受けて生活するこれらの者の未成年で未婚の実子であって素行が善良であるもの

ニ　日本人，永住者の在留資格をもって在留する者，特別永住者又は1年

> 以上の在留期間を指定されている定住者の在留資格をもって在留する者の配偶者で日本人の配偶者等又は永住者の配偶者等の在留資格をもって在留するものの扶養を受けて生活するこれらの者の未成年で未婚の実子

　下記の①～④のいずれかに該当する者又はその配偶者で「日本人の配偶者等」若しくは「永住者の配偶者等」の在留資格をもって在留する者，いずれかの扶養を受けて生活するこれらの者の未成年で未婚の実子が「定住者」に該当するとした規定である。

① 　日本人（※帰化した者）

② 　「永住者」の在留資格をもって在留する者

③ 　1年以上の在留期間を指定されている「定住者」の在留資格をもって在留する者

④ 　特別永住者

　※ 　日本人の子として生まれた者は「日本人の配偶者等」であり，親が日本人の子として生まれた者（いわゆる日系人）は，「定住者」告示3に該当する。そのため，定住者告示6では，現行法では帰化により日本国籍を取得した者の子となる

　要は，日本人（帰化した者），「日本人の配偶者等」，「永住者」，「永住者の配偶者等」，「定住者」，「特別永住者」のいずれかの扶養を受けて生活するこれらの者の未成年で未婚の実子が該当することとなる。

　さらに，離婚又は死亡した日本人，「永住者」，「定住者」，「特別永住者」とのいずれかの間に出生した子で一方の親に養育されている者についても該当するとしている。ただし，その場合には「日本人」，「日本人の配偶者等」，「永住者」，「永住者の配偶者等」，「定住者」，「特別永住者」のいずれかの扶養を受けて生活すること，未成年であること，及び未婚であることが条件となる。

　また，「扶養を受けて生活する未成年で未婚の実子」については，実子が入国後に成人に達した時，又は婚姻した場合や就労することとなった場合でも，これらの事実をもって直ちに在留を否定するものではないとされている。

● 未成年で未婚の実子を，在留資格「定住者」で海外から呼び寄せるケース

・必要資料（在留資格認定証明書交付申請）

<table>
<tr><td rowspan="10">準備する資料</td><td rowspan="7">日本国内で準備する資料</td><td>①返信用封筒　　　1通</td><td>※簡易書留用392円切手を貼付し，あらかじめ宛先を記載する。</td></tr>
<tr><td>②戸籍謄本　　　　1通
※日本人又は日本人の配偶者が扶養する場合のみ</td><td>※日本人のもの</td></tr>
<tr><td>③住民税の課税（又は非課税）証明書及び納税証明書　1通</td><td>※該当者が2人いる場合には収入の多い方
※1年間の総所得及び納税状況が記載されたものを提出する。
※1年間の総所得及び納税状況の両方が記載されている証明書であれば，いずれか一方でかまわない。</td></tr>
<tr><td>④住民票の写し　　1通</td><td>※配偶者（日本人）のもの
※世帯全員の記載のあるもの</td></tr>
<tr><td>⑤職業及び収入を証する書面　　各1通</td><td>※以下の項目について該当者が2人いる場合には収入の多い方
ア　会社に勤務している場合
（i）在職証明書　1通
イ　自営業等の場合
（i）確定申告書の控えの写し　1通
（ii）営業許可書の写し日　1通（ある場合）
　　※自営業の場合は，自ら職業等について立証しなければならない。
ウ　無職である場合
（i）預貯金通帳の写し　適宜</td></tr>
<tr><td>⑥理由書　　　　　適宜</td><td>※扶養を受けなければならないことを説明したもの　適宜</td></tr>
<tr><td>⑦出生届出受理証明書　　　　　1通</td><td>※日本の役所に届出をしている場合のみ提出
※「永住者」，「永住者の配偶者等」，「定住者」が扶養する場合のみ</td></tr>
<tr><td rowspan="3">海外から取り</td><td>⑧出生証明書　　　1通</td><td>※申請人の本国（外国）の機関から発行されたもの</td></tr>
<tr><td>⑨認知に係る証明書　　　　　　1通</td><td>※認知に係る証明書がある場合のみ提出
※申請人の本国（外国）の機関から発行されたもの</td></tr>
<tr><td>⑩犯罪経歴証明書</td><td>※「定住者」が扶養する場合のみ</td></tr>
</table>

寄せる資料	⑪祖父母及び父母が実在していたことを証明する公的な資料	※「定住者」が扶養する場合のみ	
	⑫申請人が本人であることを証明する公的な資料 ※定住者が扶養する場合のみ	身分証明書，運転免許証，軍役証明書，選挙人手帳など	
	⑬申請人（外国人）の顔写真 （縦4cm×横3cm） 1枚	※申請前3か月以内に正面から撮影された無帽，無背景で鮮明なもの ※写真の裏面に申請人の氏名を記載し，申請書の写真欄に貼付する。	
定型フォームに記載する資料	⑭在留資格認定証明書交付申請書　1通		
	⑮身元保証書	※原則として申請人の扶養者が身元保証人となる。	

【添付資料についての注意点】
・官公署などから取得する提出資料は，すべて発行日から3か月以内のものを提出する。
・審査の過程において上記以外の資料が求められる可能性もある。
・提出資料が外国語で作成されている場合には，日本語訳を添付する（一部の英文書は除く）。
・提出資料は原則として返却されない。再度入手困難な資料等で返却を希望する場合には，当該資料の原本にコピーを添付し，申請時にその旨を伝えること。

記載例（在留資格認定証明書交付申請）

別記第六号の三様式（第六条の二関係）
申請人等作成用 1
For applicant, part 1

日本国政府法務省
Ministry of Justice, Government of Japan

在 留 資 格 認 定 証 明 書 交 付 申 請 書
APPLICATION FOR CERTIFICATE OF ELIGIBILITY

東京　入国管理局長　殿
To the Director General of　Regional Immigration Bureau

出入国管理及び難民認定法第7条の2の規定に基づき、次のとおり同法第7条第1項第2号に掲げる条件に適合している旨の証明書の交付を申請します。
Pursuant to the provisions of Article 7-2 of the Immigration Control and Refugee Recognition Act, I hereby apply for the certificate showing eligibility for the conditions provided for in 7, Paragraph 1, Item 2 of the said Act.

1 国 籍・地 域　Nationality/Region	中国

2 生年月日　Date of birth　1997 年 Year　8 月 Month　1 日 Day

3 氏 名　Name	Family name　洪 ●	Given name　Hong ●

4 性 別　Sex　男 Male ・ （女 Female）　5 出生地　Place of birth　吉林省　6 配偶者の有無　Marital status　有 Married ・ （無 Single）

7 職 業　Occupation　学生　8 本国における居住地　Home town/city　吉林省竜井市●●1

9 日本における連絡先　Address in Japan　埼玉県●●市●●1丁目●番●号

電話番号　Telephone No.　048-XXX-XXXX　携帯電話番号　Cellular phone No.　090-XXXX-XXXX

10 旅 券　Passport　(1)番 号　Number　GXXXXXXXXXXX　(2)有効期限　Date of expiration　2018 年 Year　6 月 Month　27 日 Day

11 入国目的（次のいずれか該当するものを選んでください。）　Purpose of entry: check one of the followings

- □ I「教授」 "Professor"
- □ I「教育」 "Instructor"
- □ J「芸術」 "Artist"
- □ J「文化活動」 "Cultural Activities"
- □ K「宗教」 "Religious Activities"
- □ L「報道」 "Journalist"
- □ L「企業内転勤」 "Intra-company Transferee"
- □ M「経営・管理」 "Business Manager"
- □ L「研究(転勤)」 "Researcher (Transferee)"
- □ N「研究」 "Researcher"
- □ N「技術・人文知識・国際業務」 "Engineer / Specialist in Humanities / International Services"
- □ N「介護」 "Nursing Care"
- □ N「技能」 "Skilled Labor"
- □ N「特定活動(研究活動等)」 "Designated Activities (Researcher or IT engineer of a designated org)"/"Entertainer"
- □ O「興行」 "Entertainer"
- □ P「留学」 "Student"
- □ Q「研修」 "Trainee"
- □ Y「技能実習(1号)」 "Technical Intern Training (i)"
- □ Y「技能実習(2号)」 "Technical Intern Training (ii)"
- □「技能実習(3号)」 "Technical Intern Training (iii)"
- □ R「家族滞在」 "Dependent"
- □ R「特定活動(研究活動等家族)」 "Designated Activities (Dependent of Researcher or IT engineer of a designated org)"
- □「特定活動(EPA家族)」 "Designated Activities(Dependent of EPA)"
- ☑ T「日本人の配偶者等」 "Spouse or Child of Japanese National"
- □ T「永住者の配偶者等」 "Spouse or Child of Permanent Resident"
- □ T「定住者」 "Long Term Resident"
- □「高度専門職(1号イ)」 "Highly Skilled Professional(i)(a)"
- □「高度専門職(1号ロ)」 "Highly Skilled Professional(i)(b)"
- □「高度専門職(1号ハ)」 "Highly Skilled Professional(i)(c)"
- □ U「その他」 Others

12 入国予定年月日　Date of entry　2016 年 Year　9 月 Month　1 日 Day　13 上陸予定港　Port of entry　成田

14 滞在予定期間　Intended length of stay　定めなし　15 同伴者の有無　Accompanying persons, if any　有 Yes ・ （無 No）

16 査証申請予定地　Intended place to apply for visa　瀋陽

17 過去の出入国歴　Past entry into / departure from Japan　有 Yes ・ （無 No）
（上記で「有」を選択した場合）(Fill in the followings when the answer is "Yes")
回数　time(s)　回　直近の出入国歴 The latest entry from　年 Year　月 Month　日 Day　から to　年 Year　月 Month　日 Day

18 犯罪を理由とする処分を受けたことの有無（日本国外におけるものを含む。）Criminal record (in Japan / overseas)
有（具体的内容　Yes（Detail: 　　　　　　　）・（無 No）

19 退去強制又は出国命令による出国の有無　Departure by deportation /departure order　有 Yes ・ （無 No）
（上記で「有」を選択した場合）(Fill in the followings when the answer is "Yes")
回数　time(s)　回　直近の送還歴 The latest departure by deportation　年 Year　月 Month　日 Day

20 在日親族（父・母・配偶者・子・兄弟姉妹など）及び同居者
Family in Japan (Father, Mother, Spouse, Son, Daughter, Brother, Sister or others) or co-residents

統 柄 Relationship	氏 名 Name	生年月日 Date of birth	国 籍・地 域 Nationality/Region	同居予定 Intended to reside with applicant or not	勤務先・通学先 Place of employment/school	在留カード番号 特別永住者証明書番号 Residence card number Special Permanent Resident Certificate number
義父	乙山 弘	1955.2.1	日本	はい・いいえ （Yes）/ No	有限会社●●●●　経営	
母	朴 ●●	1976.3.14	中国	はい・いいえ （Yes）/ No	専業主婦	日本人の配偶者等
				はい・いいえ Yes / No		
				はい・いいえ Yes / No		

※ 20については、記載欄が不足する場合は別紙に記入して添付すること。　なお、「研修」、「技能実習」に係る申請の場合は記載不要です。
Regarding item 20, if there is not enough space in the given columns to write all of your family in Japan, fill in and attach a separate sheet.
In addition, take note that you are not required to fill in item 20 for applications pertaining to "Trainee" / "Technical Intern Training".

（注）裏面参照の上、申請に必要な書類を作成して下さい。　Note : Please fill in forms required for application. (See notes on reverse side.)

申請人等作成用 2　　T （「日本人の配偶者等」・「永住者の配偶者等」・「定住者」）　　在留資格認定証明書用
For applicant, part 2 T ("Spouse or Child of Japanese National" / "Spouse or Child of Permanent Resident" / "Long Term Resident")　　For certificate of eligibility

21　身分又は地位　　Personal relationship or status

- [ ] 日本人の配偶者　　　　　　[ ] 日本人の実子　　　　　　[ ] 日本人の特別養子
  Spouse of Japanese national　　Biological child of Japanese national　　Child adopted by Japanese nationals in accordance with the provisions of Article 817-2 of the Civil Code (Law No.89 of 1896)

- [ ] 永住者又は特別永住者の配偶者　　　　[ ] 永住者又は特別永住者の実子
  Spouse of Permanent Resident or Special Permanent Resident　　Biological child of Permanent Resident or Special Permanent Resident

- [ ] 日本人の実子の実子　　　　　　　　　[ ] 日本人の実子又は「定住者」の配偶者
  Biological child of biological child of Japanese national　　Spouse of biological child of Japanese national or "Long Term Resident"

- [x] 日本人・永住者・特別永住者・日本人の配偶者・永住者又は「定住者」の未成年で未婚の実子
  Biological child who is a minor and single of Japanese, "Permanent Resident", "Special Permanent Resident", Spouse of Japanese national, Spouse of Permanent Resident or "Long Term Resident"

- [ ] 日本人・永住者・特別永住者又は「定住者」の6歳未満の養子
  Adopted child who is under 6 years old of Japanese, "Permanent Resident", "Special Permanent Resident" or "Long Term Resident"

- [ ] その他(　　　　　　　　　　　　　　　　　　　　　　　　　　　　　　　)
  Others

22　婚姻, 出生又は縁組の届出先及び届出年月日　　Authorities where marriage, birth or adoption was registered and date of registration

			年 Year	月 Month	日 Day
(1)日本国届出先 Japanese authorities	_____	届出年月日 Date of registration			
(2)本国等届出先 Foreign authorities	_____	届出年月日 Date of registration	年 Year	月 Month	日 Day

23　申請人の勤務先等　　Place of employment or organization to which the applicant is to belong
※日本における勤務予定先を記載すること。
Fill in the name of the intended place of work in Japan.
※(2)については、主たる勤務場所の所在地及び電話番号を記載すること。
For sub-items (2) , give the address and telephone number of your principal place of employment.

(1)名称　　　　　　　　　　　　　　　　　　支店・事業所名
Name　　　　　　　　　　　　　　　　　　　Name of branch

(2)所在地　　　　　　　　　　　　　　　　　電話番号
Address　　　　　　　　　　　　　　　　　　Telephone No.

(3)年 収　　　　　　　　　円
Annual income　　　　　　　Yen

24　滞在費支弁方法　　Method of support to pay for expenses while in Japan

(1)支弁方法及び月平均支弁額　　Method of support and an amount of support per month (average)

- [ ] 本人負担　　　　　　　　円　　[ ] 在外経費支弁者負担　　　　　円
  Self　　　　　　　　　　　Yen　　Supporter living abroad　　　　Yen

- [ ] 在日経費支弁者負担　　　円　　[x] 身元保証人　　　　　　　　　円
  Supporter in Japan　　　　Yen　　Guarantor　　　　　　　　　　Yen

- [ ] その他　　　　　　　　　円
  Others　　　　　　　　　　Yen

(2)送金・携行等の別　　Remittances from abroad or carrying cash

- [ ] 外国からの携行　　　　　円　　[ ] 外国からの送金　　　　　　　円
  Carrying from abroad　　　Yen　　Remittances from abroad　　　Yen

  （携行者　　　　　　　　　携行時期　　　　　　） [ ] その他　　　　円
  Name of the individual carrying cash　　Date and time of carrying cash　　Others　　Yen

(3)経費支弁者(後記25と異なる場合に記入)　　Supporter (Fill in the following in cases where different person other than that given in 25 below.)

①氏 名
Name　　_____

②住 所　　　　　　　　　　　　　　　　　　電話番号
Address　　_____　　　　　　　　　　　　Telephone No.　　_____

③職業（勤務先の名称）　　　　　　　　　　　電話番号
Place of employment　　_____　　　　　　Telephone No.　　_____

④年 収　　　　　　　　　円
Annual income　　_____　Yen

申請人等作成用 3　　T（「日本人の配偶者等」・「永住者の配偶者等」・「定住者」）　　在留資格認定証明書用
For applicant, part 3 T ("Spouse or Child of Japanese National" / "Spouse or Child of Permanent Resident" / "Long Term Resident")　　For certificate of eligibility

25　扶養者（申請人が扶養を受ける場合に記入）　Supporter (Fill in the followings when the applicant is to be supported.)

(1)氏　名　　乙山　弘
　　Name

(2)生年月日　　1955　年　2　月　1　日　　(3)国 籍・地 域　　日本
　　Date of birth　　　　Year　　Month　　Day　　Nationality/Region

(4)在留カード番号 / 特別永住者証明書番号　　該当なし
　　Residence card number / Special Permanent Resident Certificate number

(5)在留資格　　該当なし　　(6)在留期間　　該当なし　　(7)在留期間の満了日　　該当なし　年　　　月　　　日
　　Status of residence　　　　　Period of stay　　　　Date of expiration　　　　Year　　Month　　Day

(8)申請人との関係（続柄）　Relationship with the applicant

　□ 夫　　　　　　□ 妻　　　　　　□ 父　　　　　　□ 母
　　Husband　　　　　Wife　　　　　　Father　　　　　　Mother

　□ 養父　　　　　□ 養母　　　　　☑ その他（　　義父　　　　　　　）
　　Foster father　　　Foster mother　　Others

(9)勤務先名称　　　　　　　　　　　　　　　支店・事業所名
　　Place of employment　　　　　　　　　　　Name of branch

(10)勤務先所在地　　埼玉県●●市●●1丁目●番●号　　電話番号　　048-XXXX-XXXX
　　Address　　　　　　　　　　　　　　　　　　　Telephone No.

(11)年　収　　1200万　　円
　　Annual income　　　　　　　Yen

26　在日身元保証人又は連絡先　Guarantor or contact in Japan

(1)氏　名　　乙山　弘　　　　　　　　　　(2)職　業　　　会社経営
　　Name　　　　　　　　　　　　　　　　　　Occupation

(3)住　所　　埼玉県●●市●●1丁目●番●号
　　Address

電話番号　　　　　　　　　　　　　　携帯電話番号
Telephone No.　　048-XXXX-XXXX　　　Cellular Phone No.

27　申請人，法定代理人，法第7条の2第2項に規定する代理人
　　Applicant, legal representative or the authorized representative, prescribed in Paragraph 2 of Article 7-2.

(1)氏　名　　　　　　　　　　　　　　　　(2)本人との関係
　　Name　　　　　　　　　　　　　　　　　　Relationship with the applicant

(3)住　所
　　Address

電話番号　　　　　　　　　　　　　　携帯電話番号
Telephone No.　　　　　　　　　　　　Cellular Phone No.

以上の記載内容は事実と相違ありません。　I hereby declare that the statement given above is true and correct.
申請人（代理人）の署名／申請書作成年月日　Signature of the applicant (representative) / Date of filling in this form

　　　　　　　　　　　　　　　　　　　　　年　　　　　月　　　　　日
　　　　　　　　　　　　　　　　　　　Year　　　　Month　　　　Day

注　意　申請書作成後申請までに記載内容に変更が生じた場合，申請人（代理人）が変更箇所を訂正し，署名すること。
Attention　In cases where descriptions have changed after filling in this application form up until submission of this application, the applicant (representative) must correct the part concerned and sign their name.

※　取次者　Agent or other authorized person

(1)氏　名　　　　　　　　　　　　　　(2)住　所
　　Name　　　　　　　　　　　　　　　　Address

(3)所属機関等　Organization to which the agent belongs　　　電話番号　Telephone No.

記載例（申請理由書）

平成26年2月1日

東京入国管理局長　殿

氏　名：○○　××
住　所：東京都港区港南1-2-3
電話番号：090-1234-5678

申　請　理　由　書

　私は，中国籍の　○　△△　の日本人の夫　○○　××　と申します。妻は「日本人の配偶者等」の在留資格を頂き，私と共に生活しております。

　現在は何不自由ない生活を送っておりますが，妻が日本で生活することから，妻の実子である　○　□□　が1人で中国に取り残されることになっております。現在，中学校を卒業して高校に進学する予定ですが，できるならば私たち夫婦の下で生活ができるようにしたく，今回の在留資格認定証明書の交付申請をさせていただきました。

　今後は妻とその娘である　○　□□　と共に生活を営む予定であり，日本で高校に進学させ勉強が出来るように支援をしていく所存でございます。生活費及び学費もすべて私が負担していきますので，どうか日本国内で生活できるようにお願い申し上げます。

　彼女は今年の7月に中国で中学校を卒業し，高校へと進学する予定です。可能であれば早めに日本に呼び寄せ，日本の高校に進学ができるようにと準備を進めているところです。

　妻は母国に残してきた娘のことを思い，精神的にも不安定な状況に置かれております。どうか，私たちの家族が共に日本で生活できるよう，重ねてお願い申し上げます。

　娘が来日してからは家族全員で助け合いながら，幸せな家庭を築き上げていくつもりです。また，娘と生活をする為に，今まで以上に仕事にも励み，

経済的な安定も図っていくつもりです。

　以上のような理由により，娘に「定住者」の在留資格認定証明を交付していただけますよう，お願い申し上げます。

⑵　6歳未満の養子

これについては「定住者告示」7で以下のように定められている。
「定住者告示」7

　次のいずれかに該当する者の扶養をうけて生活するこれらの者の6歳未満の養子（第1号から第4号まで，前号又は次号に該当する者を除く）に係るもの
イ　日本人
ロ　永住者の在留資格をもって在留するもの
ハ　1年以上の在留期間を指定されている定住者の在留資格をもって在留するもの
ニ　特別永住者

①　日本人
②　「永住者」の在留資格をもって在留する者
③　1年以上の在留期間を指定されている「定住者」の在留資格をもって在留する者
④　特別永住者

上記①～④までの子のうち養子については，これらの者の被扶養者として生活する6歳未満の者については「定住者」に該当するとした規定である。

●6歳未満の養子を海外から呼び寄せる場合

・必要資料（在留資格認定証明書交付申請）

準備する資料	日本国内で準備する資料	①返信用封筒　　　　1通	※簡易書留用392円切手を貼付し，あらかじめ宛先を記載する。
		②戸籍謄本　　　　　1通	※養子縁組事実の記載がない場合には，戸籍謄本に加え養子縁組届出受理証明書を提出する。 ※日本人が扶養する場合のみ
		③住民税の課税（又は非課税）証明書及び納税証明書　1通	※1年間の総所得及び納税状況が記載されたものを提出する。 ※1年間の総所得及び納税状況の両方が記載されている証明書であれば，いずれか一方でかまわない。
		④住民票の写し　　　1通	※配偶者（日本人）のもの ※世帯全員の記載のあるもの
		⑤職業及び収入を証する書面　　各1通	ア　会社に勤務している場合 （i）在職証明書　1通 イ　自営業等の場合 （i）確定申告書の控えの写し　1通 （ii）営業許可書の写し日　1通（ある場合） 　　※自営業の場合は，自ら職業等について立証しなければならない。 ウ　無職である場合 （i）預貯金通帳の写し　適宜
		⑥申請人の養子縁組届出受理証明書　1通	※日本の役所に提出している場合のみ ※永住者，定住者，特別永住者が扶養する場合のみ
		⑦扶養者の登録原票記載事項証明書　1通	※永住者，定住者，特別永住者が扶養する場合のみ
		⑧理由書　　　　　　適宜	※扶養を受けなければならないことを説明したもの　適宜
	海外から取り寄せ	⑨申請人と養子縁組が成立していることを証明する本国の期間から発行された証明書　1通	※永住者，定住者，特別永住者が扶養する場合のみ
		⑩出生証明書　　　　1通	※申請人の本国（外国）の機関から発行されたもの

		⑪申請人（外国人）の顔写真（縦4cm×横3cm）　　　1枚	※申請前3か月以内に正面から撮影された無帽，無背景で鮮明なもの ※写真の裏面に申請人の氏名を記載し，申請書の写真欄に貼付する。
定型フォームに記載する資料		⑫在留資格認定証明書交付申請書　　1通	
		⑬身元保証書	※原則として申請人の扶養者が身元保証人となる。

【添付資料についての注意点】
・官公署などから取得する提出資料は，すべて発行日から3か月以内のものを提出する。
・審査の過程において上記以外の資料が求められる可能性もある。
・提出資料が外国語で作成されている場合には，日本語訳を添付する（一部の英文書は除く）。
・提出資料は原則として返却されない。再度入手困難な資料等で返却を希望する場合には，当該資料の原本にコピーを添付し，申請時にその旨を伝えること。

・記載例
※　在留資格認定証明書交付申請については，210頁に記載の「未成年で未婚の実子を，在留資格「定住者」で海外から呼び寄せるケース」と同様である。該当頁を参照のこと。

(3)　日本人の実子・特別養子縁組

「日本人の配偶者等」には日本人の実子や特別養子も含まれる。特別養子縁組は，民法第817条の2の規定により家庭裁判所の審判によって生みの親との身分関係を切り離し，養父母との間の実の子と同様な関係が成立しているために在留資格が認められている。なお，「日本人の配偶者等」に該当するのは特別養子のみであり，一般の養子は認められていないので注意しなければならない。

●日本人の実子・特別養子を，在留資格「日本人の配偶者等」で海外から呼び寄せるケース

・必要資料（在留資格認定証明書交付申請）

<table>
<tr><td rowspan="7">準備する資料</td><td rowspan="5">日本で準備する資料</td><td>①返信用封筒　　　1通</td><td>※簡易書留用392円切手を貼付し，あらかじめ宛先を記載する。</td></tr>
<tr><td>②戸籍謄本（除籍謄本）
　　　　　　　　1通</td><td>※申請人の親（日本人）のもの</td></tr>
<tr><td>③住民税納税証明書
　　　　　　　　1通</td><td>※日本で申請人を扶養する者のもの
（複数の者の扶養を受ける場合には，収入の多いもの）
※1年間の総収入，課税額及び納税額が記載されたもの
※納税証明書に総収入，課税額及び納税額の記載がない場合は，課税証明書及び納税証明書の提出が必要となる。</td></tr>
<tr><td>④日本で出生した場合</td><td>以下のいずれかの文書
・出生届受理証明書
・認知届受理証明書</td></tr>
<tr><td>⑤特別養子の場合</td><td>以下のいずれかの文書
・特別養子縁組届出受理証明書
・日本の家庭裁判所発行の養子縁組に係る審判書謄本及び確定証明書</td></tr>
<tr><td rowspan="2">海外から取り寄せる資料</td><td>⑥申請人（外国人）
　の顔写真
　（縦4㎝×横3㎝）
　　　　　　　　1枚</td><td>※申請前3か月以内に正面から撮影された無帽，無背景で鮮明なもの
※写真の裏面に申請人の氏名を記載し，申請書の写真欄に貼付する。</td></tr>
<tr><td>⑦海外で出生した場合</td><td>以下のいずれかの文書
・出生証明書
※出生国の機関から発行されたもの
・申請人の認知に係る証明書
※出生国の機関から発行されたもの，認知に係る証明書がある場合のみ</td></tr>
<tr><td rowspan="2">記載する資料</td><td rowspan="2">定型フォームに</td><td>⑧在留資格認定証明書交付申請書　　1通</td><td></td></tr>
<tr><td>⑨身元保証書　　　1通</td><td>※原則として日本国籍の子の親（養親）が身元保証人となる。</td></tr>
</table>

> ・官公署などから取得する提出資料は，すべて発行日から3か月以内のものを提出する。
> ・審査の過程において上記以外の資料が求められる可能性もある。
> ・提出資料が外国語で作成されている場合には，日本語訳を添付する（一部の英文書は除く）。
> ・提出資料は原則として返却されない。再度入手困難な資料等で返却を希望する場合には，当該資料の原本にコピーを添付し，申請時にその旨を伝えること。

・記載例

※　在留資格認定証明書交付申請については，210頁に記載の「未成年で未婚の実子を，在留資格「定住者」で海外から呼び寄せるケース」と同様である。該当頁を参照のこと。

永住許可

　「永住者」とは，法務大臣が永住を認める者をいい，その生涯を日本に生活の根拠をおいて過ごす者をいう。在留資格「永住者」を取得すると在留活動や在留期間に制限がなくなり自由に活動することが可能となる。ただし，制限がないといっても，永住許可取得後も外国人であることには変わらず，外国人登録や再入国許可などは必要であり，退去強制事由に該当すれば退去を強制されることとなる。「永住者」については，国際結婚後により安定した在留資格を求めて「日本人の配偶者等」などから「永住者」へと変更を希望する例が多くみられる。

　なお，入管法では海外から永住者を受け入れる制度をとっておらず，永住者以外の在留資格で在留する外国人で一定の要件を満たす者について永住を許可することとしている。

● 一般原則

永住許可を受けるには以下の要件を満たす必要がある。

①　素行が善良であること

　ア　日本の法令に違反して，懲役，禁固又は罰金（道路交通法による罰

金を除く）に処せられたことがある者

　　ただし，懲役又は禁錮については，その執行を終わり，若しくはその執行の免除を得た日から10年を経過し，又は刑の執行猶予の言渡しを受けた場合でその執行猶予の言渡しを取り消されることなくその執行猶予の期間を経過したときは該当しないものとして扱う。

　　同様に，罰金についても，その執行を終わり，若しくはその執行の免除を得た日から5年を経過し，又は刑の執行猶予の言渡しを受けた場合でその執行猶予の言渡しを取り消されることなくその執行猶予の期間を経過したときは該当しないものとして扱う。

イ　少年法による保護処分が継続中の者
ウ　日常生活又は社会生活において，違法行為又は風紀を乱す行為を繰り返し行うなど，素行善良と認められない特段の事情がある者
② 独立の生計を営むに足りる資産又は技能を有すること

　　日常生活において公共の負担となっておらず，かつ，その有する資産又は技能等から見て将来において安定した生活が見込まれることをいう。この独立生計維持能力は必ずしも申請人自身に完備している必要はなく，その者が配偶者等とともに構成する世帯単位でみた場合に安定した生活を今後も続けることができると認められるとき，これを完備しているものとして扱う。

③ 永住が日本の利益に合致すること

　　なお，日本人，永住者，特別永住者の配偶者の実子（特別養子を含む）については，①，②の要件は必要ないとされている。これは日本に生活の本拠をおく者の家族については，家族単位で在留の安定化を図ることが望ましいとの考えによるものである。

● その他の要件

① 一般的な原則

10年以上継続して日本に在留していること。ただし，留学生として入

国し，学業終了後就職している者については，就労資格に変更許可後，おおむね5年以上の在留歴を有していることが必要とされている。

② 配偶者について

ア 日本人，永住者又は特別永住者の配偶者又は実子若しくは特別養子に関しては，婚姻後3年以上日本に在留していることが必要とされる。

ただし，海外で婚姻の同居歴がある場合には，婚姻後3年経過し，かつ，日本で1年以上在留していればよいとされている。

イ 実子又は特別養子については，引き続いて1年以上日本に在留していればよいとされている。

③ 定住者の在留資格を有するものについては，定住許可後5年以上日本に在留していればよいとされている。

④ 外交，社会，経済，文化等の分野において日本への貢献度が高いと認められるものについては，引き続き5年以上日本に在留していればよいとされている。

⑤ 現に有している在留資格について，入管法施行規則別表第二に規定されている最長の在留期間を所持していればよいとされている。

※難民・高度人材等の一部要件は省略

●在留資格取得による永住許可

申請人が次のいずれかに該当すること

(1) 「永住者」の在留資格をもって在留する者又は特別永住者の子として日本で出生した者

(2) 日本国籍を離脱した者

以上が永住許可の第一段階であり，さらにこれに申請人個人のこれまでの在留状況を総合的に判断し，許否の決定が行われることとなる。

● 永住許可を取得するケース

・必要資料

準備する資料	①パスポート　原本提示	
	②在留カード　原本提示	
	③申請人（外国人）の顔写真（縦4cm×横3cm）1枚	※申請前3か月以内に正面から撮影された無帽，無背景で鮮明なもの ※写真の裏面に申請人の氏名を記載し，申請書の写真欄に貼付する。
	④身分関係を証する資料	以下のいずれかの資料 ア　配偶者の方の戸籍謄本（日本人配偶者である場合） イ　日本人親の戸籍謄本（日本人の子である場合） ウ　配偶者との婚姻証明書又は準ずる文書（永住者の配偶者である場合） エ　次のいずれかの資料（「定住者」，「家族滞在」の場合） 　戸籍謄本，出生証明書，婚姻証明書，認知届けの記載事項証明書又は準ずる文書
	⑤（住民票の写し）	申請人を含む家族全員のもの
	⑥理由書	※永住許可を必要とする理由について自由な形式で記載（「日本人の配偶者等」，「永住者の配偶者等」以外の場合）
	⑦職業及び収入を証する文書	ア　在職証明書（会社等に勤務している場合） イ(i)　確定申告書控えの写し（自営業者の場合） 　(ii)　営業許可証の写し（自営業者である場合のみ） 　　※自営業は自ら職業等について立証しなければならない。 ウ　職業に係る説明書及び立証資料（その他の場合）
	⑧直近の申請人又は申請人を扶養する者の所得及び納税状況を証明する文書	以下のいずれかの資料 ア　住民税の課税（又は非課税）証明書及び納税証明書　適宜 （会社等に勤務している場合及び自営業である場合） ※1年間の総所得及び納税状況が記載されたものを提出する。

3

結婚後の在留手続

223

準備する資料		※1年間の総所得及び納税状況の両方が記載されている証明書であれば，いずれか一方でかまわない。 イ　次のいずれかで所得を証明できるもの（その他の場合） （i）　預貯金通帳の写し又はこれに準ずるもの　適宜 （ii）　住民税の課税（又は非課税）証明書及び納税証明書　適宜 ※1年間の総所得及び納税状況が記載されたものを提出する。 ※1年間の総所得及び納税状況の両方が記載されている証明書であれば，いずれか一方でかまわない。 ※上記ア，イの資料は，「日本人の配偶者等」，「永住者の配偶者等」の場合には過去1年分，それ以外の場合には過去3年分を添付する。
	⑨申請人又は申請人を扶養する者の資産を証明する資料	次のいずれかの資料 ア　預貯金通帳の写し イ　不動産の登記事項証明書 ウ　上記に準ずるもの（「日本人の配偶者等」，「永住者の配偶者等」以外の場合）
	⑩身元保証人の資料	ア　職業を証明する資料 イ　直近の所得証明書（過去1年分） ウ（i）　住民票（日本人の場合） 　（ii）　外国人登録原票記載事項証明書（外国人の場合）
	⑪日本への貢献に係る資料	表彰状，感謝状，勤務先代表者からの推薦状など　適宜（ある場合のみ）
定型フォームに記載する資料	⑫永住許可申請書　1通	
	⑬身元保証書	

【添付資料についての注意点】
・官公署などから取得する提出資料は，すべて発行日から3か月以内のものを提出する。
・審査の過程において上記以外の資料が求められる可能性もある。
・提出資料が外国語で作成されている場合には，日本語訳を添付する（一部の英文書は除く）。
・提出資料は原則として返却されない。再度入手困難な資料等で返却を希望する場合には，当該資料の原本にコピーを添付し，申請時にその旨を伝えること。

記載例（永住許可申請書）

別記第三十四号様式(第二十二条, 第二十五条関係)
その1　(永住)
Part 1　(Permanent Residence)

日本国政府法務省
Ministry of Justice,Government of Japan

永 住 許 可 申 請 書
APPLICATION FOR PERMANENT RESIDENCE

法 務 大 臣 殿
To the Minister of Justice

写 真
Photo
40mm × 30mm

出入国管理及び難民認定法第22条第1項(第22条の2第4項(第22条の3において準用する場合を含む。)において準用する場合を含む。)の規定に基づき, 次のとおり永住許可を申請します。
Pursuant to the provisions of Paragraph 1 of Article 22 (including the cases where the same shall apply mutatis mutandis under Paragraph 4 of Article 22-2 and including the cases where the same shall apply mutatis mutandis under Article 22-3) of the Immigration Control and Refugee Recognition Act, I hereby apply for Permanent Resident.

1　国 籍・地 域　　**中国**
　　Nationality/Region

2　生 年 月 日　　1969 年　11 月　1 日
　　Date of birth　　　Year　　Month　　Day

3　氏 名　　李 ●●　　Lee ●●
　　Name　　Family name　　Given name

4　性 別　男・⊛　　5　出生地　**中国湖北省**
　　Sex　Male/Female　　Place of birth

6　配偶者の有無　⊛・無
　　Marital status　Married / Single

7　職 業　**会社員**
　　Occupation

8　本国における居住地　**北京市**
　　Home town / city

9　住居地　**埼玉県●●市●●1丁目●番●ー●号**
　　Address in Japan

　　電話番号　090-XXXX-XXXX
　　Telephone No.

　　携帯電話番号　090-XXXX-XXXX
　　Cellular Phone No.

10　旅 券 (1)番 号　GXXXXXXXX
　　Passport　　Number

　　(2)有効期限　2024 年　12 月　11 日
　　Date of expiration　Year　　Month　　Day

11　現に有する在留資格　**技術・人文知識・国際業務**
　　Status of residence

　　在留期間　3年
　　Period of stay

　　在留期間の満了日　2016 年　1 月　10 日
　　Date of expiration　Year　　Month　　Day

12　在留カード番号　BXXXXXXXXX
　　Residence card number

13　犯罪を理由とする処分を受けたことの有無 (日本国外におけるものを含む。)　Criminal record (in Japan / overseas)
　　有 (具体的内容　　　　　　　　　　　　　　　　　　　　　　　　　　)・⊛
　　Yes (Detail:　　　　　　　　　　　　　　　　　　　　　　　　　　) / No

14　永住許可を申請する理由　　**永住申請理由書をご参照**
　　Reason for applying for Permanent Resident

15　上記と異なる国籍・地域, 氏名, 生年月日による出入国の有無　有・⊛
　　Past entry into/departure from Japan with nationality/region, name and date of birth different from above-mentioned　Yes / No
　　(上記で『有』を選択した場合) (Fill in the followings when your answer is "Yes")

　　その時の国籍・地域
　　The then Nationality/Region

　　氏 名　　　　　　　　　　　　　　生年月日　　　年　　月　　日
　　The then name　　　　　　　　　The then date of birth　Year　Month　Day

　　直近の入国年月日　　年　　月　　日
　　The latest date of entry　Year　Month　Day

　　直近の出国年月日　　年　　月　　日
　　The latest date of departure　Year　Month　Day

16　経 歴 (今回の入国後の学歴・職歴, 本欄で記入できない場合は別紙に記載)
　　Personal history (when the space provided is not sufficient for your answer, write on a separate piece of paper and attach it to the application.)

年 Year	月 Month	経 歴 Personal history	年 Year	月 Month	経 歴 Personal history
1993 1994	7 12	●●●●学院			
2000 2005	1 10	●●●●株式会社			
1996	10	●●●●●●●●株式会社	今回入国後の滞在年数 Period of residence after new arrival	約15 For	年 Year(s)
		現在に至るまで	婚姻年月日 Date of marriage	年 Year　月 Month	日 Day

(注) 様式その2にも記入してください。Note: Please fill in Form Part 2.

3

結婚後の在留手続

その2 （永住）
Part 2 (Permanent Residence)

日本国政府法務省
Ministry of Justice,Government of Japan

17 主たる生計維持者 Main householder

(1)申請人との関係　Relationship with the applicant
☑ 本人 Self　□ 夫 Husband　□ 妻 Wife　□ 父 Father　□ 母 Mother　□ 子 Child
□ その他（ Others ）

(2)勤務先　Place of employment
名称 Name　●●●●●●●株式会社　　支店・事業所名 Name of Branch
所在地 Address　東京都●●区●●1-●-●　　電話番号 Telephone No.　03-XXXX-XXXX
(3)年収 Annual income　3,000,000　円 Yen

18 在日親族（父・母・配偶者・子・兄弟姉妹など）及び同居者
Family in Japan (Father, Mother, Spouse, Son, Daughter, Brother, Sister or others) or co-residents

続柄 Relationship	氏名 Name	生年月日 Date of birth	国籍・地域 Nationality / Region	同居 Residing with applicant or not	勤務先・通学先 Place of employment /school	在留カード番号 特別永住者証明書番号 Residence card number Special Permanent Resident Certificate number
夫	趙 ●●	1970.11.1	中国	はい・いいえ Yes / No	株式会社●●●●	人文知識・国際業務
長男	趙 ●●	1997.10.1	中国	はい・いいえ Yes / No	●●高等学校	家族滞在
				はい・いいえ Yes / No		
				はい・いいえ Yes / No		
				はい・いいえ Yes / No		

19 在日身元保証人　Guarantor in Japan

(1)氏名 Name　甲田 翔太
(2)国籍・地域 Nationality/Region　日本
(3)住所 Address　東京都●●区●●1丁目●番●号
電話番号 Telephone No.　03-XXXX-XXXX　携帯電話番号 Cellular Phone No.　090-XXXX-XXXX
(4)職業 Occupation　取締役
(5)申請人との関係　Relationship with the applicant
□ 夫 Husband　□ 妻 Wife　□ 父 Father　□ 母 Mother　□ 子 Child
□ 祖父 Grandfather　□ 祖母 Grandmother　□ 孫 Grandchild　□ 養父 Foster father　□ 養母 Foster mother
□ 養子 Adopted child　□ 配偶者の子 Child of spouse　□ 雇用主 Employer　□ 身元引受人 Guarantor　☑ その他（ 私の上司 ） Others

20 代理人（法定代理人による申請の場合に記入）Legal representative (in case of legal representative)

(1)氏名 Name　　　　　　　(2)本人との関係 Relationship with the applicant
(3)住所 Address
電話番号 Telephone No.　　　　　携帯電話番号 Cellular Phone No.

以上の記載内容は事実と相違ありません。I hereby declare that the statement given above is true and correct.
申請人（法定代理人）の署名／申請書作成年月日 Signature of the applicant (legal representative) / Date of filling in this form

李 ●●　　2015 年 Year　7 月 Month　1 日 Day

注意 Attention　申請書作成後申請までに記載内容に変更が生じた場合，申請人（法定代理人）が変更箇所を訂正し，署名すること。
In cases where descriptions have changed after filling in this application form up until submission of this application, the applicant (legal representative) must correct the part concerned and sign their name.

※ 取次者 Agent or other authorized person
(1)氏名 Name　佐野 誠　　(2)住所 Address　東京都千代田区平河町2-6-1平河町ビル8F
(3)所属機関等（親族等については，本人との関係）Organization to which the agent belongs (in case of a relative, relationship with the applicant)　電話番号 Telephone No.

行政書士法人ACROSEED　　03-XXXX-XXXX

記載例（理由書　永住許可申請）

平成26年2月1日

東京入国管理局長　殿

氏　　名：△　××
住　　所：東京都港区港南1－2－3
電話番号：090－1234－5678

事 情 説 明 書

　私は中国籍の　△　××　と申します。「人文知識・国際業務」（3年）の在留資格を頂いております。

　私は1966年4月1日，中国湖北省に生まれ，小学校，中学校，大学と中国で過ごしました。学生の頃からアジアの先進国である日本に憧れており，大学卒業後は中国で約5年間勤務し，2001年4月に××株式会社に勤務するため来日しました。現在は，同グループの○○株式会社にて海外業務担当者として勤務しております。

　世界がグローバル化を迎える中，今後は日中間が今まで以上に密接な関係になることに思いを馳せ，改めて今の自分を見つめ直し自分のこれからの人生について考えてみました。私の仕事は先進的な技術や情報に触れることが非常に大切であり，先進技術を誇る日本で生活をすることは大きなメリットとなります。しかも，現在の業務は大学で学んだ知識や語学，それに業務経験などを活かすことができるため，この仕事が天職であり生きがいであると感じております。今後も日本での長年にわたる経験を生かし，日中間のビジネスに力を注いでいきたいと考えております。さらに，勤務先でも私の今までの勤務態度と実績を高く評価して頂き，今後は「永住者」を取得し，今よりも安定した在留資格で会社のために尽くしてほしいとの要請も頂いております。

私生活におきましては，夫　△　○○　は1992年〜2004年，○○大学で国費留学生として勉強し，2003年より株式会社○○に就職しました。現在，同社における中国事業も拡大しつつ，現地責任者としての役目を果たしながら後任者の育成も完了したため，来年からは日本本社に復帰し，家族全員で日本で暮せるようになる予定です。長男の　△　□□　は，4歳から「家族滞在」の在留資格で来日し，現在○○高校で勉強しております。今後も日本で教育を受け，将来は国際感覚を持ち合わせた人間に育ってもらいたいと強く願っております。

　このような状況の下，日本での生活や社会に対しても深く馴染むことができ，もはや生活基盤は完全に日本にあると実感しています。また，10年以上も離れている母国に帰っても生活の見通しが立たず，今後も日本での生活を続けていきたいと強く希望しています。

　今まで私達を支えてくれた多くの日本の友人と会社の方々のご恩に報いるためにも，今後は現在の仕事を通じて日本社会に貢献していく所存であります。

　以上のような次第であり，私と息子に永住許可を頂けますよう，お願い申し上げます。

以上

⑤ 帰化申請

　帰化とは，外国人が日本国籍の取得を希望する意思表示に対して，国が許可することにより日本国籍を与える制度である。日本では帰化の許可は法務大臣の権限とされており，帰化を許可されると官報にその旨が告示され，その日から効力が生じることとなる。

　帰化の申請は，法務省所管の法務局又は地方法務局で行うもので，外国人の在留手続とは別異の手続です。

　日本で国際結婚を行った外国人の多くが，結婚後，数年が経過して日本での生活も安定し，日本国内での永住を考える頃になると，永住許可申請を行い「永住者」の在留資格を得るか，帰化申請を行い日本国籍となるかで悩む

例が多くみられる。

「永住者」は許可取得後も外国人であることには変わりなく，在留活動の制限はなくなるものの，退去強制事由に該当すれば退去強制の対象となり，参政権も今のところは認められてはいない。また，他の在留資格と同様に外国人登録や再入国の手続等が必要となる。一方，帰化は外国の国籍を喪失して日本国籍を取得し日本人となる点で異なる。日本での生活などを考えると帰化の方が便利に思えるが，ケースによっては自分の生まれ育った国に帰るためにビザを取得する必要が生じたり，自分の子どもたちの国籍にまで影響を与える可能性もあるため，帰化申請は慎重に行わなければならない。

帰化申請は，日本における在留期間が長ければ誰にでも許可されるというわけではない。帰化を申請するためには一定の条件を備えていなければならず，日本語能力も日本社会で生活する上で最低レベル（小学校の低学年）以上のものが要求される。その他にも日本の法律を忠実に守るかどうか，あるいは日本の生活習慣に馴染んでいるかどうかなども審査の対象となる。そのため，帰化を希望する場合には，日常的な素行はもとより交通違反や事故なども起こさないよう努め，税金の滞納等に関しても十分に注意しなければならない。

● 帰化申請の条件

帰化申請については，国籍法で次のように規定されている。

(1) 国籍法第5条の条件（基本条件）

① 引き続き5年以上日本に住所を有すること

② 20歳以上で本国法によって能力を有すること

③ 素行が善良であること

④ 自己又は生計を一にする配偶者その他の親族の資産又は技能によって生計を営むことができること

⑤ 国籍を有せず，又は日本の国籍の取得によってその国籍を失うべきこと

⑥　日本国憲法施行の日以後において，日本国憲法又はその下に成立した政府を暴力で破壊することを企て，若しくは主張し，又はこれを企て，若しくは主張する政党その他の団体を結成し，若しくはこれに加入したことがないこと

(2)　国籍法第6条の条件（国籍法5条1項1号（住所）の緩和規定）

　日本と特別の関係のある外国人で，現に日本に住所を有する者については，継続して5年以上日本に住所を有していなくても，他の条件（国籍法5条1項2～6号）が備わっていれば，法務大臣は帰化の許可をすることができる。

①　日本国民であった者の子（養子を除く。）で引き続き3年以上日本に住所又は居所を有する者

②　日本で生まれた者で引き続き3年以上日本に住所若しくは居所を有し，又はその父若しくは母（養父母を除く。）が日本で生まれた者

③　引き続き10年以上日本に居所を有する者

(3)　国籍法第7条の条件（国籍法5条1項1・2号（住所・能力）の緩和規定）

　日本国民の配偶者に対する緩和規定であり，このような場合でも帰化の許可をすることができる。

①　日本国民の配偶者たる外国人で引き続き3年以上日本に住所又は居所を有し，かつ，現に日本に住所を有する者

②　日本国民の配偶者たる外国人で婚姻の日から3年を経過し，かつ，引き続き1年以上日本に住所を有する者

(4)　国籍法第8条の条件（国籍法5条1項1・2・4号（住所・能力・生計）の免除規定）

　次の①～④の者については，帰化の条件（国籍法5条1項各号）のうち住所，能力，生計に関する条件を備えていないときでも帰化を許可することができる。

①　日本国民の子（養子を除く。）で日本に住所を有する者

② 日本国民の養子で引き続き1年以上日本に住所を有し，かつ，縁組の時本国法により未成年であった者

③ 日本の国籍を失った者（日本に帰化した後日本の国籍を失った者を除く。）で日本に住所を有する者

④ 日本で生まれ，かつ，出生の時から国籍を有しない者でその時から引き続き3年以上日本に住所を有する者

(5) 国籍法第9条の条件（国籍法5条1項の特別規定）

　日本に特別の功労のある外国人については，法務大臣は，国籍法第5条第1項の規定にかかわらず，国会の承認を得て，その帰化を許可することができる。

●帰化許可申請の必要書類

　国籍を証する書面及び身分関係を証する書面については，原則として本国官憲が発給したものを提出しなければならない。なお，申請者の国籍や身分関係，職業などによって必要な書類は異なるため，申請に当たっては法務局や地方法務局に必ず確認すること。

1．帰化許可申請書（申請者の写真が必要となる）

2．親族の概要書

3．履歴書

4．帰化の動機書

5．国籍を証する書面

6．身分関係を証する書面

7．外国人登録原票記載事項証明書

8．宣誓書

9．生計の概要書

10．事業の概要書

11．在勤及び給与証明書

12．納税証明書

記載例（帰化許可申請書）

帰化許可申請書

平成　　年　　月　　日

法務大臣　殿

帰化をしようとする者の写真（申請日の前6か月以内に撮影した5cm×5cmの単身,無帽,正面上半身のもの） 15歳未満の場合には,子を中心に法定代理人と一緒に撮影した写真 （平成　　年　　月　　日撮影）		

日本国に帰化したいので,関係書類を添えて申請します。

帰化をしようとする者	国　　籍	中国				
	出 生 地	遼寧省瀋陽市				
	住　所 （居所）	東京都●●区●●一丁目●番●－●号				
	（ふりがな）	おう　　　　　●			通称名	
	氏　　名	氏　王		名　●		
	生 年 月 日	大・㊐・平 56 年 11 月 1 日生	父母との続柄		長　男女	

父　母　の 氏　　　　名	父			母		
	氏　王		名　●	氏　張		名　●
父母の本籍 又は国籍	中　国			中　国		
養　父　母　の 氏　　　　名	養　父			養　母		
	氏		名	氏		名
養父母の本籍 又　は　国　籍						
帰 化 後 の 本　　　籍	東京都●●区●●一丁目●番					
帰 化 後 の 氏　　　名	氏　丁　田		（　の氏）	名　●		
申請者の署名又 は法定代理人の 住所,資格及び 署　　　　名						

上記署名は自筆したものであり,申請者は写真等と相違ないことを確認した。
　　　　　　　　　　　　　　受付担当官

電話連絡先	自宅	（なし）	勤務先	03（XXXX）XXXX	携帯	080（XXXX）XXXX

（注）　1　「申請年月日」及び「申請者の署名又は法定代理人の住所,資格及び署名」欄は,申請書受付の際に
　　　　　　記入するので,あらかじめ記入しないこと。
　　　　2　申請者が15歳未満の場合には,その法定代理人が署名する。
　　　　3　確認欄には,記載しない。

記載例（帰化の動機書）

帰　化　の　動　機　書

　私は遼寧省瀋陽市に1982年11月1日に生まれました。小学校，中学校，専門学校と中国で学生生活を過ごし，その後，「中国東北医薬集団」にて約7年間勤務し，優れた日本の学問を学ぶため，2009年3月1日「就学」の在留資格を賜り来日いたしました。

　その後，2012年9月1日に日本人「丁田明子」と結婚し，2013年1月6日に「日本人の配偶者等」の在留資格を頂きました。来日して約6年が過ぎ，学生生活を経て妻と出会い，結婚した後は「株式会社●●」に勤務し，現在では裕福ではありませんが二人で仲睦まじく，幸せな結婚生活を過ごして参りました。

　今後日本国籍を有する妻とともに私たち家族が日本から離れて生活する事は考えられません。就学生として日本の学校へ通い，日本の会社に勤務し，妻の夫として，私はすっかり日本に慣れ，生活の基盤も日本にあり，たくさんの日本人の友人もおります。今後も家庭を守り，私が学んできた知識や経験を活かし，日本社会に貢献していけるよう頑張りたいと考えております。

　私自身が日本で体験した貴重な日本での体験は一生忘れられないものであり，ゆくゆくは，妻との間に子をもうけ，私たちの子どもに伝えることができれば，素晴らしいと思っております。

　これから将来，私たち家族は一生日本で安定した生活を送りたいと強く希望しております。家族全員が幸福な人生を過ごすためにも，私が日本に帰化することが家族のためであると確信しております。

　　　　　　　　　　　　　平成　　　年　　　月　　　日

　　　　　　　　　　　　　　　　　　申請者

（注）　1　帰化したい理由を具体的（例えば，渡日に至った経緯・動機，日本での生活に対する感想，本国に対する思い，今までに行った又は今後行いたい社会貢献等）に書き，末尾に作成年月日を記入し，署名する。
　　　　2　原則として，申請者が自筆（ワープロは不可）する。
　　　　3　この書面は，申請者ごとに作成するが，15歳未満は不要である。

帰 化 の 動 機 書

　今後も日本の法律を良く守り，良い国民になりたいと決意し，こ
こに帰化を申請いたします。宜しくお願いいたします。

平成 27 年 6 月 1 日

申請者　王　●

(注)　1　帰化したい理由を具体的（例えば，渡日に至った経緯・動機，日本での生活に対する感想，本国に対す
　　　　る思い，今までに行った又は今後行いたい社会貢献等）に書き，末尾に作成年月日を記入し，署名する。
　　　2　原則として，申請者が自筆（ワープロは不可）する。
　　　3　この書面は，申請者ごとに作成するが，15歳未満は不要である。

記載例（履歴書その１）

年 月 日			居　住　関　係	学 歴・職 歴	身 分 関 係
昭和 56	11	1	中国遼寧省瀋陽市●●区●●１号		出生
平成 2	4			●●小学校　入学	
平成 8	3			同校　卒業	
	4			●●中学校　入学	
11	3			同校　卒業	
	8			●●医薬学校 入学	
14	7			同校　卒業	
	8		瀋陽市●●区●●１●ー●号	●●医薬集団 入学	
21	1			同社　退社	
	3	1	来日　東京都●●区●●１丁目●番●号 ●●アパート●号（H18.9まで）		
	4			国際●●学院 入学	
22	1			株式会社●● （アルバイト）	
23	3			同校　卒業	
	4			●●カレッジ 入学	
24	9	1	東京都●●区●●１丁目●番●ー●号 に移転（現在まで）		

履　歴　書 （その１）

氏名　王　●

(注)　1　「年」は，日本の元号で記載する。
　　　2　履歴事項は，古い年代のものから漏れなく記載する。例えば，学歴については，転校，中途退学，卒業の学部等についても記載し，職歴については，勤務先だけでなく，担当した職種についても記載する。
　　　　また，身分関係については，父母の死亡，事実婚についても記載する。
　　　3　用紙が不足するときは，同一用紙を用いて記載する。
　　　4　この書面は，申請者ごとに作成するが，15歳未満は不要である。

3

結婚後の在留手続

履　歴　書 （その1）	氏 名	王　　●		
年　月　日	居　住　関　係	学歴・職歴	身分関係	

年	月	日	居　住　関　係	学歴・職歴	身分関係
24	9	1			丁田明子と結婚
25	3			●●カレッジ卒業	
	4			株式会社●●アルバイト退社	
	9			株式会社●●アルバイトとして入社	

(注)　1　「年」は，日本の元号で記載する。

　　　2　履歴事項は，古い年代のものから漏れなく記載する。例えば，学歴については，転校，中途退学，卒業の学部等についても記載し，職歴については，勤務先だけでなく，担当した職種についても記載する。

　　　　　また，身分関係については，父母の死亡，事実婚についても記載する。

　　　3　用紙が不足するときは，同一用紙を用いて記載する。

　　　4　この書面は，申請者ごとに作成するが，15歳未満は不要である。

記載例（履歴書その２）

履　歴　書 (その 2)	氏名	王　●			
	回数	期　　間	日数	渡　航　先	目的，同行者等
出　入　国　歴 （最近３年間）	1	平 24 年 3 月 5 日 ～ 24 年 4 月 8 日	15	中国	親族訪問
	2	平　年　月　日 ～　年　月　日			
	3	平　年　月　日 ～　年　月　日			
	4	平　年　月　日 ～　年　月　日			
	5	平　年　月　日 ～　年　月　日			
	6	平　年　月　日 ～　年　月　日			
	7	平　年　月　日 ～　年　月　日			
	8	平　年　月　日 ～　年　月　日			
	9	平　年　月　日 ～　年　月　日			
	10	平　年　月　日 ～　年　月　日			
	総　出　国　日　数		15		

技　　能 資　　格	年　月　日第１種普通自動車運転免許取得
賞　　罰	なし
確　認　欄	

(注)　1　「年」は，日本の元号で記載する。
　　　2　出入国歴は法定住所条件に該当する期間について記載する。ただし，最短でも１年間は記載する。
　　　　　なお出入国歴欄が足りないときは，適宜の様式を用いた別紙に記載する。
　　　3　確認欄には，記載しない。

3

結婚後の在留手続

237

記載例（出入国歴表）

出　入　国　歴　表

回数	期　　　　　間	日数	渡　航　先	目　的　等	申請者名
1	平成 24 年 3 月 25 日 平成 24 年 4 月 8 日	15	中国	親族訪問	王 ●
2	平成　年　月　日 平成　年　月　日				
3	平成　年　月　日 平成　年　月　日				
4	平成　年　月　日 平成　年　月　日				
5	平成　年　月　日 平成　年　月　日				
6	平成　年　月　日 平成　年　月　日				
7	平成　年　月　日 平成　年　月　日				
8	平成　年　月　日 平成　年　月　日				
9	平成　年　月　日 平成　年　月　日				
10	平成　年　月　日 平成　年　月　日				
11	平成　年　月　日 平成　年　月　日				
12	平成　年　月　日 平成　年　月　日				
13	平成　年　月　日 平成　年　月　日				

帰化事件付録様式第28号

記載例（生計の概要　その１）

生　計　の　概　要　　（その１）　　　（平成　　年　　月　　日作成）

	氏　　　　名	月　収（円）	種　　　目	備　　考
収	王　●	357,855	給料（株）●●	
	丁田　明子	249,660		
入				
	合　　　　計	607,515		

	支　出　科　目	金　額（円）	備　　　　　考	
支	食　　　　　費	122,000	外食を含む	
	住　　居　　費	102,000	家賃（管理費を含む）	
	教　　育　　費			
	返　　済　　金			
	生命保険等掛金	5,000		
	預　　貯　　金	102,000		
	そ　　の　　他	17,000	電気代，ガス代，水道代	
出				
	合　　　　計			

	借　入　の　目　的	借　入　先	残　　　　額	完　済　予　定
主な負債				

(注)　1　世帯を同じくする家族ごとに作成する。
　　　2　月収は，申請時の前月分について，その手取額を記載する。
　　　3　収入の種目欄には，給与，事業収入，年金等の別を記載する。
　　　4　収入が世帯を異にする親族等からの仕送りによる場合には，月収欄に送金額を，種目欄に仕送りである旨を，備考欄に，仕送人の氏名及び申請者との関係を，それぞれに記載する。

3　結婚後の在留手続

記載例（生計の概要　その２）

生 計 の 概 要　（その２）

不動産	種　　類	面　　積	時　価　等	名　義　人

預貯金	預　　入　　先	名　義　人	金　額（円）
	●●銀行	丁田　明子	1,875
	●●銀行	王　●	1,972,993

株券・社債等	種　　類	評　価　額	名　義　人　等

高価な動産	種　　類	評　価　額	名　義　人　等

(注)　1　高価な動産欄については，おおむね100万円以上のものを記載する。
　　　2　不動産については，国外にあるものも記載する。

記載例（親族の概要　日本）

親族の概要 （居住地区分／☑日本　□外国）					交際状況等
続柄	氏　名 生年月日	年齢	職業	住　所 ※死亡している場合は，住所の記載に代え，死亡日を記載	①交際の有無，②帰化意思の有無，③申請者の帰化に対する意見，④その他（電話番号，帰化申請日，帰化日など）
妻	丁田　明子 昭和55年 3 月 1 日生	40	会社員	東京都●●区●●一丁目●番●－●号 （□　　年　月　日亡）	①交際　　／☑有　□無 ②帰化意思／□有　□無 ③意見／☑賛成　□反対 　　　　□特になし TEL 090 －××××－×××× 　　年　　月　　日帰化・申請
妻の父	丁田　次郎 昭和13年 10 月 1 日生			東京都●●区●●一丁目●番●－●号 （☑H18年 2 月 1 日亡）	①交際　　／□有　□無 ②帰化意思／□有　□無 ③意見／□賛成　□反対 　　　　□特になし TEL　　　－　　　－ 　　年　　月　　日帰化・申請
妻の母	丁田　安子 昭和18年 9 月 1 日生	77	無職	山梨県●●市○● 1－●－● （□　　年　月　日亡）	①交際　　／□有　☑無 ②帰化意思／□有　□無 ③意見／□賛成　□反対 　　　　☑特になし TEL 0553 －　×× －×××× 　　年　　月　　日帰化・申請
妻の兄	丁田　明男 昭和49年 1 月 1 日生	46	公務員	埼玉県●●市●● 1－●－● （□　　年　月　日亡）	①交際　　／□有　☑無 ②帰化意思／□有　□無 ③意見／□賛成　□反対 　　　　☑特になし TEL 048 －×××－×××× 　　年　　月　　日帰化・申請
	年　　月　　日生			（□　　年　月　日亡）	①交際　　／□有　□無 ②帰化意思／□有　□無 ③意見／□賛成　□反対 　　　　□特になし TEL　　　－　　　－ 　　年　　月　　日帰化・申請
	年　　月　　日生			（□　　年　月　日亡）	①交際　　／□有　□無 ②帰化意思／□有　□無 ③意見／□賛成　□反対 　　　　□特になし TEL　　　－　　　－ 　　年　　月　　日帰化・申請

（注）　1　原則として，申請者を除いて記載してください。
　　　　2　本書面に記載する親族の範囲は，申請していない「同居の親族」のほか，「配偶者」，申請者の「親（含：養親）」・「子（含：養子）」，「兄弟姉妹」，「配偶者の両親」，「内縁の夫（妻）」，「婚約者」です。なお，これらの親族には，死亡者も記載してください。
　　　　3　日本在住の親族と，外国在住の親族とは，別に記載してください。

記載例（親族の概要　外国）

親族の概要 (居住地区分／□日本 ☑外国)					交際状況等
続柄	氏　名 生年月日	年齢	職業	住　所 ※死亡している場合は、住所の記載に代え、死亡日を記載	①交際の有無、②帰化意思の有無、③申請者の帰化に対する意見、④その他（電話番号、帰化申請日、帰化日など）
父	王　●● 昭和32年 4 月 1 日生	63	退職	遼寧省瀋陽市●●区●● 1－● （□　　年　月　　日亡）	①交際　　　／☑有　□無 ②帰化意思／□有　□無 ③意見／☑賛成　□反対 　　　　　□特になし TEL 024 －××××－×××× 　　　年　　月　　日帰化・申請
母	張　●● 昭和32年 2 月 1 日生	62	退職	遼寧省瀋陽市●●区●● 1－● （□　　年　月　　日亡）	①交際　　　／☑有　□無 ②帰化意思／□有　□無 ③意見／☑賛成　□反対 　　　　　□特になし TEL 024 －××××－×××× 　　　年　　月　　日帰化・申請
	年　　月　　日生			（□　　年　月　　日亡）	①交際　　　／□有　□無 ②帰化意思／□有　□無 ③意見／□賛成　□反対 　　　　　□特になし TEL 　　　年　　月　　日帰化・申請
	年　　月　　日生			（□　　年　月　　日亡）	①交際　　　／□有　□無 ②帰化意思／□有　□無 ③意見／□賛成　□反対 　　　　　□特になし TEL　　　－ 　　　年　　月　　日帰化・申請
	年　　月　　日生			（□　　年　月　　日亡）	①交際　　　／□有　□無 ②帰化意思／□有　□無 ③意見／□賛成　□反対 　　　　　□特になし TEL　　　－ 　　　年　　月　　日帰化・申請
	年　　月　　日生			（□　　年　月　　日亡）	①交際　　　／□有　□無 ②帰化意思／□有　□無 ③意見／□賛成　□反対 　　　　　□特になし TEL 　　　年　　月　　日帰化・申請

(注)　1　原則として、申請者を除いて記載してください。
　　　2　本書面に記載する親族の範囲は、申請していない「同居の親族」のほか、「配偶者」、申請者の「親（含：養親）」・「子（含：養子）」、「兄弟姉妹」、「配偶者の両親」、「内縁の夫（妻）」、「婚約者」です。
　　　　なお、これらの親族には、死亡者も記載してください。
　　　3　日本在住の親族と、外国在住の親族とは、別に記載してください。

4 離婚したケースでの在留手続

　外国人配偶者が日本人と離婚したケースでは，その後の在留資格をどのように変更又は更新するかが問題となることが多い。もちろん，外国人配偶者が離婚後は母国に帰国することを望んでいる場合には別であるが，ほとんどのケースでは住み慣れた日本で離婚後も引き続き生活することを希望することが多い。この際にポイントとなるのが離婚時に有している在留資格である。日本人との婚姻中に「日本人の配偶者等」から永住許可を得て在留資格「永住者」を取得していれば，離婚後も引き続き日本に生活することができる。原則として日本人と結婚して3年が経過していれば「永住者」の在留資格を取得する基本的な要件はそろっていることになるため，大抵のケースでは時期がくればすぐにでも「永住者」を取得しているはずである。しかし，中には日本人と十数年間にわたり結婚していたにもかかわらず「永住者」を取得していなかったケースや，日本人との婚姻生活が3年も続かず，結果として永住許可申請も行うことができなかったケースが見受けられる。このようなケースでは在留資格が「日本人の配偶者等」となっているままのことが多く，離婚をしたのなら日本人の配偶者としての身分を失っているので，在留資格に定められた身分に該当しないことになる。当然，日本から出国するか，他の在留資格へと変更することを要求されることになる。このようなケースで最も活用されているのが「定住者」への変更である。

　「定住者」は，法務大臣が個々の外国人について特別な理由を考慮して居住を認める在留資格とされており，その具体例として「入国・在留審査要領」には以下のように記されている。

　特別な事情を考慮して入国・在留を認めることが適当である者
　この具体的な例としては次のようなものがある
1. 日本人，「永住者」，又は「特別永住者」の配偶者と離婚又は死別後も引き続き日本に在留を希望する者

⑴　独立の生計を営むに足りる資産又は技能を有すること。

⑵　日本人，「永住者」の在留資格をもって在留する者又は特別永住者との間に出生した子を日本国内において養育しているなど，在留を認めるべき特別な事情を有している者であること。

２．日本人の実子を扶養する外国人親

⑴　独立の生計を営むに足りる資産又は技能を有すること。

⑵　実子の親権者であること及び現に日本国内において相当期間当該実子を監護養育していることが認められること。

　これによれば離婚後も日本に在留する特別な事情がある場合又は日本人の実子を養育するようなケースであれば，「定住者」への変更が認められる可能性があるとしている。特別な事情については明確な規定などはなく個別のケースにより判断されるが，結婚による日本での滞在年数が相当期間あり，母国に帰っても生活の基盤を築くことが難しいケースなども含まれると考えられる。離婚後に日本人の実子を扶養する場合には容易であるが，それ以外のケースでは離婚した外国人配偶者がなぜ日本に滞在したいのかを明確にし，在留資格変更許可申請を行う際には申請理由書などにその旨を記した方がよいだろう。また，申請時によく問題となるのが「独立の生計を営むに足りる資産又は技能」である。これによれば日本人との離婚後，「定住者」への在留資格変更を申請するまでの間に，何らかの職に就くか，生活が可能な資産を築いておかなければならないことになる。しかし，実際には日本人の配偶者として家事や育児などを行いながら滞在しているケースが大半を占めており，外国人配偶者が離婚後すぐに仕事を探してもなかなか見つからないことが多い。また，結婚した日本人配偶者がよほど裕福でない限り，離婚をした際にそれなりの資産を築くことは難しいだろう。そのため，離婚後に「日本人の配偶者等」から「定住者」への変更を希望する場合には，日本人と離婚する前に，資産や就職先，それに日本人との間に実子がいる場合にはその親権など，「定住者」への変更を念頭に置いた準備をしておいた方がよ

いだろう。

　一方，日本に滞在する外国人同士が離婚し引き続き日本での滞在を希望する場合には，より難しくなるケースが多い。前述したように結婚していた配偶者が「永住者」，「特別永住者」の場合には「定住者」への変更も考えられるが，それ以外のケースでは在留資格を何らかの形で変更しなければならない。その際には，離婚した外国人配偶者の経歴や日本での滞在目的なども含めてどの在留資格に該当するかを総合的に判断することになる。しかし，保有している在留資格が「家族滞在」である場合には，実質的には就労可能な「技術・人文知識・国際業務」又は「経営・管理」などの在留資格へと変更することを希望する場合があると思われるが，学歴や資金など，在留資格の基礎的な要件を満たしておらず変更許可が難しいことが多い。

　なお，「日本人の配偶者等」または「永住者の配偶者等」から「定住者」への変更が認められた事例が，平成24年7月に入国管理局より公表されている。

1　定住者への在留資格変更許可が認められた事例

	性別	本邦在留期間	前配偶者	前配偶者との婚姻期間	死別・離婚の別	前配偶者との間の実子の有無	特記事項
1	女性	約6年	日本人（男性）	約6年6か月	離婚	日本人実子	・親権者は申請人 ・日本人実子の監護・養育実績あり ・訪問介護員として一定の収入あり
2	女性	約5年1か月	日本人（男性）	約3年	事実上の破綻	無	・前配偶者による家庭内暴力が原因で婚姻関係が事実上破綻 ・離婚手続は具体的に執られていない状況にあったものの，現に別居し双方が離婚の意思を明確に示していた ・看護助手として一定の収入あり
3	男性	約13年8か月	特別永住者（女性）	約6年1か月	死別	無	・金属溶接業経営を継続する必要あり ・金属溶接業経営により一定の収入あり
4	女性	約8年1か月	日本人（男性）	約4年5か月	離婚	日本人実子	・前配偶者による家庭内暴力が原因で離婚 ・前配偶者による家庭内暴力により外傷後ストレス障害を発症 ・親権者は申請人 ・日本人実子の監護・養育実績あり

	性別	本邦在留期間	前配偶者	前配偶者との婚姻期間	死別・離婚の別	前配偶者との間の実子の有無	事案の概要
5	女性	約10年5か月	日本人（男性）	約11年5か月	事実上の破綻	無	・配偶者による家庭内暴力が原因で通算8年以上別居（同居期間は通算約2年） ・配偶者が申請人との連絡を拒否 ・離婚手続を進めるため弁護士に相談
6	女性	約8年8か月	永住者（男性）	約6年	事実上の破綻	外国人（永住者）実子	・配偶者による家庭内暴力が原因で3年以上別居 ・子の親権に争いがあり離婚調停不成立，離婚訴訟準備中
7	男性	約8年3か月	日本人（女性）	約7年9か月	離婚	日本人実子	・日本人実子に対して毎月3万円の養育費の支払いを継続 ・会社員として一定の収入あり ・親権者は前配偶者

2　定住者への在留資格変更許可が認められなかった事例

	性別	本邦在留期間	前配偶者	前配偶者との婚姻期間	死別・離婚の別	前配偶者との間の実子の有無	事案の概要
1	男性	約4年10か月	日本人（女性）	約3年	離婚	日本人実子	・詐欺及び傷害の罪により有罪判決 ・親権者は前配偶者
2	男性	約4年1か月	永住者（女性）	約3年11か月	事実上の破綻	無	・単身で約1年9か月にわたり本邦外で滞在
3	女性	約4年1か月	日本人（男性）	約3年10か月	死亡	無	・単身で約1年6か月にわたり本邦外で滞在 ・本邦在留中も前配偶者と別居し風俗店で稼働
4	女性	約3年4か月	日本人（男性）	約1年11か月	離婚	無	・前配偶者の家庭内暴力による被害を申し立てた2回目の離婚 ・初回の離婚時に前配偶者による家庭内暴力を受けていたとして保護を求めていたが，間もなく前配偶者と再婚 ・前配偶者との婚姻期間は離再婚を繰り返していた時期を含め約1年11か月
5	女性	約4か月	日本人（男性）	約3年	離婚	無	・前配偶者の家庭内暴力による被害を申し立てて申請 ・婚姻同居期間は3か月未満
6	女性	約3年3か月	日本人（男性）	約2年1か月	離婚	無	・前配偶者の家庭内暴力による被害を申し立てて申請 ・日本語学校に通うとして配偶者と別居したが，風俗店に在籍していたことが確認されたもの ・婚姻の実体があったといえるのは，約1年3か月

● 日本人配偶者との死別により，在留資格を「日本人の配偶者等」から「定住者」へと変更する場合

記載例（在留資格変更許可申請書）

別記第三十号様式（第二十条関係）

申請人等作成用 1
For applicant, part 1

日本国政府法務省
Ministry of Justice,Government of Japan

在 留 資 格 変 更 許 可 申 請 書
APPLICATION FOR CHANGE OF STATUS OF RESIDENCE

東京　入国管理局長　殿
To the Director General of　Regional Immigration Bureau

写 真

Photo

出入国管理及び難民認定法第20条第2項の規定に基づき，次のとおり在留資格の変更を申請します。
Pursuant to the provisions of Paragraph 2 of Article 20 of the Immigration Control and Refugee Recognition Act,
I hereby apply for a change of status of residence.

1 国 籍・地 域 Nationality/Region	中国		2 生年月日 Date of birth	1981 年 11 月 9 日 Year Month Day	
	Family name	Given name			
3 氏 名 Name	游 ●●	YOU ●●			
4 性 別 Sex 男・(女) Male / Female	5 出生地 Place of birth	福建省		6 配偶者の有無 Marital status 有・(無) Married / Single	
7 職 業 Occupation 会社経営者	8 本国における居住地 Home town/city		福建省		

9 住居地 Address in Japan　東京都●●区●●1丁目●番●号

電話番号 Telephone No.　090-XXXX-XXXX　　携帯電話番号 Cellular phone No.　090-XXXX-XXXX

10 旅券 Passport	(1)番 号 Number GXXXXXXXX	(2)有効期限 Date of expiration	2023 年 9 月 1 日 Year Month Day
11 現に有する在留資格 Status of residence 日本人の配偶者等		在留期間 Period of stay	1年
在留期間の満了日 Date of expiration	2015 年 11 月 18 日 Year Month Day		

12 在留カード番号 Residence card number　Ⓑ 第XXXXXXXXX号

13 希望する在留資格 Desired status of residence　定住者

在留期間 Period of stay　3年　（審査の結果によって希望の期間とならない場合があります。）(It may not be as desired after examination.)

14 変更の理由 Reason for change of status of residence

15 犯罪を理由とする処分を受けたことの有無（日本国外におけるものを含む。） Criminal record (in Japan / overseas)
有（具体的内容 Yes (Detail:　　）・(無)) / No

16 在日親族(父・母・配偶者・子・兄弟姉妹など) 及び同居者
Family in Japan(Father, Mother, Spouse, Son, Daughter, Brother, Sister or others) or co-residents

続 柄 Relationship	氏 名 Name	生年月日 Date of birth	国籍・地域 Nationality/Region	同 居 Residing with applicant or not	勤務先・通学先 Place of employment/ school	在 留 カ ー ド 番 号 特別永住者証明書番号 Residence card number Special Permanent Resident Certificate number
子	甲川 大介	2015.1.1	日本	はい・いいえ Yes / No	●●保育園	―
				はい・いいえ Yes / No		
				はい・いいえ Yes / No		
				はい・いいえ Yes / No		
				はい・いいえ Yes / No		

※ 16については、記載欄が不足する場合は別紙に記入して添付すること。　なお，「研修」，「技能実習」に係る申請の場合は記載不要です。
Regarding item 16, if there is not enough space in the given columns to write in all of your family in Japan, fill in and attach a separate sheet.
In addition, take note that you are not required to fill in item 16 for applications pertaining to "Trainee" or "Technical Intern Training".

(注) 裏面参照の上，申請に必要な書類を作成して下さい。　Note : Please fill in forms required for application. (See notes on reverse side.)

4

離婚したケースでの在留手続

247

申請人等作成用 2　T （「日本人の配偶者等」・「永住者の配偶者等」・「定住者」）　　在留期間更新・在留資格変更用
For applicant, part 2 T ("Spouse or Child of Japanese National" / "Spouse or Child of Permanent Resident" / "Long Term Resident")　　For extension or change of status

17　身分又は地位　　Personal relationship or status

- ☑ 日本人の配偶者
  Spouse of Japanese national
- ☐ 日本人の実子
  Biological child of Japanese national
- ☐ 日本人の特別養子
  Child adopted by Japanese nationals in accordance with the provisions
  of Article 817-2 of the Civil Code (Law No.89 of 1896)

- ☐ 永住者又は特別永住者の配偶者
  Spouse of Permanent Resident or Special Permanent Resident
- ☐ 永住者又は特別永住者の実子
  Biological child of Permanent Resident or Special Permanent Resident

- ☐ 日本人の実子の実子
  Biological child of biological child of Japanese national
- ☐ 日本人の実子又は「定住者」の配偶者
  Spouse of biological child of Japanese national or "Long Term Resident"

- ☐ 日本人・永住者・特別永住者・日本人の配偶者・永住者の配偶者又は「定住者」の未成年で未婚の実子
  Biological child who is a minor of Japanese,"Permanent Resident","Special Permanent Resident", Spouse of Japanese national,
  Spouse of Permanent Resident or "Long Term Resident"

- ☐ 日本人・永住者・特別永住者又は「定住者」の6歳未満の養子
  Adopted child who is under 6 years old of Japanese,"Permanent Resident","Special Permanent Resident" or "Long Term Resident"

- ☐ その他（　　　　　　　　　　　　　　　　　　　　　　　　　　　　　　　）
  Others

18　婚姻、出生又は縁組の届出先及び届出年月日　　Authorities where marriage, birth or adoption was registered and date of registration

(1)日本国届出先 Japanese authorities	東京都●●区役所	届出年月日 Date of registration	2014 年　7 月　18 日 Year　Month　Day
(2)本国等届出先 Foreign authorities		届出年月日 Date of registration	年　　月　　日 Year　Month　Day

19　申請人の勤務先等　　Place of employment or organization to which the applicant belongs

- (1)名称　　　●●●●株式会社　　　　支店・事業所名
  Name　　　　　　　　　　　　　　　Name of branch
- (2)所在地　　東京都●●区●●1丁目●番●号　　　電話番号　　03-XXXX-XXXX
  Address　　　　　　　　　　　　　　　　　　　　Telephone No.
- (3)年　収　　約700万　　円
  Annual income　　　　　　Yen

20　滞在費支弁方法　　Method of support to pay for expenses while in Japan

(1)支弁方法及び月平均支弁額　　Method of support and an amount of support per month (average)

- ☑ 本人負担　　　　　　　　　　円　　☐ 在外経費支弁者負担　　　　　　円
  Self　　　　　　　　　　　　　Yen　　Supporter living abroad　　　　　Yen
- ☐ 在日経費支弁者負担　　　　　円　　☐ 身元保証人　　　　　　　　　　円
  Supporter in Japan　　　　　　Yen　　Guarantor　　　　　　　　　　　Yen
- ☐ その他　　　　　　　　　　　円
  Others　　　　　　　　　　　　Yen

(2)送金・携行等の別　　Remittances from abroad or carrying cash

- ☐ 外国からの携行　　　　　　　円　　☐ 外国からの送金　　　　　　　　円
  Carrying from abroad　　　　　Yen　　Remittances from abroad　　　　　Yen
- （携行者　　　　　　　　　　携行時期　　　　　　　） ☐ その他　　　　　円
  Name of the individual　　　　Date and time of　　　　　Others　　　　Yen
  carrying cash　　　　　　　　carrying cash

(3)経費支弁者（後記21と異なる場合に記入）　　Supporter (Fill in the following in cases where different person other than that given in 21 below.)

- ①氏　名
  Name
- ②住　所　　　　　　　　　　　　　　　　　　電話番号
  Address　　　　　　　　　　　　　　　　　　Telephone No.
- ③職業（勤務先の名称）　　　　　　　　　　電話番号
  Place of employment　　　　　　　　　　　Telephone No.
- ④年　収　　　　　　　　円
  Annual income　　　　　　Yen

申請人等作成用 3　　T （「日本人の配偶者等」・「永住者の配偶者等」・「定住者」）　　　在留期間更新・在留資格変更用
For applicant, part 3 T ("Spouse or Child of Japanese National" / "Spouse or Child of Permanent Resident" / "Long Term Resident")　　　For extension or change of status

21　扶養者（申請人が扶養を受ける場合に記入）　Supporter (Fill in the followings when the applicant is being supported)
　(1)氏　名
　　　Name
　(2)生年月日　　　　　　　　　　年　　　　　月　　　　　日　(3)国　籍・地　域
　　　Date of birth　　　　　　　Year　　　Month　　　Day　　Nationality/Region
　(4)在留カード番号 / 特別永住者証明書番号
　　　Residence card number / Special Permanent Resident Certificate number
　(5)在留資格　　　　　　　　　　　　　　　　(6)在留期間
　　　Status of residence　　　　　　　　　　Period of stay
　(7)在留期間の満了日　　　　　　年　　　　　月　　　　　日
　　　Date of expiration　　　　　Year　　　Month　　　Day
　(8)申請人との関係（続柄）　Relationship with the applicant
　　　□ 夫　　　　　　□ 妻　　　　　　□ 父　　　　　　□ 母
　　　　Husband　　　　　Wife　　　　　　Father　　　　　Mother
　　　□ 養父　　　　　□ 養母　　　　　□ その他（　　　　　　　　　　　　　　　　　　　　　）
　　　　Foster father　　Foster mother　　Others
　(9)勤務先名称　　　　　　　　　　　　　　　　支店・事業所名
　　　Place of employment　　　　　　　　　　Name of branch
　(10)勤務先所在地　　　　　　　　　　　　　　　電話番号
　　　Address　　　　　　　　　　　　　　　　　Telephone No.
　(11)年　収　　　　　　　　　　円
　　　Annual income　　　　　　　Yen
22　在日身元保証人又は連絡先　Guarantor or contact in Japan
　(1)氏　名　　　丙川　太一　　　　　　　　　(2)職　業　　　　　　　　会社経営者
　　　Name　　　　　　　　　　　　　　　　　Occupation
　(3)住　所　　　東京都●●区●●1丁目●番●-●号
　　　Address
　　　電話番号　　　　　　　　　　　　　　　　携帯電話番号
　　　Telephone No.　　　03-XXXX-XXXX　　　Cellular Phone No.
23　代理人（法定代理人による申請の場合に記入）　Legal representative (in case of legal representative)
　(1)氏　名　　　　　　　　　　　　　　　　　(2)本人との関係
　　　Name　　　　　　　　　　　　　　　　　Relationship with the appllicant
　(3)住　所
　　　Address
　　　電話番号　　　　　　　　　　　　　　　　携帯電話番号
　　　Telephone No.　　　　　　　　　　　　　Cellular Phone No.

以上の記載内容は事実と相違ありません。　　I hereby declare that the statement given above is true and correct.
申請人（法定代理人）の署名／申請書作成年月日　　Signature of the applicant (legal representative) / Date of filling in this form
　　　　遊　●●　　　　　　　　　　　　　　2015 年　11 月　19 日
　　　　　　　　　　　　　　　　　　　　　　　　　　　　Year　　　Month　　　Day

　注意　Attention
　申請書作成後申請までに記載内容に変更が生じた場合，申請人（法定代理人）が変更箇所を訂正し，署名すること。
　In cases where descriptions have changed after filling in this application form up until submission of this application, the applicant (legal representative)
　must correct the part concerned and sign their name.

※ 取次者　　　Agent or other authorized person
　(1)氏　名　　佐野　誠　　　　　　　　　(2)住　所　　東京都千代田区平河町2-6-1
　　　Name　　　　　　　　　　　　　　　　Address　　　平河町ビル8F
　(3)所属機関等（親族等については，本人との関係）　　　　　　　電話番号
　　　Organization to which the agent belongs (in case of a relative, relationship with the applicant)　　Telephone No.
　　　　行政書士法人 ACROSEED　　　　　　　　　　　03-××××-××××

記載例（申請理由書）

東京入国管理局長　殿

平成28年10月1日

申　請　理　由　書

　私は中国籍の　○○　××　と申します。現在，「日本人の配偶者等」の在留資格を頂いておりますが，以下のような理由により私の在留資格を「定住者」へと変更して頂きたく，在留資格変更許可を申請させて頂きます。

　私は2002年11月に「就学」の在留資格で来日し，2003年8月から不法滞在となりました。その後，私は2004年4月21日に日本人の主人「○○　△△」と日本で結婚した後，2004年5月に出頭により帰国しました。そして，2006年3月に「日本人の配偶者等」の在留資格を頂き来日しました。

　来日後，私は主人の協力のもと家事と仕事を両立しながら株式会社××で勤務し，2人で幸せな日々を過ごしてきました。しかし，2012年5月10日に主人が急性心筋梗塞で突然に亡くなってしまいました。その後，2012年7月に私は主人が勤務していた株式会社○○に入社し，中国からの輸入手続の担当者として勤務しております。

　主人が亡くなってから私は今後の人生について真剣に考えました。私の日本での滞在歴は既に6年にもなり，今ではすっかり日本社会に馴染んで暮らしていることを強く感じております。さらに，日本企業で勤務していることもあり，もはや私の生活基盤は完全に日本にあり，今さら母国に帰っても生活の見通しが立たないのが現状です。

　私は中国で生まれ育ちましたが，現在は亡くなった主人や多くの親族，それに友人など，人生でかけがえのない人たちが周りに住んでいる日本に強く愛着を感じております。私は今後も母国に帰ったり第三国で生活したりするような考えは持っておりません。その上，義母も私が日本に残り一緒に生活することを望んでおり，将来は世話をしてあげたいと考えております。

現在，私は株式会社○○に勤務しており，毎月約25万円前後の収入があります。また，亡くなった主人からの遺産もあり，これから日本での生活については自信があります。

　以上のような理由により，私の在留資格を「日本人の配偶者等」から「定住者」へと変更して頂きたく，お願い申し上げます。

・在留資格変更許可申請書の記載例は，136頁を参照のこと

CHAPTER 6 国際結婚にまつわるQ&A

1 国際結婚(全般)

1 待婚期間の取扱い

Q1
　私は韓国籍の女性との再婚を考えています。韓国では離婚後もすぐに結婚できるそうですが,日本では女性は100日が経過しないと結婚できないと聞きました。すぐに婚姻手続を済ませ,一緒に生活をしたいのですが,どうしたらよいのでしょうか?

A1　国際結婚における条件は,それぞれの当事者の国の法律が定める条件に適合しなければならない。日本では以下のように結婚に関する条件がもうけられている。

① 男性は満18歳以上,女性は満16歳以上であること
② 重婚でないこと
③ 待婚期間が経過した後であること
④ 近親婚でないこと
⑤ 直系姻族間の結婚でないこと
⑥ 養親子関係の結婚ではないこと
⑦ 未成年の場合には,父又は母の同意を得ること

　この中で③の待婚期間は,日本では再婚女性は前婚の解消又は取消から

100日を経過した後でなければならないとされている。一方，韓国ではこのような待婚期間の定めはないため，韓国の法律では結婚が可能となる。国際結婚において婚姻の実質的成立要件は，それぞれの本国法に従うこととされているため，この場合には日本と韓国の双方の法律を満たさなければならない。そのため，相手の韓国籍女性が離婚後100日が経過するまでは結婚ができないことになる。

❷ 国際結婚と戸籍の扱い

Q 2

国際結婚をした場合，日本人である私の戸籍や住民票などはどのようになるのでしょうか？

A 2 国際結婚をしても日本人としての国籍が変わることはないため，戸籍が無くなるようなことはない。ただし，国際結婚の婚姻届が受理されると，現在在籍している親の戸籍等から除籍され，あなた1人の単独の新戸籍が編製されることとなる。これは，日本の場合には外国人については戸籍がないためであり，日本人配偶者の戸籍の身分事項欄には，外国人配偶者の国籍，氏名，生年月日などが記載されることにより，日本人と外国人が婚姻したことを証することになる。

一方，住民登録は，平成24年7月以降，外国人も登録の対象となった。入国・在留する外国人は増加傾向にあり，外国人に対しても基礎的行政サービスを提供する基盤となる制度の必要性が高まった。外国人にも日本人と同様，住民基本台帳法の適用対象に加え，外国人住民の利便の増進及び市区町村等の行政の合理化を図るための，「住民基本台帳法の一部を改正する法律」が第171回国会で成立し，平成21年7月15日に公布，平成24年7月9日に施行された経緯がある。法改正により，我が国に在留資格をもって在留する外

国人であって，３か月以下の在留期間が決定された者や短期滞在・外交・公用の在留資格が決定された者等以外の者は住民登録の対象となった。これにより，外国人も，別の市区町村へ引越しをする際には，転出の届出を現住所の市区町村にて行い，転入の届出を新たな住所となる市区町村にて行う必要がある。また，海外に移転する際の転出届も必要となる。なお，外国人は，住居地について市区町村長を経由して法務大臣に届け出なければならないこととされているが，転入・転居等の手続をすれば届出をしたことみなされる。その後，市区町村が転入・転居等の手続の際に把握した住居地情報を，法務大臣に通知することになる。

③ 国際結婚と日本人の姓

Q 3

　私はアメリカ人との結婚を考えている日本人女性です。外国人と結婚した場合，私の名前はどのようになるのでしょうか？

A 3　　日本人同士が結婚した場合には片方の配偶者の姓が戸籍筆頭者となり夫や妻として戸籍が編製されるが，国際結婚の場合には日本人１人の戸籍が編製されることはＡ２でも述べた。そのため，日本人が元の姓のままで筆頭者となるため，国際結婚をしても姓が変わることはない。

　しかし，日本人同士の婚姻の場合には，夫又は妻の氏を称することが定められており，どちらか１つの姓を選ばなければならないとされているのに対し，国際結婚の場合には，姓が変更されることがないのでは生活上の不都合が生じることがある。そのため，国際結婚をした場合には，結婚後６か月以内に市区町村役場に「外国人配偶者の氏への氏変更届」を提出すると，家庭裁判所の許可を得ることなく，日本人の戸籍上の姓が外国人配偶者の姓に変更されることとなる。この場合には，戸籍に記載された外国人の氏を称する

255

こととなり，原則としてミドルネームは除外される。ただし，このように簡単に姓の変更ができるのは外国人配偶者との結婚で6か月以内に届出をした場合に限る。仮に6か月を経過した場合には，通常の日本人が姓を変更する場合と同様に，家庭裁判所から「やむを得ない事由」があるとする氏変更の許可の審判を得なければならないため，姓の変更を希望する場合には手続の期限に気をつけなければならない。

　ちなみに，外国人配偶者の姓へと変更した者が離婚した場合，日本人が離婚した場合とは異なり，当然には姓が元に戻ることはない。外国人配偶者の氏に変更した過去のある日本人は離婚後3か月以内に氏変更届を提出することにより，元の姓へと戻ることができる。

④ 海外での国際結婚手続

Q4

　私はネパール人男性との婚姻を考えている日本人です。彼の母国で親族に紹介された後，現地で結婚手続を済ませようと思いますが，その手続はどのようにしたらよいのでしょうか？

A4　　このケースでは相手がネパール国籍でネパールで結婚手続を行うことになるので，まずはネパールの法律に従った婚姻手続を完了させなければならない。最初にネパールの法律による婚姻の要件を確認し，自分が要件を具備しているかどうかを確認するが，この確認は日本を出発する前に駐日ネパール大使館で行うか，配偶者となる彼に調べてもらうのが良いだろう。また，同時にネパールで届出を行う予定の役所などにも問合せを行い，婚姻手続に必要な資料の一覧を作成しておく必要がある。その際，事前に日本で準備しておかなければならない戸籍謄本や婚姻要件具備証明書などをそろえ，訳文をつけて準備しておくと手続がスムーズに進む。このように

してネパールで婚姻手続を行えば，ネパール法による婚姻は成立する。しかし，当然ながらこのままでは日本での戸籍の届出が残っているため，別に届出をしなければならない。ネパールでの婚姻が成立した後に現地の役所で婚姻証明書を発行してもらい，それを3か月以内にネパールにある日本大使館や領事館に届け出なければならない。大使館などはこの届出を受理すると日本人の本籍地に通知し，日本では新しい戸籍が編製され，日本での婚姻も公証されることになる。外国人配偶者の母国で結婚手続を行う場合には，このような方法によるのが一般的である。

2 結婚手続

1 婚姻届と受理伺い

Q1

先日，不法滞在している外国籍の彼と区役所に婚姻届を提出したら，役所の人から「受理伺い」にします。と告げられました。これはどういうことを意味しているのでしょうか？

A1 日本で国際結婚による婚姻届を提出する場合には，外国人配偶者の国籍国が発行した婚姻要件具備証明書が必要となる。ところが，不法滞在などをしている場合には婚姻要件具備証明書が発行されないことがある。また，外国政府が発行した正式な婚姻要件具備証明書であってもパキスタン，バングラデシュ，ガーナ，ペルーなどのものは，受け付けないこともある。そのような場合には，代わりに別の書類を提出して本国法で婚姻要件を備えていることを証明することになる。しかし，このような証明は公的な機関が発行した正式な書類ではないことが多く，婚姻届を受け付ける市区町村の役所の窓口では受理をすべきなのか判断がつかないことがある。この

ような場合にはとりあえず受理を保留し，戸籍事務に関する主務官庁の法務局に判断をゆだねることがあるが，これが受理伺いである。婚姻届が受理伺いとなると，その回答が出るまでに数週間から長い場合には数か月もかかることがある。また，ケースによっては法務局から婚姻を希望する2人に連絡が入り，出身地や家族構成，知り合ったきっかけなどに関する聞き取り調査が行われることもある。このような手続を経て婚姻届が受理された場合には，最初の届出日に遡り受理されることになる。例えば，4月1日に婚姻届を提出し受理伺いとなった場合，6月1日に受理するとの回答があった場合でも，戸籍謄本に記載される婚姻の日は4月1日となる。また，受理伺いになった場合，届出人が希望すれば証明書が発行される，今後の問合せや他の手続などにも利用できることがあるため，証明書の発行を受けておくと良いだろう。

❷ 中国（台湾）の人との結婚手続

Q 2

　結婚を約束している彼女は中国（台湾）の人です。日本は台湾を正式な国とは認めていないそうですが，婚姻要件具備証明書などはどうやって手に入れればよいのでしょうか？

A 2　日本は台湾を正式な国とは認めていないが，原則として，国家や政府を承認するかしないかということと国際結婚においてどの国の法律を適用するかということは別の問題である。そのため，国際結婚においては台湾の法律が本国法として適用されることになる。確かに日本は台湾を国とは認めていないため，日本に台湾の大使館などはないが，その代わりに領事業務，査証・旅券，書類認証などの大使館と同等の業務を行う「台北駐日経済文化代表部」が日本の大阪，福岡，横浜，那覇に事務所を設置してい

258

る。ちなみに，それぞれ取扱業務が異なることがあるため，利用する際には事前確認が必要である。一方，台湾には日本大使館の代わりの機関として「財団法人交流協会」の事務所が台北と高雄に設置されている。そのため，婚姻要件具備証明書は日本の「台北駐日経済文化代表部」で発行してもらうことができる。また，台湾には戸籍制度があるため，戸籍謄本を本国から取り寄せて代わりに提出することも可能である。

❸ 婚姻要件具備証明書を発行してもらえない場合

Q 3

私は不法滞在をしていますが，日本人との婚姻を考えています。ところが，大使館に問い合わせても「うちでは婚姻要件具備証明書を発行しない」と言われるばかりです。どうしたらよいのでしょうか？

A 3 国際結婚をする際には，外国人配偶者の本国の法律で婚姻要件を満たしているかを証明する婚姻要件具備証明書を役所に提出しなければならない。日本では戸籍謄本がこの役割を果たすことになるが，海外の多くの国にはこのような制度がない。そのため，本国法により発行する権限が与えられている大使館や領事館などが婚姻要件を満たしている証明書として婚姻要件具備証明書を発行している。ところが，在留資格がないなど，ケースによっては，婚姻要件具備証明書を全く発行してくれないこともあり，そのような場合には代わりとなる宣誓書などの資料を発行してもらうことになるが，その内容は国により異なる。さらに，このような資料さえ発行してもらえないような場合には，本国法の規定の写しなどを提出した上で，婚姻要件を満たしていることを証明するために国籍証明，出生証明，独身証明などを適宜提出することになる。ちなみに，このようなケースではＱ１に示したように受理伺いとなる可能性が非常に高くなることを承知しておくべ

きである。

3 在留手続

❶ 在留資格認定証明書交付申請が不交付

Q1

　私はフィリピン人との国際結婚をした日本人男性です。マニラ市内で挙式し，現地で婚姻手続を済ませて帰国しました。その後，入国管理局に「日本人の配偶者等」の在留資格認定証明書の交付申請をしましたが不交付となりました。どうしたらよいのでしょうか？

A1

　在留資格認定証明書の交付申請をして結果が不交付となった場合には，その原因を探ることが重要である。入国管理局から送付される文書には「本邦に上陸しようとする外国人の過去の入国・在留状況から申請内容に信ぴょう性があるとは認められません。」などと記載されていることが多く，これを読んだだけでは具体的な不交付の理由が分かることはほとんどない。そこで，実際に申請を行った入国管理局に行き，不交付の理由を直接確認することが重要となる。理由を確認する際には，①何が原因なのか，②他には問題はないのか，③その問題点がクリアできれば再申請を行い交付される可能性はあるのか，の3点を中心に確認しなければならない。このような説明は基本的には一度しかされないため，前もって申請内容や，確認する事項などを整理してから説明を受けるようにすべきである。後で聞き忘れたことがあったとしても，原則として同じ説明はされないので注意しなければならない。特に申請取次の場合で，行政書士などが不交付の理由を確認したあとに，依頼者である外国人本人がもう一度確認するような場合では問題となることもある。

このような説明を受け，問題点をクリアすることができるのかを考慮し，次回の再申請を行うかどうかを決定することになる。

発行された在留資格認定証明書を紛失

Q 2
　先日，中国人の妻を呼び寄せるために「日本人の配偶者等」の在留資格認定証明書を交付してもらいました。ところが，夫である私がうっかりしてその原本を紛失してしまいました。家中くまなく探しましたがどうしても出てきません。このような場合にはどうしたらよいのでしょうか？

A 2　申請の結果，交付された在留資格認定証明書を紛失してしまった場合には，原則として再び申請を行うこととなる。在留資格認定証明書を再交付することはあるが，それは主に毀損・汚損の場合で原本があるケースであり，再交付された場合には認定証明書の右肩に「再交付」と押印されることになる。一方，紛失・滅失した場合には新たに申請をすることになるが，この場合には立証資料などは申請時に提出された物を準用できるとされている。しかし，原本提示などの詳細については入国管理局と話し合って決めなければならない。

　このように申請の結果，発行された在留資格認定証明書を紛失した場合には原則として再申請となるため，海外にいる配偶者などを日本に呼び寄せるためのスケジュールが大幅に遅れることになる。また，ケースによっては母国から再度書類を取り寄せるなど，非常に手間がかかることが予想される。そのため，交付された在留資格認定証明書を紛失することのないよう注意しなければならない。

③ 夫婦が別居している場合

Q 3

　私は日本人と結婚し，「日本人の配偶者等」で在留する韓国籍の女性です。私は千葉県でスナックを経営していますが，主人は東京の会社に勤務しています。主人の通勤にかかる負担を減らすために２年前から別居をしていますが，お互いを思う気持ちは変わりなく間違いなく本当の夫婦です。別居も夫婦がきちんと話し合って決めたことで，週末には主人が千葉まで来てくれています。２か月後には在留期間の更新を申請しなければなりませんが，問題はないでしょうか？

A 3
　「日本人の配偶者等」では，その該当範囲としては以下のように定められている。

　法律上の婚姻関係が成立していても，同居し，互いに協力し，扶助し合って社会通念上の夫婦の共同生活を営むという婚姻の実体を伴っていない場合には，日本人の配偶者としての活動を行うものとは言えず，在留資格該当性は認められない。

　なお，社会通念上の夫婦の共同生活を営むと言えるためには，特別な理由がない限り，同居して生活することを要する。

　これによれば，外国人配偶者がスナックを経営するために同居できないことが「特別な理由」に該当するかどうかが問題となる。日本人配偶者の収入や，なぜ妻がスナックを経営するのかなどの理由を説明しなければならないが，あくまでも原則は同居が条件となっている。そのため，同居をしていない場合には在留期間更新許可申請が不許可となることが十分に予想される。よほどの理由がない限りはこのような別居は避けるべきである。

4 日本人の夫が無職になってしまった

Q 4

　私は「日本人の配偶者等」の在留資格で在留している中国籍の女性です。日本人の主人は一流企業に勤めるサラリーマンでしたが，10か月前にリストラに会い現在は無職の状態です。今は私のアルバイト収入と貯金を切り崩して生活していますが，もうすぐ在留期間を更新しなければなりません。このような状況でも在留期間は更新されるのでしょうか？

A 4

　原則として「日本人の配偶者等」では，婚姻の信ぴょう性はもちろんのこと，安定性や継続性も審査の対象とされる。その点で言えば，主たる生計を支える夫が無職というのは非常に問題であるが，長引く不況により実際にこのようなケースは増加していると思われる。この場合にはどのようにして生活費を捻出しているかがポイントになるため，外国人配偶者であるあなたのアルバイト先からの在職証明や預金通帳などを提出することも必要となるだろう。さらに，夫が現在も職を探していることを証明するためハローワークでの登録の写しや就職活動の記録などを添付することになる。このような資料を添付し，最終的には入国管理局の判断にゆだねることになるが，夫が一時的に職に就いていないことだけをもって不許可となることは考えづらく，よく状況を説明することが大切である。

5 子どもを母国の学校に通わせたい

Q5

　私は「家族滞在」で在留する中国人女性です。夫も同じく中国籍で「技能」の在留資格で中華料理のコックとして日本で働いています。私たちには子どもがおり，現在は「家族滞在」の在留資格をもらっていますが，小学校は母国である中国の学校に入れさせたいと思います。しかし，夏休みなどには子どもは日本に遊びに来るでしょうし，将来日本の永住資格も取得したいので，日本の在留資格は保持したまま中国に帰したいと思います。どうすればよいのでしょうか？

A5

　基本的には日本の在留資格を保持しながら，中国で学校に通わせることはできない。1年や3年の在留期間の大半を母国で過ごすのであれば，そもそも日本での在留資格が不要となるからである。実際にはこのようなケースは多く見られるが，そのほとんどが在留期間更新許可申請において不許可となるようである。仮に日本での滞在を希望するのであれば，日本の小学校などから在校の証明書を発行してもらうなど，生活の基盤が日本にあることを証明する必要が生じる。どうしても母国の小学校などに通わせるのであれば，在留資格を放棄する形で帰国し，卒業後に再度，在留資格認定証明書の交付申請を行い日本に呼び寄せることとなる。また，夏休みなどの一時的な来日は，短期滞在で呼び寄せることになる。

　引き続き親だけは日本で滞在するのであれば，その期間中に永住許可を取得するなどしておけば日本での生活基盤はより強固なものとなるため，数年後に子供を呼び寄せる際にも有利となるだろう。もちろん，親だけが永住申請する際には，母国に子どもがいて学校卒業後には日本に呼び寄せる旨などもしっかりと説明しなければならず，こうして永住許可が得られれば後の子どもの呼び寄せ手続もスムーズに進むことになる。

4 在留特別許可

1 出頭後の警察による逮捕

Q1

　私は中国籍の女性です。先日，日本人の夫とともに入国管理局に出頭し，取調べの中で在留特別許可を希望している旨を伝えて取りあえず帰宅を許されました。入国管理局からは「こちらから連絡があるまで待っていてください」と言われましたが，もう街に出ても不法滞在などで警察に逮捕されることはありませんか？

A1　　入国管理局に出頭しても不法滞在の状況が変わったわけではない。あくまでも，最終的に在留特別許可が認められ正規の在留資格が与えられた時になって初めて，不法滞在ではなくなる。そのため，単に入国管理局に出頭しただけでは依然として不法滞在のままであり，警察官などに職務質問をされ不法滞在であることが判明した場合には，当然に逮捕されることもあると思われる。

　ただし，入国審査官の審査段階以降「仮放免」を許可され「仮放免許可書」を携帯していれば，不法残留容疑等で逮捕されることはない。

　もし，逮捕されると，まずは警察に拘留されることになり，ケースにより異なるが，通常は1～2週間ほどで身柄が入国管理局に移される。その後，入国管理局では退去強制手続に即した調査が行われ，収容できる最長期間である60日以内に退去強制か在留特別許可の判断が下されることになる。このケースでは既に入国管理局に自ら出頭し，在留特別許可を希望する旨を伝えた上で資料なども提出しているため，特別な事情がない限りは別段の手続などは必要ない。しかし，急に収容されたこともあり外国人配偶者が気が動転し，収容を解くために帰国することに同意してしまうことがある。そのため

265

にも，日本人である配偶者などは面会を申し込んだ上で，状況を詳しく説明し落ち着かせることが重要である。

　不法滞在者が自ら出頭し在宅案件として処理が進むと，通常は在留特別許可が与えられるかどうかの判断がされるまでに数か月〜数年はかかるとされている。一方，出頭後に警察などに逮捕されると，裁判などの特別な事情がない限り，入国管理局に収容されてから最長でも期限である60日までに結果が出ることになる。結果だけを考えると時間が短縮されたとも考えられるが，警察に逮捕され入国管理局に収容される外国人配偶者の精神的な苦痛は相当なものである。そのためにも，出頭申告後仮放免されるまではなるべく目立つような行動は控え，家族とともに静かに入国管理局からの連絡を待つのが良いだろう。

❷ 在留特別許可を希望しているが，一時的に帰国したい

Q 2

　　私は不法滞在をしている韓国籍の女性です。日本人の主人と結婚し，現在は退去強制手続中ですが在留特別許可を希望しています。入国管理局には1年前に出頭しましたが，それ以来何の連絡もありません。妊娠したこともあり毎日の生活が不安でたまらず，早く母のいる韓国に数日間でも帰りたいと思います。帰ることはできないでしょうか？

A 2

　　自ら出頭し在留特別許可を希望している場合には，結果（在留特別許可）が出るまでは帰国することは無理である。退去強制手続で在留特別許可が与えられるかどうかの判断を要するときは，長い場合には3〜4年かかることもあるようで，その間は一時的にでも出国しようとすると，退去強制令書により出国する以外に方法はない。退去強制令書により出国すると5年間は日本に上陸することはできなくなる。特に日本人や永住者

などとの婚姻により在留特別許可を希望する場合には，その途中で配偶者が妊娠するケースも良く見られる。初めての場合には慣れない外国での出産となるため不安を覚えることも多く，親が住む母国に帰って出産することを望むことがあっても希望を叶えることは無理である。そのため，日本人の夫が精神的な支えとなり外国人の妻を励ますなどの地道な努力が必要となる。

❸ 出頭後に日本人の夫が転職をしたが，手続は必要か

Q 3

　私は不法残留していますが，目下入国管理局に在留特別許可を希望しているフィリピン国籍の女性です。出頭後に日本人の夫が転職を行い，以前はサラリーマンでしたが現在は飲食店を営んでいます。それに伴い自宅も店舗に近い場所へと引っ越しました。このような場合には何か手続が必要でしょうか？

A 3　　入国管理局への出頭後に家庭状況が変わるのは，あまり好ましいとは言えない。仮に調査がある程度まで進んでいたとしても，転居や転職などにより事実が変更されれば，更に調査を行わなければならず，それだけ在留特別許可を与えるかどうかの判断がなされるまでに余計に時間がかかることにつながるからである。お尋ねのケースのように夫の職種が変わりさらには転居までしている場合には，可能であれば実行する前に入国管理局に相談し，追加で提出する資料などの指示を仰ぐようにすべきである。事後報告という形であれば，変更後に速やかにその旨を入国管理局に伝えることになる。速やかに入国管理局に伝えなかった場合，これまでの陳述（説明）が虚偽の疑いをもたれることになりかねない。

　書類等を追加で提出する際には，紛失などを避けるためにもできる限り自ら持参した方が良いだろう。ケースによっては入国管理局の担当者から事情

を聞かれることもあり，できる限り調査に協力する姿勢が大切となる。

収容されている者との婚姻手続

Q4
　先日，不法滞在をしていた外国人の彼が入国管理局に収容されてしまいました。もともと結婚する予定だったため，すぐに婚姻手続を済ませて在留特別許可を希望したいと思います。まずは何から始めたらよいですか？

A4　入国管理局に収容された場合には，その収容期間は最長でも60日間であることは158頁にも記載した。逆に考えれば，原則として入国管理局は60日以内には退去強制させるか在留特別許可を与えるかの判断をすることになるため，もし日本人との婚姻を理由に在留特別許可を希望するのであれば，それまでに必要書類を準備しなければならないことになる。ただし，60日以内といっても最終日に判断がされるとは限らず，極端な例を言えば収容された数日後に退去強制令書が発付されることも考えられる。一度，退去強制令書が発付されてしまうと，その後に婚姻などが成立して再審を嘆願しても退去強制の決定を覆すことは非常に難しく，ほとんどのケースでは最終的には強制送還されることになる。また，退去強制令書発付処分等の取消しを求めて裁判を起こすことも考えられるが，かかる費用や時間，それに勝訴する可能性などを考慮すると現実的な手段とは言い難いのが現状である。そのため，結婚予定の外国人が入国管理局に収容されている場合には，退去強制令書が発付される前に，1日でも早く書類を整えて婚姻届を行い，入国管理局にその旨の文書を提出することが現実的な手段と言えるだろう。

　まずは収容されている外国人婚約者と面会し，今後の結婚の手続や方針な

どを話し合い，入国管理局に対しては「今後，日本人と婚姻する予定がある
ため，このまま日本に滞在したい」という意思を明確に伝えるようにしなけ
ればならない。その後に日本人の婚約者が市区町村役場などで婚姻手続を済
ませることになるが，通常最も手間がかかるのが外国人配偶者の婚姻要件具
備証明書である。既に用意している場合は別だが，多くのケースではこれか
ら急いで取得しなければならない。日本にある大使館や領事館で発行されれ
ば良いが，ケースによっては本国から取り寄せなければならないため，すぐ
に手配しなければならない。その後，婚姻手続が済み次第，日本人である配
偶者が入国管理局に書類を提出する事になる。

　とはいえ，このような手続は非常に複雑であり，想定外の事態が起きるこ
とも予想されるため，あらかじめ周到に計画を立てなければならない。

5 日常生活

① 新たな在留管理制度

Q1

　私は日本企業に勤務する中国籍の者です。妻も中国籍で同じ会社で働
いており，子供はおりません。仕事も順調にいっており，何不自由ない
生活を送っていますが，唯一気になるのは中国に残してきた母親（65歳）
の存在です。父親も既に他界しているため，中国では1人きりの生活を
送っています。そのため，母親を日本に呼び寄せ一緒に生活したいと考
えています。どうしたらよいでしょうか。

A1

　高度専門職などの一部の例外を除き，原則として親を呼び寄せる
ための在留資格は存在しない。しかしながら，定住者告示に定めが
なく，法務大臣が個々の活動の内容を判断してその入国・在留を認める告示

269

外定住において受入れられる余地はある。もちろん，法務大臣が個別の状況に応じて判断しているため，詳細な基準等は公表されていないが，現状では，親が独り身であり，高齢であり，さらに日本に滞在する家族と共に生活を営む正当な理由がある場合には，「定住者」が認められる事案も見受けられる。このように可能性としては考えられるが，そのハードルは非常に高いといえる。当然に不許可となるケースも視野に入れながら，申請準備を進めていく必要があるだろう。

❷ みなし再入国許可制度

Q2

　私は帰化申請を考えています。夫婦が日本に滞在しており，子供だけが母国の中国にいる状況です。早く夫婦そろって日本国籍を取得して，日本で店を開き，子供を呼び寄せたいと考えています。どのようにしたらよいのでしょうか。

A2

　帰化申請をしたいとのことであるが，両親のみが帰化申請を行い日本国籍の取得を望んでいるのであれば，残された子供たちのことはどのように考えているのだろうか。同じ家族内で両親は日本国籍，子供は中国籍という家族をどうとらえているのか，一度よく考える必要があるだろう。現状としては家族内で1人だけ帰化申請を行い認められた例もあるが，あくまでも家族全員で行うのが原則と考えた方がよいだろう。日本でのビジネスや日常生活などを考慮すると日本国籍の取得は利便性が良いかもしれないが，国籍を変更するということは一時的な便益のためだけに行うようなことではない。家族や親族にまで影響を与える事であるから，より慎重に考慮すべきであろう。

③ 帰化した後の戸籍や氏名

Q 3

　私はアメリカ国籍の男性で，日本人の妻と共に20年以上も日本に住んでいます。最近ではこの国で生涯を過ごすことも意識し，帰化申請を考えています。私が帰化した場合には，その後の手続などはどのようになるのでしょうか？

A 3

　帰化が許可されるとその旨が官報に掲載され，その告示の日から日本国籍を取得することとなる。その際には帰化後の氏名や父母の氏名，それに本籍地などが記載された身分証明書が発行され，告示から1か月以内にこれを添付して市区町村役場に帰化届を提出することになる。ちなみに帰化申請をした場合には本籍地や氏名は自由に決められるが，その際に余りにも珍しい名前をつけると後々の社会生活で不自由が生じることがある。そのような場合であっても，日本では簡単には氏名の変更ができないので慎重に決定しなければならない。

　このようにして帰化届が提出されると，市区町村役場では新たに戸籍を編製し，住民票が作成され，さらには，帰化した者のために新しい戸籍謄本と住民票の写しが交付され，入国管理局には帰化した旨が伝えられる。この手続とは別に今まで所持していた外国人登録証明書も市区町村役場に返納しなければならないが，この期限は告示の日から14日以内とされている。そのため，外国人登録証明書の返納と帰化届を同時に行うことが多く，実質的には帰化の日から14日以内に同時に手続を済ませるケースが多い。その後，以前の自分の国籍国の大使館や領事館などで国籍抹消などの手続を行うこととなるが，これは国により扱いが異なるためその都度確認しなければならない。これらの手続が済めば，免許証や賃貸借契約などの身の回りの名義変更を済ませることになる。

271

4 海外でパスポートを紛失

Q4

　私の妻はイタリア人です。先日，妻が一人でイタリアに帰国した際に
スリの被害にあってしまい，パスポートを紛失してしまいました。パス
ポートには再入国許可や「日本人の配偶者等」の在留資格も証印されて
おり，現地の警察には被害届を出しましたがいまだに見つかっていませ
ん。すぐにでも日本に帰ってきてもらいたいのですが，どうしたらよい
のでしょうか？

A4

　このようなケースでは日本の入国管理局から裏書証明を発行して
もらうことにより，再び日本へ入国することとなる。まずは被害に
あった現地の警察に被害届を提出し，パスポートを紛失した証明書などを発
行してもらうが，あらかじめ多めに2～3枚ほど発行してもらうと後々の手
続がスムーズに進むことが多い。次に警察が発行した証明書類を持って現地
の役所（母国でない場合には大使館や領事館）で新しいパスポートの発行を申
請する。通常はどんなに急いでも新たにパスポートが発行されるまでには1
～2週間はかかる。その間を利用して日本で代理人が行う手続の準備を行う
ことになる。日本での代理人は通常は日本人の夫がなるため，夫を代理人と
する在留手続に関する委任状を作成し，警察で発行された証明書（原則とし
て日本語訳が必要）とともに日本にいる夫に郵送する。日本で書類を受け取っ
た夫は，市区町村の役所でイタリア人の妻の住民票の写しを取得し，委任
状，警察の証明書とともに，再入国許可を受けた入国管理局で「再入国許可
を受けていることの証明」を願い出ることになる。入国管理局では，資料や
状況を確認した上で，持参した住民票の写しの裏に再入国許可が添付され，
「表書の者に対して上記のとおり再入国許可の事実があることを証する。」と
記載した証明を出してくれる。今度はこれをイタリアに送り，現地で発行さ

れた新しいパスポートを持って来日し，再入国による上陸の許可（「日本人
の配偶者等」の在留資格）を受けることになる。

　海外でパスポートを紛失した場合には，このような複雑な手続が必要とな
る。また，上記の手続は相手国により多少異なることがあるため，実際に手
続を行う際には必要書類等を確認しながら手続を進めなければならない。

5 指紋認証制度

Q 5

　私は中国籍の男性です。15年前に来日し，現在では会社を興し，中国
籍の家族とともに永住の資格も取得して日本で生活しています。しか
し，2007年にできた入国時の指紋認証制度で困っています。実は若いこ
ろに他人のパスポートを使い不法入国をし，退去強制させられたことが
あります。その後，中国で法的な手続に従い名前を変更し，そのことを
入国管理局には告げないで現在の地位を築いてしまったのです。日本へ
の上陸時に指紋を照合されたら過去の退去強制歴が分かってしまうた
め，母国へ帰ることもできません。どうしたらよいのでしょうか？

A 5

　2007年11月20日から，一部の例外を除き，日本に入国する外国人
にはテロ未然防止の対策として，個人識別情報提供が義務付けられ
ている。上陸時に指紋と顔写真を登録してコンピューター照合する制度であ
り，データベースには，国際刑事警察機構（ICPO）と日本の警察が指名手
配した約1万4,000人，過去に日本を強制退去になった約80万人の外国人，
それに国境を超えて活動するテロリストなどが登録されている。もちろん，
上陸時に指紋が合致すれば上陸を拒否したり警察に通報することになる。

　お尋ねのケースのように，過去の退去強制歴を隠して日本に入国している
ようなケースでは，現在はどのように模範的な滞在をしていても，再入国許

273

可を受けて出国し，再び日本に上陸する際の指紋照合で過去の退去強制歴が判明する。これを避けるには海外旅行をしないのも選択肢の1つであるが，だからと言って商用や家族再会のため海外に赴くことを断念できない事情も起こり得る。そのため，このようなケースでは自ら入国管理局に行き，正直にその旨を話した上で指示を仰ぎ，抱えている問題を根本から解決するしかないものと思われる。ただし，永住の許可を得た時期にもよるが，永住許可を取り消されるリスクのあることを承知しておくこと。

6 子どもの出生

❶ 日本国内で日本人と外国人の間に子が生まれた場合の手続

Q1

私は外国籍の夫をもつ日本人女性です。先月，日本で女の子を無事に出産しましたが，その後の手続などはどうしたらよいのでしょうか？

A1

国際結婚であっても子が出生したときに父又は母の片方が日本国籍であれば，その子は生まれながらにして日本国籍となる。そのため，通常の日本人の子どもが生まれた時と同様に，出生した日から14日以内に市区町村の役所に出生届を提出することになる。その際，子どもの姓は日本国籍の親の姓をそのまま引き継ぐことになるので，婚姻届を提出した際に日本人配偶者が「外国人配偶者の氏への氏変更届」を提出していれば当然に外国人配偶者の姓を名乗ることになる。一方，名前については自由に決められるため，カタカナなどで姓と合わせて外国の名前のようにすることも可能である。

また，外国人配偶者の国籍によっては出生と同時に二重国籍となる可能性があるが，日本国籍を放棄するような場合を除き，その場合でも日本人とし

て出生届を提出することになる。さらに，外国籍も取得することを希望する場合には，本国法に則って駐日大使館や領事館などに出生届を提出し，本国の国民として登録することになる。ただし，一部の国では外国で生まれた子どもには自国の国籍を取得することを制限する例も見られるため，子が二重国籍となることを望むのであれば，出生前にその国の制度などを十分に確認しておかなければならない。なお，二重国籍者は複数の国家に属する人間となるため，各国の外交保護権が衝突して国際的な摩擦が生じたり，それぞれの国で別人として登録されるため身分関係に混乱が生じる可能性がある。そのため，日本の国籍法では子が22歳に達するまでにどちらかの国籍を選択しなければならないとされている。

❷ 二重国籍の子どもの国籍選択

Q 2

私はアメリカ人の夫をもつ日本人女性です。夫の家族がいるアメリカで初めての子を出産し，数か月後には日本に帰国しようと思います。この場合，何か特別な手続が必要となるのでしょうか？

A 2

日本人の子が外国で生まれた場合には，出生から3か月以内に最寄りの日本大使館，領事館などに出生届を提出しなければならない。ただし，Q1でも述べたように，出生時に片方の親が日本人であれば子はどこの国で生まれても日本国籍となり，出生地主義のアメリカ国内で生まれた者にはアメリカ国籍が与えられることになるので，上記のケースではアメリカと日本の二重国籍となる。このように外国で生まれて二重国籍となったケースにおいて日本国籍を維持するのであれば，出生届の用紙にある国籍留保欄に記載して国籍留保の届をしなければならない。出生届と同時にこれを記載しないと出生の時に遡って日本国籍を失うこととなる。二重国籍の場

合には生まれた子が将来どちらの国で生活するかはわからないため，よほど
の事情がない限りは国籍留保届は提出した方が良いだろう。仮に提出せずに
アメリカ国籍となった場合でも，子が20歳以下で日本に居住するなどの一定
条件を満たせば日本国籍を再取得することも可能である。

7 国際結婚と年金制度

1 日本の年金の仕組み

Q1

私は日本人と結婚したブラジル人女性です。日本の年金の仕組みがよ
く分かりません。簡単に説明してもらえませんか？

A1

日本の公的年金は，やがて訪れる長い老後や生活の安定を損なう
ような"万が一"の事態に備えて，保険料を出し合いお互いに支え
合う"相互扶助"の制度である。日本国内に住む20歳以上60歳未満のすべて
の者が国民年金に加入することになっており，これを"国民皆年金"とい
う。国籍を問わないため日本に住む外国人も同様となる。

この公的年金制度は，本人が会社に勤めているか否かによって加入する制
度が異なる。本人が会社に勤めている場合は，勤め先の会社が厚生年金保険
への加入手続を行う。この場合，厚生年金保険の被保険者となるのと同時
に，国民年金の被保険者（国民年金第2号被保険者）にもなる。しかし，国民
年金の保険料を負担することはない。会社に勤めている者（国民年金第2号
被保険者に限る）に生計を維持され扶養されている20歳以上60歳未満の配偶
者がいる場合は，勤め先の会社がその配偶者の手続をすることにより，国民
年金の被保険者（第3号被保険者）となる。配偶者の場合も会社に勤めてい
る者と同様に，国民年金の保険料を負担することはない。つまり，夫婦のど

ちらかが会社に勤めている場合で一方の配偶者が扶養されている場合は，その夫婦は国民年金の保険料を支払う必要がないことになる。

これら以外の場合は，住んでいる市区町村役場の国民年金の担当窓口で本人が手続を行い，国民年金の被保険者（国民年金第1号被保険者）となる。すなわち，国民年金は，日本に住む20歳以上60歳未満のすべての者が被保険者となるが，会社に勤めている場合のみ，厚生年金保険の被保険者にもなる。

② 年金加入にかかる金額

Q2

日本の年金は納付する保険料がとても高いと聞きましたが，実際の国民年金，厚生年金保険の保険料はいくらですか？

A2 日本の公的年金制度は社会保険方式となっているため，公的年金制度の加入者はそれぞれ保険料を支払い，それに応じて年金の給付額が決まる。したがって，基本的には保険料を納めなければ年金はもらえず，納めた期間が長ければ支給される年金も多くなる。年金の保険料は，国民年金と厚生年金保険とで次のように異なる。

国民年金の保険料は定額で，2005年（平成17年）4月から毎年280円ずつ引き上げられ，2017年（平成29年）以降は月額16,900円になることになっている（実際には，この金額に世間の賃金水準の変動が考慮された計算がなされる。）。2017年（平成29年）4月からは，月額16,490円となっている。

厚生年金保険の保険料は，勤めている者の給料を基に標準報酬月額を決定し，これに保険料率を乗じて計算する。標準報酬月額は，保険料などを計算するために定められている標準報酬等級表にあてはめて決定される。現在，標準報酬の等級は，88,000円から620,000円までの31等級に区分されている。保険料率は，国民年金の保険料と同様に2004年（平成16年）10月から毎年

0.354％ずつ引き上げられ，2017年（平成29年）以降は18.3％となっている。保険料は，厚生年金保険に加入している被保険者と会社がそれぞれ半分を負担する。また，賞与などのボーナスについても総支給額に保険料率を乗じて保険料を計算する。

③ 外国人でも年金はもらえるのか？

Q3

私は外国人ですが，年金はもらえるのですか？もらえるとしたら年間いくら支払えばよいのですか？

A3 　国民年金と厚生年金保険は，それぞれ老齢年金，障害年金と遺族年金がある。外国人であっても当然に，これらの支給要件に該当した場合は年金が支給される。年金の中心である老齢年金の支給に関しては，次のような要件がある。

〈老齢年金の支給要件〉

① 　厚生年金や国民年金などの公的年金に加入していた期間の合計が10年以上あること

② 　65歳に達していること

上記のとおり老齢年金は，公的年金に加入していた期間が10年以上必要であり，国民年金の加入期間は原則として20歳以上60歳未満である。60歳までに年金保険料納付期間の10年を満たすためには，51歳までに年金に加入していないといけないことになる。しかし，60歳から65歳に達するまでは，個人の判断で任意に国民年金に加入することができる。さらに，公的年金の加入期間10年以上を満たせず，かつ，1965年（昭和40年）4月1日以前に生まれた者に限り，70歳に達するまで任意に国民年金に加入することができる。

国民年金に対して厚生年金保険は，会社に勤める70歳未満の者は，国籍や

年金の受給を受けているいないにかかわらず厚生年金の被保険者となる。すなわち，70歳になるまでに厚生年金保険若しくは国民年金のどちらかの年金に加入できることになる。

　老齢年金の他，障害年金の支給要件は，障害の原因となった病気やけがについて，初めて医師の診療を受けた日に公的年金の被保険者であり，法令の規定する一定以上の障害等級に該当した場合，年金加入期間にかかわらず障害年金が支給される。遺族年金の遺族の支給要件は，国民年金の場合，原則として18歳未満の子がいる配偶者又は18歳未満の子に対して支給され，厚生年金保険の遺族の支給要件は，配偶者又は子，父母，孫，祖父母の中で優先順位の高い遺族に支給される。

　なお，年金の受給の権利には，永住資格の有無や在留資格の種類などは規定されていないため，受給者が外国人であるということで年金は支給されないということはない。また，障害を負った後に本国へ帰国した場合や遺族年金の受給者が外国にいる場合であっても同様に受給できる。

🄬 外国人が年金の加入期間の条件を満たせない場合は？

Q4

　私は老後は母国に帰るつもりです。そのため，公的年金の加入期間の合計が10年満たせないことになると思いますが，その場合はどうなりますか？

A4
　日本国籍を有しない外国人で滞在期間が短期であるため，老齢年金の支給要件である10年以上の加入期間を満たせない場合には，年金脱退一時金の制度がある。この制度は技能実習制度（日本で学んだ技術を本国で広めることを目的とした制度で，滞在期間が数年の短期間）が導入され，年金保険料の掛け捨てが問題視されたことに伴い制度化された。この制度に

よると，公的年金に加入していた外国人が帰国後に年金保険料の一部を返還してもらえることになる。脱退一時金を申請するには次のような要件がある。

〈年金脱退一時金の支給要件〉

① 日本国籍を有していないこと

② 公的年金制度に6か月以上加入していた期間があること

③ 日本に住所を有していないこと

④ 老齢年金や障害年金の受給する権利を有したことがないこと

年金脱退一時金は日本を出国した後でなければ申請できないが，申請書はウェブ上からダウンロードできるほか年金事務所などにも用意されている。申請書に必要事項を記載の上で，パスポートの写し，年金手帳などの必要書類を添付し日本年金機構に送付する。申請の期限は出国後2年以内となる。なお，この年金脱退一時金の支給を受けると，それまでの年金保険の加入期間は"公的年金制度に加入していなかった"ものと見なされる。

8 渉外離婚と遺言

❶ 日本国内で，日本人と外国人が離婚する場合の法律は？

Q1

私は中国籍の夫をもつ日本人配偶者です。結婚して5年が経過しますが，最近では些細なことから夫婦間の隙間を感じ，離婚を考えています。私のように外国人の夫と離婚する場合には，どの国の法律を基準に考えればよいのでしょうか？

A1

国際結婚をした夫婦が離婚する場合には，どこの国の法律で判断するかが問題となる。離婚の準拠法は，以下のとおりである。

① 夫婦の本国法が同じ時にはその本国法

② 夫婦の本国法が違う時で，夫婦の常居所のある場所が同じであればその国や州の法律

③ 本国法も常居所も違う場合には，夫婦に最も密接に関係する地の法律

ただし，例外として夫婦の一方が日本に常居所がある場合には，日本の法律によるとされている。そのため，日本で行う外国人と日本人の離婚手続については，夫婦が2国間にまたがって長期間にわたり別居しているなどの特別事情がない限り，ほとんどのケースでは日本法が適用されることとなる。日本の法律が適用されれば，通常の日本人が行う離婚とほぼ同様であり，協議離婚，調停・裁判離婚などの方法により日本国内での離婚が成立することになる。

ただし，問題となるのは日本国内で成立した離婚が，外国人配偶者の国においても認められるかという点である。原則として渉外離婚判決の承認に関しては国際的に定める法律などがないため，最終的には相手国の法律等により判断されることになる。例えば，協議離婚を認めない国が日本でなされた協議離婚を認めるかどうかなどの問題が生じることもあり，日本では有効な離婚であっても相手国では無効とされ離婚が取り消されることもある。そのような場合には，相手国の法律に則して再び離婚手続や裁判などを行うケースが多くみられる。

❷ 日本国内で，外国人同士が離婚する場合の法律は？

Q2

　私たちは日本に住んで8年が経過する外国籍の夫婦です。最近では私が経営する会社の運営がうまくいかず，妻と話し合った結果，離婚をすることに決めました。私たちのように日本に住んでいる外国人夫婦はどの国の法律を基準に考えればよいのでしょうか？

A2

　Q1でも記したように，夫婦の本国法が同じ時にはその本国法により離婚を行うこととなる。そのため，上記のケースでは母国の法律を基準にして離婚手続を行うことになる。そのため，本国で協議離婚などが認められていない場合には，日本の法律では協議離婚が認められていても離婚することはできず，日本の裁判所などで調停や裁判を行い離婚することとなる。ただし，これは韓国や日本のように国内のどこにいても適用される法律が同じ場合，つまり，夫婦の国籍が同じで適用される本国法も同じ場合にだけ適用される。一方，アメリカのように住んでいる州により適用される法律が違う国の場合には，夫婦が同一の州の出身である場合に適用される。もちろん，異なる州の出身者同士が結婚している場合には，同じアメリカ国籍者であっても適用される州法が違うため，原則として他方の州法により離婚することはできない。この場合にはA1にも記したとおり，夫婦の常居所がある日本の国の法律により離婚することができる。ただし，日本で行った離婚がアメリカでも認められるかについては，Q1と同様の問題が生じる可能性がある。そのため，日本での離婚手続を行う前に，本国の州法を確認し，どのような離婚方法であれば外国での離婚が認められるのかを事前に確認しておいた方が良いだろう。

③ 外国人配偶者が亡くなった場合の適用法

Q3

　私は外国籍の夫を持つ日本人女性です。夫とは十数年にわたり連れ添いましたが，先月亡くなってしまいました。相続などの処理をしなければなりませんが，配偶者が外国人の場合にはどこの国の法律を基準に考えればよいのでしょうか？

A3

　国際結婚で外国人配偶者が亡くなった場合の相続に関する法律は，原則として亡くなった配偶者の本国法により判断されることとなる。そのため，夫の本国法での相続に関する法律に則して手続を進めなければならない。ただし，例外として，夫の国の本国法で「外国に不動産を所持している場合には，その場所の法律を適用する」となっていたり，「被相続人の住所のある場所の法律を適用する」などと定められている場合には反致が成立し，条件に該当すれば日本法が適用されることになる。

④ 外国人配偶者の遺言が見つかった場合

Q4

　外国籍の夫が日本で暮らす私や子どもたちのために遺言を残したのですが，どうやら日本の方式ではなく母国の方式で作成したようです。このような遺言は有効なのでしょうか？

A4

　日本はハーグ国際私法会議で成立した「遺言の方式に関する法律の抵触に関する条約」に批准し，「遺言の方式の準拠法に関する法律」を制定している。それによれば，以下のいずれかの方式に則って作成さ

283

れた遺言は有効とされている。

① 遺言を作成した場所の法律

② 遺言者が遺言の作成時又は死亡時に有していた国籍国の法律

③ 遺言者が遺言の作成時又は死亡時に住所があった場所の法律

④ 遺言者が遺言の作成時又は死亡時に常居所があった場所の法律

⑤ 不動産についての遺言は，その不動産がある場所の法律

　上記のケースでは遺言作成時に本国法で作成したものであるから，②に該当し有効と言える。なお，この法律によれば遺言を作成した場所が日本であるなどの要件を満たせば，日本の方式でも遺言が作成できることになるため，外国人であっても日本人と同様に公正証書遺言などの制度を利用することもできる。

巻 末 資 料

外 国 法 規

Ⅰ　大韓民国国際私法（抄）……………………………………………… 287

Ⅱ　大韓民国民法第四編（抄）…………………………………………… 290

Ⅲ　中華人民共和国渉外民事関係法律適用法（抄）………………… 295

Ⅳ　中華人民共和国婚姻法（抄）………………………………………… 298

Ⅴ　中華人民共和国婚姻登記条例（抄）……………………………… 303

Ⅵ　フィリピン家族法（抄）……………………………………………… 306

【資料Ⅰ】

大韓民国国際私法（抄）

〔2001（平成13）年4月7日法律第6465号〕

最近改正　2016（平成28）年1月19日法律
第13759号

第1章　総　則

第1条（目的）この法は，外国的要素があ
る法律関係に関して，国際裁判管轄に関
する原則と準拠法を定めることを目的と
する。

第2条（国際裁判管轄）法院は，当事者又
は紛争になった事案が，大韓民国と実質
的関連がある場合に国際裁判管轄権を有
する。この場合法院は，実質的関連の有
無を判断するに当たって，国際裁判管轄
配分の理念に付合する合理的な原則に従
わなければならない。

② 　法院は国内法の管轄規定を考慮して，
国際裁判管轄権の有無を判断しなければ
ならず，第1項の規定の趣旨に照らし
て，国際裁判管轄の特殊性を充分に考慮
しなければならない。

第3条（本国法）当事者の本国法による場
合に，当事者が2つ以上の国籍を有する
ときは，それと最も密接な関連がある国
家の法を，その本国法と定める。ただ
し，その国籍中1つが大韓民国であると
きは，大韓民国法を本国法とする。

② 　当事者が国籍を有しなかったり当事者
の国籍を知り得ないときは，その常居所
がある国家の法（以下，常居所地法とい
う）による。常居所がないときは，その
居所がある国家の法による。

③ 　当事者が地域によって法を異にする国
家の国籍を有するときは，その国家の法
選択規定によって指定される法による
が，このような規定がないときは，当事
者と最も密接な関連がある地域の法によ

る。

第4条（常居所地法）当事者の常居所地法
によらなければならない場合に，当事者
の常居所を知り得ないときは，その居所
がある国家の法による。

第5条（外国法の適用）法院は，この法に
よって指定された外国法の内容を職権で
調査・適用しなければならず，このため
に当事者は，これに対する協力を要求す
ることができる。

第6条（準拠法の範囲）この法によって，
準拠法に指定される外国法の規定は，公
法的性格があるとの理由のみで，その適
用は排除されない。

第7条（大韓民国法の強行的適用）立法目
的に照らし，準拠法に関係なく当該法律
関係に適用されなければならない大韓民
国の強行規定は，この法によって，外国
法が準拠法に指定される場合にも，これ
を適用する。

第8条（準拠法指定の例外）この法によっ
て指定された準拠法が当該法律関係と僅
少な関連があるのみで，その法律関係と
最も密接な関連がある他の国家の法が明
白に存在する場合には，それらの他の国
家の法による。

② 　第1項の規定は，当事者が合意によっ
て準拠法を選択する場合には，これを適
用しない。

第9条（準拠法指定時の反致）この法に
よって外国法が準拠法として指定された
ときに，その国家の法によって大韓民国
法が適用されなければならない場合は，
大韓民国の法（準拠法の指定に関する法
規を除外する）による。

② 　次の各号中，いずれかの1つに該当す
る場合には，第1項の規定を適用しな
い。

　一　当事者が合意して準拠法を選択する
　　場合

　二　この法によって，契約の準拠法が指

287

定される場合

三　第46条の規定によって，扶養の準拠
法が指定される場合

四　第50条第3項の規定によって，遺言
の方式の準拠法が指定される場合

五　第60条の規定によって，船籍国法が
指定される場合

六　その外に，第1項の規定を適用する
ことが，この法の指定趣旨に反する場
合

第10条（社会秩序に反する外国法の規定）
外国法によらなければならないときに，
その規定の適用が，大韓民国の善良な風
俗，その他の社会秩序に明白に違反する
場合は，これを適用しない。

第6章　親　族

第36条（婚姻の成立）婚姻の成立要件は，
各当事者に関してその本国法による。

② 婚姻の方式は，婚姻挙行地法又は当事
者一方の本国法による。ただし，大韓民
国で婚姻を挙行する場合は，当事者の一
方が大韓民国国民である場合は大韓民国
法による。

第37条（婚姻の一般的効力）婚姻の一般的
効力は，次の各号で定める法の順位によ
る。

一　夫婦の同一本国法

二　夫婦の同一常居所地法

三　夫婦が最も密接な関連がある所の法

第38条（夫婦財産制）夫婦財産制に関して
は，第37条の規定を準用する。

② 夫婦が合意によって次の各号の法中い
ずれかを選択した場合の夫婦財産制は，
第1項の規定に拘らずその法による。た
だし，その合意は，日付と夫婦の記名捺
印又は署名のある書面で作成された場合
に限りその効力がある。

一　夫婦中一方が有する国籍の法

二　夫婦中一方の常居所地法

三　不動産に関する夫婦財産制に対して
は，その不動産の所在地法

③ 外国法による夫婦財産制は，大韓民国
で行われた法律行為及び大韓民国にある
財産に関して，これを善意の第三者に対
抗することはできない。この場合，その
夫婦財産制によることができないとき
は，第三者との関係に関して夫婦財産制
は大韓民国法による。

④ 外国法によって締結された夫婦財産契
約は，大韓民国において登記した場合，
第3項の規定に拘らずこれを第三者に対
抗することができない。

第39条（離婚）離婚に関しては，第37条の
規定を準用する。ただし，夫婦中一方が
大韓民国に常居所がある大韓民国国民で
ある場合は，離婚は大韓民国法による。

第40条（婚姻中の親子関係）婚姻中の親子
関係の成立は，子の出生当時夫婦中一方
の本国法による。

② 第1項の場合，夫が子の出生前に死亡
したときは，死亡当時の本国法をその本
国法としてみなす。

第41条（婚姻外の親子関係）婚姻外の親子
関係の成立は，子の出生当時の母の本国
法による。ただし，父子間の親子関係の
成立は，子の出生当時父の本国法又は現
在の子の常居所地法によることができ
る。

② 認知は，第1項が定める法の外に認知
当時，認知者の本国法によることができ
る。

③ 第1項の場合，父が子の出生前に死亡
したときは，死亡当時の本国法をその本
国法としてみなし，第2項の場合，認知
者が認知前に死亡したときは，死亡当時
の本国法をその本国法としてみなす。

第42条（婚姻外出生子に対する準正）婚姻
外の出生子が婚姻中の出生子にその地位
が変動する場合に関しては，その要件で
ある事実の完成当時父又は母の本国法又
は子の常居所地法による。

② 第1項の場合，父又は母がその要件で

ある事実が完成される前に死亡したとき
は，死亡当時の本国法をその本国法とし
てみなす。

第43条（養子縁組及び離縁）養子縁組及び
離縁は，養子縁組当時の養親の本国法に
よる。

第44条（同意）第41条乃至第43条の規定に
よる親子関係の成立に関して子の本国法
が子又は第三者の承諾及び同意等を要件
とするときは，その要件も備えなければ
ならない。

第45条（親子間の法律関係）親子間の法律
関係は，父母と子の本国法が全部同一の
場合は，その法によるが，それ以外の場
合は，子の常居所地法による。

第46条（扶養）扶養の義務は，扶養権利者
の常居所地法による。ただし，その法に
よれば扶養権利者が扶養の義務者から扶
養を受けることができないときは，当事
者の共通本国法による。

② 大韓民国で離婚がなされたか承認され
た場合は，離婚した当事者間の扶養義務
は，第1項の規定に拘らずその離婚に関
して適用された法による。

③ 傍系血族間又は姻戚間の扶養義務の場
合は，扶養の義務者は扶養権利者の請求
に対して当事者の共通本国法によって扶
養義務がないとの主張をすることができ
るし，このような法がないときは，扶養
義務者の常居所地法によって扶養義務が
ないとの主張をすることができる。

④ 扶養権利者と扶養義務者が全部大韓民
国の国民で，扶養義務者が大韓民国に常
居所がある場合は，大韓民国法による。

第47条（その他の親族関係）親族関係の成
立及び親族関係から発生する権利義務に
関して，本法に特別な規定がない場合に
は，各当事者の本国法による。

第48条（後見）後見は被後見人の本国法に
よる。

② 大韓民国に常居所又は居所がある外国
人に対する後見は，次の各号中いずれか
の1つに該当する場合に限り大韓民国法
による。

一 その本国法により後見開始の原因が
あっても，その後見事務を行う者がな
いか後見事務を行う者があっても後見
事務を行うことができない場合

二 大韓民国で限定後見開始，成年後見
開始，特定後見開始及び任意後見監督
人選任の審判をした場合

三 その他に被後見人を保護しなければ
ならない緊急な必要がある場合

【資料Ⅱ】

大韓民国民法第四編（抄）

〔1958（昭和33）年2月22日法律第471号〕

最近改正　2016（平成28）年12月20日法律
第14409号

第3章　婚　姻
第1節　婚　約

第800条（婚約の自由）成年に達した者
は，自由に婚約することができる。

第801条（婚約年齢）18歳になつた者は，
父母又は未成年後見人の同意を得て婚約
することができる。この場合，第808条
を準用する。

第802条（成年後見と婚約）被成年後見人
は，父母又は成年後見人の同意を得て，
婚約することができる。この場合，第
808条を準用する。

第803条（婚約の強制履行禁止）婚約は，
強制履行を請求することができない。

第804条（婚約解除の事由）当事者の一方
に次の各号のいずれか一つに該当する事
由がある場合には，相手方は婚約を解除
することができる。

一　婚約後，資格停止以上の刑を宣告さ
れた場合

二　婚約後，禁治産者又は限定治産の宣告
をうけたとき

三　性病，不治の精神病，その他の不治
の病疾がある場合

四　婚約後，他人と婚約又は婚姻をした
場合

五　婚約後，他人と姦淫した場合

六　婚約後，1年以上生死が不明な場合

七　正当な事由なく婚姻を拒絶するか又
はその時期を遅らせる場合

八　その他重大な事由がある場合

第805条（婚約解除の方法）婚約の解除
は，相手方に対する意思表示である。但
し，相手方に対し意思表示をすることが
できないときは，その解除の原因がある
ことを知つたときに，解除されたものと
みなす。

第806条（婚約解除と損害賠償請求権）婚
約を解除したときは，当事者の一方は，
過失ある相手方に対し，これによる損害
の賠償を請求することができる。

②　前項の場合には，財産上の損害の外
に，精神上の苦痛に対しても，損害賠償
の責任がある。

③　精神上の苦痛に対する賠償請求権は，
譲渡又は承継することができない。但
し，当事者間に，既にその賠償に関する
契約が成立した後，又は訴を提起した後
は，この限りでない。

第2節　婚姻の成立

第807条（婚姻適齢）満18歳になつた者
は，婚姻することができる。

第808条（同意が必要な婚姻）未成年者が
婚姻する場合には，父母の同意を得なけ
ればならず，父母のうち一方が同意権を
行使できないときには，他の一方の同意
を得なければならず，父母が双方とも同
意権を行使することができないときに
は，未成年後見人の同意を得なければな
らない。

②　被成年後見人は父母又は後見人の同意
を得て婚姻することができる。

第809条（近親婚等の禁止）八親等以内の
血族（親養子の縁組前の血族を含む）の
間では婚姻することができない。

②　六親等以内の血族の配偶者，配偶者の
六親等以内の血族，配偶者の四親等以内
の血族の配偶者である姻戚である者，又
はこのような姻戚であつた者の間では婚
姻することができない。

③　六親等以内の養父母系の血族であつた
者と四親等以内の養父母系の姻戚であつ
た者の間では婚姻することができない。

第810条（重婚の禁止）配偶者のある者

は，重ねて婚姻をすることができない。

第811条 削除

第812条（婚姻の成立）婚姻は，家族関係の登録等に関する法律に定めるところにより，届出することによつて，その効力を生ずる。

② 前項の届出は，当事者双方及び成年者である証人2人の連署した書面でしなければならない。

第813条（婚姻届出の審査）婚姻の届出は，その婚姻が第807条乃至第810条及び第812条第2項の規定その他法令に違反しない場合には，これを受理しなければならない。

第814条（外国での婚姻届出）外国にある本国民間の婚姻は，その外国に駐在する大使，公使又は領事に届出をすることができる。

② 前項の届出を受理した大使，公使，又は領事は，遅滞なくその届出書類を，本国の在外国民家族関係登録事務所に送付しなければならない。

第3節　婚姻の無効と取消

第815条（婚姻の無効）婚姻は，次の各号の一の場合には，無効とする。

一　当事者間に，婚姻の合意がない場合

二　婚姻が第809条第1項の規定に違反する場合

三　当事者間に直系姻戚関係があるか，又はあつた場合

四　当事者間に養父母系の直系血族関係があつた場合

第816条（婚姻取消の事由）婚姻は，次の各号の一の場合には，法院にその取消を請求することができる。

一　婚姻が，第807条乃至第809条（第815条の規定により，婚姻の無効事由に該当する場合を除く。以下，第817条及び第820条においても同様である）又は第810条の規定に違反した場合

二　婚姻当時，当事者の一方に夫婦生活を継続することのできない悪疾その他重大な事由があることを知らなかつた場合

三　詐欺又は強迫により，婚姻の意思表示をした場合

第817条（年齢違反婚姻等の取消請求権者）婚姻が，第807条，第808条の規定に違反する場合，当事者又はその法定代理人がその取消を請求することができ，第809条の規定に違反した場合，当事者，その直系尊属，又は四親等以内の傍系血族がその取消を請求することができる。

第818条（重婚の取消請求権者）当事者及びその配偶者，直系血族，四親等以内の傍系血族又は検事は，第810条に違反した婚姻の取消を請求することができる。

第819条（同意のない婚姻の取消請求権の消滅）第808条の規定に違反した婚姻は，その当事者が19歳になつた後又は成年後見終了の審判があつた後3箇月が過ぎるか又は婚姻中に妊娠した場合には，その取消を請求することができない。

第820条（近親婚の取消請求権の消滅）第809条の規定に違反した婚姻は，その当事者の間で婚姻中に懐胎した場合には，その取消を請求することができない。

第821条 削除

第822条（悪疾等の事由による婚姻取消請求権の消滅）第816条第2号の規定に該当する事由のある婚姻は，相手方がその事由のあることを知つた日から6箇月を経過したときは，その取消を請求することができない。

第823条（詐欺，強迫による婚姻取消請求権の消滅）詐欺又は強迫による婚姻は，詐欺を知つた日又は強迫を免かれた日から3箇月を経過したときは，その取消を請求することができない。

第824条（婚姻取消の効力）婚姻の取消は，その効力を既往に遡らない。

第824条の2（婚姻の取消と子の養育等）

II

大韓民国民法第四編（抄）

291

第837条及び第837条の2の規定は，婚姻
の取消の場合の子の養育責任と面接交渉
権につき，これを準用する。

第825条（婚姻取消と損害賠償請求権）第
806条の規定は，婚姻の無効又は取消の
場合に準用する。

第4節　婚姻の効力
第1款　一般的効力

第826条（夫婦間の義務）夫婦は同居し，
互に扶養・協助しなければならない。た
だし，正当な理由で一時的に同居しない
場合には，互に忍容しなければならな
い。

② 夫婦の同居場所は，夫婦の協議により
定める。ただし，協議が調わないとき
は，当事者の請求により，家庭法院がこ
れを定める。

第826条の2（成人擬制）未成年者が婚姻
したときには成年者とみなす。

第827条（夫婦間の家事代理権）夫婦は，
日常の家事に関して，互に代理権があ
る。

② 前項の代理権に加えた制限は，善意の
第三者に対抗することができない。

第828条　削除

第2款　財産上の効力

第829条（夫婦財産の契約とその変更）夫
婦が，婚姻成立前に，その財産に関し別
に契約をしなかつたときは，その財産関
係は，本款中，次の各条に定めるところ
による。

② 夫婦が婚姻成立前に，その財産に関し
契約したときは，婚姻中これを変更する
ことができない。但し，正当な事由があ
るときは，法院の許可を得て変更するこ
とができる。

③ 前項の契約により，夫婦の一方が他の
一方の財産を管理する場合において管理
の失当により，その財産を危うくしたと
きは，他の一方は自己が管理すべき旨を
法院に請求することができる。その財産

が夫婦の共有であるときは，その分割を
請求することができる。

④ 夫婦がその財産に関し，別に契約をし
たときは，婚姻成立までにその登記をし
なければ，これを夫婦の承継人又は第三
者に対抗することができない。

⑤ 第2項，第3項の規定により又は契約
により管理者を変更するとき，又は共有
財産を分割したときは，その登記をしな
ければ，これを夫婦の承継人，又は第三
者に対抗することができない。

第830条（特有財産と帰属不明財産）夫婦
の一方が，婚姻前から有する固有財産及
び婚姻中に自己の名義で取得した財産
は，その特有財産とする。

② 夫婦のいずれに属するか明らかでない
財産は，夫婦の共有と推定する。

第831条（特有財産の管理等）夫婦は，そ
の特有財産を各自，管理，使用，収益す
る。

第832条（家事による債務の連帯責任）夫
婦の一方が日常の家事に関し，第三者と
法律行為をしたときは，他の一方は，こ
れによる債務に対し，連帯責任を負う。
但し，予め第三者に対し他の一方の責任
を負わないことを明示したときは，この
限りでない。

第833条（生活費用）夫婦の共同生活に必
要な費用は，当事者間に特別な約定がな
いときは，夫婦が共同で負担する。

第5節　離　婚
第1款　協議上の離婚

第834条（協議上の離婚）夫婦は，その協
議により，離婚をすることができる。

第835条（成年後見と協議上離婚）被成年
後見人の協議上離婚に関しては，第808
条第2項を準用する。

第836条（離婚の成立と届出方式）協議上
の離婚は家庭法院の確認を受け家族関係
の登録等に関する法律の定めるところに
より届出をすることによつて，その効力

を生ずる。

② 前項の届出は，当事者双方及び成年者である証人2人の連署した書面でしなければならない。

第836条の2（離婚の手続）協議上離婚をしようとする者は，家庭法院が提供する離婚に関する案内を受けなければならず，家庭法院は，必要な場合，当事者に相談に関して専門的な知識と経験をそなえた専門相談者の相談を受けることを勧告することができる。

② 家庭法院に離婚意思の確認を申請した当事者は，第1項の案内を受けた日から次の各号の期間が過ぎた後に離婚意思の確認を受けることができる。

一 養育すべき子（懐胎中である子を含む。以下，同条において同様である）がある場合には3箇月

二 第1号に該当しない場合には1箇月

③ 家庭法院は，暴力によつて当事者の一方に耐えることができない苦痛が予想される等，離婚をしなければならない急迫な事情がある場合には，第2項の期間を短縮または免除することができる。

④ 養育すべき子がある場合，当事者は第837条による子の養育及び第909条第4項による子の親権者決定に関する協議書又は第837条及び第909条第4項による家庭法院の審判正本を提出しなければならない。

⑤ 家庭法院は当事者が協議した養育費負担に関する内容を確認する養育費負担調書を作成しなければならない。この場合，養育費負担調書の効力に対しては「家事訴訟法」第41条を準用する。

第837条（離婚と子の養育責任）当事者は，その子の養育に関する事項を，協議により定める。

② 第1項の協議は，次の事項を包含しなければならない。

一 養育者の決定

二 養育費用の負担

三 面接交渉権を行使するか否か及びその方法

③ 第1項による協議が子の福利に反する場合には，家庭法院は補正を命じ，又は職権によつてその子の意思・年齢及び父母の財産状況，その他の事情を参酌して，養育に必要な事項を定める。

④ 養育に関する事項の協議が調わないとき又は協議することができないときには，家庭法院は職権によつて又は当事者の請求によりこれに関して決定する。この場合，家庭法院は第3項の事情を参酌しなければならない。

⑤ 家庭法院は，子の福利のため必要であると認める場合には，父・母・子及び検事の請求または職権によつて，子の養育に関する事項を変更又は他の適当な処分をすることができる。

⑥ 第3項ないし第5項までの規定は，養育に関する事項以外には父母の権利義務に変更をもたらさない。

第837条の2（面接交渉権）子を直接養育しない父母の一方と子は，お互いに面接交渉できる権利を有する。

② 家庭法院は，子の福利のために必要である場合，当事者の請求又は職権により，面接交渉を制限又は排除することができる。

第838条（詐欺，強迫による離婚の取消請求権）詐欺又は強迫により，離婚の意思表示をした者は，その取消を家庭法院に請求することができる。

第839条（準用規定）第823条の規定は，協議上の離婚に準用する。

第839条の2（財産分割請求権）協議上の離婚をした者の一方は，他の一方に対して財産分割を請求することができる。

② 第1項の財産分割に関する協議が調わないとき，又は協議することができない場合においては，家庭法院は当事者の請

求により，当事者双方の協力による財産の額数及び事情を参酌の上，分割の額数及び方法を定める。

③　第1項の財産分割請求権は，離婚の日から2年を経過することにより消滅する。

第839条の3（財産分割請求権保全のための詐害行為取消権）夫婦の一方が他方の財産分割請求権行使を害することを知りながらも財産権を目的にする法律行為をしたときには，他方は第406条第1項を準用して，その取消及び原状回復を家庭法院に請求することができる。

②　第1項の訴は，第406条第2項の期間内に提起しなければならない。

第2款　裁判上の離婚

第840条（裁判上の離婚原因）夫婦の一方は，次の各号の事由がある場合には，家庭法院に離婚を請求することができる。

一　配偶者に不貞な行為があつたとき

二　配偶者が悪意で他の一方を遺棄したとき

三　配偶者又はその直系尊属から著しく不当な待遇をうけたとき

四　自己の直系尊属が配偶者から著しく不当な待遇をうけたとき

五　配偶者の生死が3年以上明らかでなかつたとき

六　その他婚姻を継続し難い重大な事由があるとき

第841条（不貞による離婚請求権の消滅）前条第1号の事由は，他の一方が事前同意若しくは事後宥恕をしたとき，又はこれを知つた日から6箇月，その事由があつた日から2年を経過したときは，離婚を請求することができない。

第842条（その他の原因による離婚請求権の消滅）第840条第6号の事由は，他の一方がこれを知つた日から6箇月，その事由がある日から2年を経過すれば，離婚を請求することができない。

第843条（準用規定）裁判上の離婚による損害賠償責任に関しては，第806条を準用し，裁判上の離婚による子の養育責任等に関しては第837条を準用し，裁判上の離婚による面接交渉権に関しては第837条の2を準用し，裁判上の離婚による財産分割請求権に関しては第839条の2を準用し，裁判上の離婚による財産分割請求権保全のための詐害行為取消権に関しては第839条の3を準用する。

【資料Ⅲ】

中華人民共和国渉外民事関係法律適用法(抄)

〔2010年10月28日，第11期全国人民代表大会
常務委員会第17回会議で採択，2011年4月1
日施行〕

第1章　一般規定

第1条　渉外民事関係の法律の適用を明確
にし，渉外民事争議を合理的に解決し，
当事者の合法的権益を保護するため，本
法を制定する。

第2条　渉外民事関係へ適用する法律は，
本法に依って確定する。その他の法律
に，渉外民事関係の法律の適用につき，
別に特別の規定があるときは，その規定
に依る。

　　本法およびその他の法律に，渉外民事
関係の法律の適用につき，規定がないと
きは，当該渉外民事関係に最も密接な関
係がある法律を適用する。

第3条　当事者は，法律の規定に依り，渉
外民事関係へ適用する法律を明示的に選
択することができる。

第4条　中華人民共和国の法律に，渉外民
事関係につき，強行規定があるときは，
当該強行規定を直接的に適用する。

第5条　外国の法律の適用が中華人民共和
国の社会公共の利益を侵害することとな
るときは，中華人民共和国の法律を適用
する。

第6条　渉外民事関係へ外国の法律を適用
して，当該国の異なる区域が異なる法律
を実施するときは，当該渉外民事関係に
最も密接な関係がある区域の法律を適用
する。

第7条　訴訟の時効については，関連する
渉外民事関係へ適用すべき法律を適用す
る。

第8条　渉外民事関係の性質決定について
は，法院地の法律を適用する。

第9条　渉外民事関係へ適用する外国の法
律は，当該国の法律適用法を含まない。

第10条　渉外民事関係へ適用する外国の法
律は，人民法院，仲裁機構または行政機
関によって調査する。当事者が外国の法
律の適用を選択するときは，当該国の法
律を提供しなければならない。

　　外国の法律を調査できないか，また
は，当該国の法律に規定がないときは，
中華人民共和国の法律を適用する。

第2章　民事主体

第11条　自然人の民事的権利能力について
は，常居所地の法律を適用する。

第12条　自然人の民事的行為能力について
は，常居所地の法律を適用する。

　　自然人が従事する民事活動につき，常
居所地の法律に依れば民事的行為能力が
ないこととなり，行為地の法律に依れば
民事的行為能力があることとなるとき
は，行為地の法律を適用する。但し，婚
姻家庭または相続に関わるときは除く。

第13条　失踪宣告または死亡宣告について
は，自然人の常居所地の法律を適用す
る。

第14条　法人およびその支店の民事的権利
能力，民事的行為能力，組織機構，株主
の権利義務等の事項については，登記地
の法律を適用する。

　　法人の主たる営業地が登記地と一致し
ないときは，主たる営業地の法律を適用
することができる。法人の常居所地は，
その主たる営業地とする。

第15条　人格権の内容については，権利者
の常居所地の法律を適用する。

第16条　代理については，代理行為地の法
律を適用する。但し，本人と代理人との
民事関係については，代理関係の発生地
の法律を適用する。

　　当事者は，協議により，代理の委任へ
適用する法律を選択することができる。

第17条　当事者は，協議により，信託へ適

用する法律を選択することができる。当事者が選択しなかったときは，信託財産の所在地の法律または信託関係の発生地の法律を適用する。

第18条 当事者は，協議により，協議の仲裁へ適用する法律を選択することができる。当事者が選択しなかったときは，仲裁機構の所在地の法律または仲裁地の法律を適用する。

第19条 本法に依って国籍国の法律を適用して，自然人が2個以上の国籍を保有するときは，常居所を有する国籍国の法律を適用し，国籍を保有する国のいずれにも常居所がないときは，その者に最も密接な関係がある国籍国の法律を適用する。自然人が無国籍か国籍不明であるときは，その者の常居所地の法律を適用する。

第20条 本法に依って常居所地の法律を適用して，自然人の常居所地が不明であるときは，その者の現在の居所地の法律を適用する。

第3章　婚姻家庭

第21条 結婚の要件については，当事者の共通常居所地の法律を適用し，共通常居所地がないときは，共通国籍国の法律を適用し，共通国籍がなく，一方の当事者の常居所地または国籍国において婚姻を締結するときは，婚姻締結地の法律を適用する。

第22条 結婚の手続が，婚姻締結地の法律，一方の当事者の常居所地の法律または国籍国の法律に適合するときは，いずれも有効とする。

第23条 夫婦の身分的関係については，共通常居所地の法律を適用し，共通常居所地がないときは，共通国籍国の法律を適用する。

第24条 夫婦の財産的関係につき，当事者は，協議により，一方の当事者の常居所地の法律，国籍国の法律または主要な財産の所在地の法律の適用を選択することができる。当事者が選択しなかったときは，共通常居所地の法律を適用し，共通常居所地がないときは，共通国籍国の法律を適用する。

第25条 父母と子との身分的および財産的関係については，共通常居所地の法律を適用し，共通常居所地がないときは，一方の当事者の常居所地の法律または国籍国の法律のうち，弱者の権益の保護に有利である法律を適用する。

第26条 協議離婚につき，当事者は，協議により，一方の当事者の常居所地の法律または国籍国の法律の適用を選択することができる。当事者が選択しなかったときは，共通常居所地の法律を適用し，共通常居所地がないときは，共通国籍国の法律を適用し，共通国籍がないときは，離婚手続を処理する機関の所在地の法律を適用する。

第27条 訴訟離婚については，法院地の法律を適用する。

第28条 養子縁組の要件および手続については，養親および養子の常居所地の法律を適用する。養子縁組の効力については，養子縁組当時の養親の常居所地の法律を適用する。養子縁組関係の解消については，養子縁組当時の養子の常居所地の法律または法院地の法律を適用する。

第29条 扶養については，一方の当事者の常居所地の法律，国籍国の法律または主要な財産の所在地の法律のうち，被扶養者の権益の保護に有利である法律を適用する。

第30条 監護については，一方の当事者の常居所地の法律または国籍国の法律のうち，被監護人の権益の保護に有利である法律を適用する。

第8章　附則

第51条 《中華人民共和国民法通則》第146条および第147条，《中華人民共和国継承

法》第36条が本法の規定と一致しないと
きは，本法を適用する。
第52条　本法は，2011年４月１日から施行
する。

出典：笠原俊宏「中華人民共和国の新しい国際私法『渉外民事関係法律適用法』
　　　の解説(1)」戸籍時報663号５頁以下（2010）

【資料Ⅳ】

中華人民共和国婚姻法（抄）

〔1980年 9 月10日公布・1981年 1 月 1 日施
行，2001年 4 月28日修正，公布・施行〕

第 1 章 総 則
第 1 条 本法は，婚姻，家庭関係の基本準
則である。
第 2 条 婚姻の自由・一夫一妻・男女平等
の婚姻制度を実行する。
② 女性・子ども及び高齢者の合法的権
利・利益を保護する。
③ 計画出産を実行する。
第 3 条 請負婚・売買婚及びその他の婚姻
自由に干渉する行為を禁止する。婚姻を
口実に財物を取り立てることを禁止す
る。
② 重婚を禁止する。配偶者を有する者が
他人と同棲することを禁止する。家庭内
暴力を禁止する。家庭成員間の虐待及び
遺棄を禁止する。
第 4 条 夫妻は互いに誠実であり，尊重し
合わなければならない。家庭成員間では
高齢者を敬い幼い者を慈しみ，互いに助
け合い，平等で仲睦まじい文明的な婚姻
家庭関係を維持しなければならない。
第 2 章 結 婚
第 5 条 結婚は男女双方の完全に自由な意
思によらなければならず，いずれか一方
が他方に強迫を加えること，又はいかな
る第三者も干渉することは許されない。
第 6 条 結婚年齢は，男性満22歳，女性満
20歳より早くしてはならない。結婚と出
産の年齢を遅らせることを奨励すべきで
ある。
第 7 条 以下に列記する事情の 1 つに該当
する場合は，結婚を禁止する。
㈠ 直系血族及び三代（四親等）以内の
傍系血族。
㈡ 医学上結婚すべきではないと認めら

れる疾病に罹患している者。
第 8 条 結婚をしようとする男女双方は，
自ら婚姻登記機関に出頭して結婚登記を
行わなければならない。本法の規定に合
致する場合は，登記を許可し，結婚証を
発給する。結婚証の取得と同時に夫妻関
係は確立する。結婚登記を未だ行ってい
ない場合は，登記〔補辦登記〕を行わな
ければならない。
第 9 条 結婚登記後，夫妻双方の約定によ
り，妻は夫の家庭成員となることがで
き，夫は妻の家庭成員となることができ
る。
第10条 以下に列記する事情の 1 つに該当
する場合は，婚姻は無効である。
㈠ 重婚の場合。
㈡ 結婚を禁止する親族関係を有する場
合。
㈢ 婚姻前医学上結婚すべきではないと
認められる疾病に罹患し，婚姻後も未
だ治癒されていない場合。
㈣ 法定婚姻年齢に達していない場合。
第11条 強迫により結婚した場合，強迫を
受けた一方は婚姻登記機関又は人民法院
に当該婚姻の取消しを請求することがで
きる。強迫された一方からの婚姻取消請
求は，結婚登記の日から 1 年以内に提起
しなければならない。不〔非〕法な人身
の自由制限を受けた当事者が婚姻の取消
しを請求する場合は，人身の自由を回復
した日から 1 年以内に提起しなければな
らない。
第12条 無効又は取り消された婚姻は，初
めから無効である。当事者は夫妻の権利
と義務を有しない。同居期間に取得した
財産は，当事者の協議によって処理す
る。協議が調わないときは，人民法院が
無責配偶者を配慮する原則に基づいて判
決する。重婚によって婚姻無効となった
場合の財産処理に対しては，合法的婚姻
当事者の財産的権利・利益を侵害しては

298

ならない。当事者間に生まれた子には，本法の父母と子に関する規定を適用する。

第3章　家庭関係

第13条　家庭における夫妻の地位は平等である。

第14条　夫妻双方は，いずれも自己の姓名を用いる権利を有する。

第15条　夫妻双方はいずれも生産・仕事・学習及び社会活動に参加する自由を有し，一方は他方に対して制限又は干渉を加えてはならない。

第16条　夫妻双方はいずれも計画出産を実行する義務を有する。

第17条　夫妻が婚姻関係存続期間中に得た次に列記する財産は，夫妻の共同所有に帰する。

(一)　給料・賞与。

(二)　生産・経営の収益。

(三)　知的財産権の収益。

(四)　相続又は贈与によって取得した財産，ただし，本法第18条第3号に規定する場合を除く。

(五)　その他共同所有に帰すべき財産。

② 夫妻は共同所有財産に対して，平等の処理権を有する。

第18条　以下に列記する事情の1つに該当する場合は，夫妻の一方の財産とする。

(一)　一方の婚姻前の財産。

(二)　一方が身体に傷害を受けたことにより取得した医療費，身体障害者生活補助費等の費用。

(三)　遺言又は贈与の契約中に，夫又は妻の一方にのみ帰属すると確定された財産。

(四)　一方が専用する生活用品。

(五)　その他の一方に帰すべき財産。

第19条　夫妻は婚姻関係存続期間中に取得した財産及び婚姻前の財産を，約定により各自の所有（別産制）・共同所有又は一部各自所有（共有制又は一部別産制）・

一部共同所有（一部共有制）とすることができる。約定は書面形式を用いなければならない。約定がないか又は約定が不明確の場合には，本法の第17条，第18条の規定を適用する。

② 夫妻の婚姻関係存続期間中に取得した財産及び婚姻前の財産に対する約定は，夫妻双方に対して拘束力を有する。

③ 夫妻が婚姻関係存続期間中に取得した財産は各自の所有と約定した場合，夫又は妻の一方が対外的に負った債務は，第三者が当該約定を知っている場合には，夫又は妻の一方所有の財産をもって弁済する。

第20条　夫妻は互いに扶養する〔扶養〕義務を有する。

② 一方が扶養義務を履行しないとき，扶養を必要とする他方は，相手方に扶養費の給付を請求する権利を有する。

第21条　父母は子に対し扶養〔撫養〕教育の義務を有する。子は父母に対し扶養〔贍養〕扶助の義務を有する。

② 父母が扶養義務を履行しないとき，未成年の子又は独立して生活できない子は，父母に扶養費の給付を請求する権利を有する。

③ 子が扶養義務を履行しないとき，労働能力がないか又は生活困難な父母は，子に扶養費の給付を請求する権利を有する。

④ 嬰児の溺殺・遺棄及びその他の嬰児への傷害・殺害行為を禁止する。

第22条　子は父の姓に従うことも，母の姓に従うこともできる。

第23条　父母は未成年の子を保護及び教育する権利と義務を有する。未成年の子が，国家・集団又は他人に対し損害を与えたときは，父母は民事責任を負う義務を有する。

第24条　夫妻は互いに遺産を相続する権利を有する。

② 父母と子は互いに遺産を相続する権利を有する。

第25条 婚姻によらずして生まれた子〔非婚生子〕は婚姻によって生まれた子〔婚生子〕と同等の権利を享有し，如何なる者も危害を加えたり差別することは許されない。

② 婚姻によらずして生まれた子を直接養育していない実父又は実母は，子が独立して生活できるまで，子の生活費及び教育費を負担しなければならない。

第26条 国は合法的な養子縁組関係を保護する。養父母と養子間の権利及び義務は，本法の親子関係に関する規定を適用する。

② 養子と実父母間の権利及び義務は，養子縁組関係の成立によって消滅する。

第27条 継父母と継子間にあっては，虐待又は差別をしてはならない。

② 継父又は継母とその扶養教育を受けた継子との間の権利及び義務については，本法の親子関係に関する規定を適用する。

第28条 負担能力を有する祖父母・外祖父母（母方祖父母）は，父母が既に死亡したか又は父母に扶養能力のない未成年の孫・外孫（娘方孫）に対し，扶養義務を有する。負担能力を有する孫・外孫は，子が既に死亡したか又は子に扶養能力のない祖父母・外祖父母に対し，扶養義務を有する。

第29条 負担能力を有する兄・姉は，父母が既に死亡したか又は父母に扶養能力のない未成年の弟・妹に対し，扶養義務を有する。兄・姉の扶養により成長した負担能力を有する弟・妹は，労働能力又は生活財源に欠ける兄・姉に対して扶養義務を有する。

第30条 子は父母の婚姻権を尊重しなければならず，父母の再婚及び婚姻後の生活に干渉してはならない。子の父母に対する扶養義務は，父母の婚姻関係の変化により終了するものではない。

第4章 離 婚

第31条 夫妻双方が自由意思により離婚を望む場合には，離婚を認める。双方は婚姻登記機関に出頭して離婚を申請しなければならない。婚姻登記機関は，双方が確かに自由意思に基づいていること，かつ，子及び財産問題に対して既に適切な処理を行っていることが調査により明らかなときには，離婚証を発給する。

第32条 夫妻の一方が離婚を要求する場合には，関係部門が調停〔調解〕を行うか，又は直接人民法院に離婚訴訟を提起することができる。

② 人民法院は離婚事件を審理するに当たって，調停を行わなければならない。もし感情が既に破綻していることが確かであり，調停の効果がない場合には，離婚を認めなければならない。

③ 以下に列記する事情の1つに該当し，調停が無効の場合には，離婚を認めなければならない。

　㈠ 重婚又は配偶者を有する者が他人と同棲した場合

　㈡ 家庭内暴力又は家庭成員を虐待・遺棄した場合

　㈢ 賭博・麻薬使用〔吸毒〕等の悪習を有し，度々指導しても改めない場合

　㈣ 感情の不和により満2年別居している場合

　㈤ その他夫妻感情の破綻を引き起こしている情況

④ 一方が失踪宣告を受け，他方が離婚訴訟を提起した場合には，離婚を認めなければならない。

第33条 現役軍人の配偶者が離婚を要求するには，軍人の同意を得なければならない，ただし，軍人の方に重大な過失がある場合はこの限りではない。

第34条 妻が妊娠期間中・分娩後1年以内

又は妊娠中止後6か月以内であるとき
は，夫は離婚を提起できない。妻が離婚
を提起するか，又は人民法院が夫の離婚
請求を受理することが確かに必要である
と認めた場合は，この限りではない。

第35条　離婚後，男女双方が自由意思によ
り夫妻関係の回復を望む場合には，婚姻
登記機関に出頭し復婚の登記をしなけれ
ばならない。

第36条　父母と子の関係は，父母の離婚に
より消滅しない。離婚後，子は父又は母
のいずれに直接養育されるかを問わず，
依然として父母双方の子である。

②　離婚後，父母は子に対し依然として扶
養及び教育の権利と義務を有する。

③　離婚後，授乳期間中の子は，授乳する
母親によって養育されることを原則とす
る。授乳期後の子について，父母双方の
間に養育問題で争いが生じ，協議が達成
できないときは，人民法院が子の権利・
利益及び父母双方の具体的情況に基づい
て判決する。

第37条　離婚後，一方が養育する子に対
し，他方はその必要とする生活費と教育
費の一部又は全部を負担しなければなら
ないが，その負担すべき費用の額及び期
間については，父母双方の協議による。
協議が成立しないときは人民法院の判決
による。

②　子の生活費と教育費についての協議又
は判決に関しては，子が必要とするとき
に父母のいずれか一方に対し，協議又は
判決で定められた当初の額を超える合理
的請求を行うことを妨げない。

第38条　離婚後，直接子を養育していない
父又は母は，面接交渉〔探望子女〕の権
利を有し，他方はそれに協力する義務を
有する。

②　面接交渉権の行使方法・日時は当事者
の協議による。協議が成立しないとき
は，人民法院の判決による。

③　父又は母の面接交渉が，子の心身の健
康にとって不利である場合には，人民法
院は法に基づき面接交渉権を中止させ
る。その中止事由が消滅した後は，面接
交渉権を回復させなければならない。

第39条　離婚の際，夫妻共同財産は双方の
協議によって処理する。協議が成立しな
いときは，人民法院が財産の具体的情況
及び子と妻の権利・利益を配慮する原則
に基づいて判決する。

②　夫又は妻が家族の土地請負経営におい
て享有する権利・利益等は，法に基づい
て保護を与えられなければならない。

第40条　夫妻が婚姻関係存続期間に取得し
た財産は各自の所有とする約定を書面に
より行いながら，一方が子の扶養・高齢
者の面倒見・他方の仕事への協力等にお
いてより多くの義務を果たしていた場合
には，離婚の際に他方に対し補償を請求
する権利を有し，他方は補償をしなけれ
ばならない。

第41条　離婚の際，夫妻の共同生活のため
に生じた債務は，共同で弁済しなければ
ならない。共同財産が全額弁済するのに
不足する場合，又は，財産が各自の所有
に帰属する場合は，夫妻双方の協議によ
り全額弁済する。協議が成立しないとき
は，人民法院の判決による。

第42条　離婚の際，もし一方が生活困難な
場合は，他方はその住宅等個人財産から
適当な経済的援助を与えなければならな
い。具体的方法は双方の協議による。協
議が成立しないときは，人民法院の判決
による。

第5章　救助措置と法律責任

第43条　家庭内暴力又は家庭成員の虐待
に，被害者は請求申出の権利を有し，居
民委員会・村民委員会及び所属組織〔単
位〕は止めるよう勧告〔勧阻〕・調停を
行わなければならない。

②　家庭内暴力が行われている最中の行為

に対し，被害者は請求申出の権利を有
し，居民委員会・村民委員会は止めるよ
う勧告しなければならず，公安機関は制
止しなければならない。

③　家庭内暴力又は家庭成員の虐待に対
し，被害者が請求を申し出た場合には，
公安機関は治安管理処罰の法律規定に照
らして行政処罰を科さなければならな
い。

第44条　家庭成員の遺棄に対し，被害者は
請求申出の権利を有し，居民委員会・村
民委員会及び所属組織は止めるよう勧
告・調停を行わなければならない。

②　家庭成員の遺棄に対し，被害者が請求
を申し出た場合には，人民法院は法律に
基づいて各種扶養費〔扶養・撫養・贍養
費〕（夫妻・親子・兄姉弟妹・祖父母孫
間の扶養費）を支払わせる判決を下さな
ければならない。

第45条　重婚に対する場合，家庭内暴力又
は家庭成員の虐待・遺棄に対して犯罪を
構成する場合は，法律により刑事責任を
追及する。被害者は刑事訴訟法の関係規
定に照らし，自ら人民法院に提訴〔自
訴〕することができる。公安機関は法に
基づき捜査を行わなければならず，人民
検察院は法に基づき公訴を提起しなけれ
ばならない。

第46条　以下に列記する事情の１つに該当
し，それにより離婚に至った場合には，
無責配偶者は損害賠償請求権を有する。

（一）　重婚の場合

（二）　配偶者のある者が他人と同棲した場
合

（三）　家庭内暴力を行った場合

（四）　家庭成員を虐待・遺棄した場合

第47条　離婚の際，一方が夫妻共同財産を
隠匿〔藏〕・移転・売却・毀損し，又は
債務を偽造して他方の財産の侵害を企ん
だ場合には，夫妻共同財産の分割に当
たって，夫妻共同財産を隠匿・移転・売

却・毀損し，又は債務を偽造した他方に
対しては，少なくか又は全く分与しない
ことができる。離婚後，他方が上述の行
為の存在に気付いた場合には，人民法院
に訴訟を提起し，夫妻共同財産の再分割
を請求することができる。

②　人民法院は前項規定の民事訴訟妨害行
為に対しては，民事訴訟法の規定に照ら
して制裁を加えることができる。

第48条　各種の扶養費・財産分割・遺産相
続・面接交渉等に関する判決又は裁定の
執行拒否に対して，人民法院は法に基づ
き強制執行することができる。関係ある
個人と組織〔単位〕はその執行に協力す
る責任を負わなければならない。

第49条　その他の法律が婚姻家庭の違法行
為と法律責任に関して別に規定する場合
には，その規定に従う。

第６章　附　則

第50条　民族自治地方の人民代表大会は，
当地民族の婚姻家庭の具体的情況に結合
させて，弾力的規定を制定する権限を有
する。自治州・自治県が制定した弾力的
規定は，省・自治区・直轄市人民代表大
会常務委員会に報告し承認を受けた後に
効力を生ずる。自治区が制定した弾力的
規定は，全国人民代表大会常務委員会に
報告し承認を受けた後に効力を生ずる。

第51条　本法は1981年１月１日から施行す
る。

　1950年５月１日に公布・施行した「中
華人民共和国婚姻法」は，本法の施行の
日から廃止する。

【資料Ⅴ】

中華人民共和国婚姻登記条例（抄）

〔2003年8月8日国務院令第387号公布・2003
年10月1日施行〕

第1章 総則

第1条 婚姻登記業務を規律し，婚姻の自
由・一夫一妻・男女平等の婚姻制度の実
施を保障し，婚姻当事者の合法的権利・
利益を保護するために，《中華人民共和
国婚姻法》（以下婚姻法と略称）に基づ
き，本条例を制定する。

第2条 内地居住者が婚姻登記を行う機関
は，県級人民政府の民政部門又は郷（鎮）
人民政府とし，省・自治区・直轄市の人
民政府は人民の便宜を図る原則に照ら
し，農村居住者の婚姻登記を行う具体的
機関を定めることができる。

② 中国公民と外国人間の，内地居住者と
香港特別行政区居住者（以下香港居住者
と略称）・マカオ特別行政区居住者（以
下マカオ居住者と略称）・台湾地区居住
者（以下台湾居住者と略称）・華僑との
間で行う婚姻登記機関は，省・自治区・
直轄市の人民政府民政部門又は省・自治
区・直轄市の人民政府民政部門が定めた
機関とする。

第3条 婚姻登記機関の婚姻登記員は，婚
姻登記業務の訓練を受けなければなら
ず，試験に合格した後に，初めて婚姻登
記業務に従事することができるものとす
べきである。

② 婚姻登記機関は婚姻登記を行うに当
たって，徴収費用基準に基づき当事者か
ら作成費を受領する以外に，その他の費
用を受取り又はその他の義務を附加して
はならない。

第2章 結婚登記

第4条 内地居住者が結婚するには，男女
双方が揃って一方当事者の常住戸籍〔戸

口〕所在地の婚姻登記機関に出頭して結
婚登記を行わなければならない。

② 中国公民と外国人とが中国内地で結婚
する場合，内地居住者と香港居住者・マ
カオ居住者・台湾居住者・華僑とが中国
内地で結婚する場合には，男女双方は
揃って内地居住者の常住戸籍所在地の婚
姻登記機関に出頭して結婚登記を行わな
ければならない。

第5条 内地居住者が結婚登記を行う際に
は，次に列記する証明書及び証明書類を
提出しなければならない。

(1) 本人の戸籍〔戸口〕簿・身分証。

(2) 本人が配偶者を有せず，かつ相手方
当事者との間に直系血族及び三代以内
〔四親等内〕の傍系血族関係を有しな
いことの署名入り申告。

② 香港居住者・マカオ居住者・台湾居住
者が結婚登記を行う際には，次に列記す
る証明書及び証明書類を提出しなければ
ならない。

(1) 本人の有効な通行証・身分証。

(2) 居住地の公証機関による公証を経
た，本人が配偶者を有せず，かつ相手
方当事者との間に直系血族及び三代以
内の傍系血族関係を有しないことを証
明する申告。

③ 華僑が結婚登記を行う際には，次に列
記する証明書及び証明書類を提出しなけ
ればならない。

(1) 本人の有効な旅券。

(2) 居住国の公証機関又は権限を有する
機関が交付し，中華人民共和国の当該
国駐在大使（領事）館の認証を経た，
本人は配偶者を有せずかつ相手方当事
者との間に直系血族及び三代以内の傍
系血族関係を有しないことの証明，又
は中華人民共和国に駐在する当該国の
大使（領事）館が交付した，本人は配
偶者を有せず，かつ相手方当事者との
間に直系血族及び三代以内の傍系血族

関係を有しないことの証明。

④　外国人が結婚登記を行う際には，次に列記する証明書及び証明書類を提出しなければならない。

　⑴　本人の有効な旅券又はその他の有効な国際旅行許可証明書。

　⑵　所在国の公証機関又は権限を有する機関が交付し，中華人民共和国の当該国駐在大使（領事）館又は当該国の中国駐在大使（領事）館の認証を経た，本人は配偶者を有しないことの証明又は所在国の中国駐在大使（領事）館が交付した，本人は配偶者を有しないことの証明。

第6条　結婚登記を行う当事者が，次に列記する事由の1つに該当する場合には，婚姻登記機関は登記を認めない。

　⑴　法定婚姻年齢に達していないとき。

　⑵　双方の自由意思によらないとき。

　⑶　一方又は双方が既に配偶者を有しているとき。

　⑷　直系血族又は三代以内の傍系血族に属するとき。

　⑸　医学上結婚してはならないと認められた疾病を患っているとき。

第7条　婚姻登記機関は，結婚登記を行う当事者が提出した証明書・証明書類に対して審査を行い，かつ関連情況を尋問しなければならない。結婚条件に適合している当事者に対しては，その場で登記を行い，結婚証を発給しなければならない。結婚条件に適合しない当事者に対して登記を認めない場合には，当事者に対しその理由を説明しなければならない。

第8条　男女双方が，結婚登記を補足する場合には，本条例の結婚登記規定を適用する。

第9条　強迫により結婚した場合，強迫を受けた当事者が婚姻法第11条の規定に基づいて婚姻登記機関にその婚姻の取消を求める場合には，次に列記する証明書類を提出しなければならない。

　⑴　本人の身分証・結婚証。

　⑵　強迫を受けて結婚したことを証明するに足る証明書類。

②　婚姻登記機関は審査を経て，強迫を受けた結婚の情況が事実であり，かつ子の扶養・財産及び債務の問題に係わらないと認めた場合には，当該婚姻を取消し，結婚証の廃棄を宣告しなければならない。

第3章　離婚登記

第10条　内地居住者が自由意思で離婚を望む場合には，男女双方が揃って一方当事者の常住戸籍所在地の婚姻登記機関に出頭して離婚登記を行わなければならない。

②　中国公民と中国内地に居る外国人とが自由意思で離婚を望む場合，内地居住者と香港居住者・マカオ居住者・台湾居住者・華僑とが自由意思で離婚を望む場合，男女双方は揃って内地居住者の常住戸籍所在地の婚姻登記機関に出頭して離婚登記を行わなければならない。

第11条　内地居住者が離婚登記を行う際には，次に列記する証明書及び証明書類を提出しなければならない。

　⑴　本人の戸籍簿・身分証。

　⑵　本人の結婚証。

　⑶　当事者双方が共同で署名した離婚協議書。

②　香港居住者・マカオ居住者・台湾居住者・華僑及び外国人は，離婚登記を行う際，前項第⑵号・第⑶号に規定する証明書・証明書類を提出しなければならないのみならず，それ以外にも香港居住者・マカオ居住者及び台湾居住者は本人の有効な通行証・身分証を，華僑及び外国人は本人の有効な旅券又はその他の有効な国際旅行許可証明書を提出しなければならない。

③　離婚協議書には，双方当事者が自由意思で離婚を望むことの意思表示及び子の

扶養・財産及び債務処理等の事項で一致した協議の意見を明記しなければならない。

第12条　当事者が離婚登記を行う際，次に列記する事由の１つに該当する場合には，婚姻登記機関はこれを受理しない。

(1)　離婚が協議に達していないとき。

(2)　民事行為無能力者，又は制限的民事行為能力者であるとき。

(3)　その結婚登記が中国内地で行われていなかったとき。

第13条　婚姻登記機関は，離婚登記を行う当事者が提出した証明書・証明書類に対して審査を行い，かつ関連情況を尋問しなければならない。確かに自由意思で離婚を望むものであり，かつ子の扶養・財産・債務等の問題について一致した処理意見に達している当事者に対しては，その場で登記を行い，離婚証を発給しなければならない。

第14条　離婚した男女双方が，自由意思により夫妻関係の回復を望む場合には，婚姻登記機関に出頭して復婚登記を行わなければならない。復婚登記には本条例の結婚登記規定を適用する。

第４章　婚姻登記記録〔档案〕及び婚姻登記証

第15条　婚姻登記機関は，婚姻登記記録〔档案〕を作成しなければならない。婚姻登記記録は長期間保管しなければならない。具体的な管理方法は，国務院民政部門が国家記録〔档案〕管理部門と共同で規定する。

第16条　婚姻登記機関は，人民法院の婚姻無効宣告又は婚姻の取消に関する判決書の副本を受け取った後には，当該判決書の副本を当事者の婚姻登記記録内に収めなければならない。

第17条　結婚証・離婚証を紛失又は毀損した場合，当事者は戸籍簿・身分証を持参して，登記を行った原婚姻登記機関又は一方当事者の常住戸籍所在地の婚姻登記機関に対して再発行を申請することができる。婚姻登記機関は，当事者の婚姻登記記録に対して審査を行い，申請が事実であることを確認した場合は，当事者に対し結婚証・離婚証の再発給を行わなければならない。

第５章　罰　則

第18条　婚姻登記機関及びその婚姻登記員が，次に列記する行為の１つに該当する場合には，直接責任を負う主要管理者及びその他の直接責任者に対し，法に基づいて行政処分を行う。

(1)　婚姻登記条件に適合しない当事者のために，婚姻登記を行ったとき。

(2)　職務を疎かにして婚姻登記記録の損失を発生させたとき。

(3)　婚姻登記又は結婚証・離婚証の再発給に際し，徴収費の基準を超えた費用を受領したとき。

② 前項第(3)号の規定に違反して受領した費用は当事者に返還しなければならない。

第６章　附　則

第19条　中華人民共和国の在外大使（領事）館は，本条例の関係規定に基づき，男女双方が共に駐在国に居住している中国公民のために婚姻登記を行うことができる。

第20条　本条例が規定する婚姻登記証は，国務院民政部門がその様式を決定し，製作を監督する。

第21条　当事者は婚姻登記を行い又は再発行する結婚証・離婚証を受領するには，その作成費を支払わなければならない。作成費の徴収基準は，国務院価格主管部門が国務院財政部門と共同して規定し公布する。

第22条　本条例は2003年10月１日から施行する。1994年１月12日に国務院が批准し，1994年２月１日に民政部が公布した《婚姻登記管理条例》は同時に廃止する。

【資料Ⅵ】

フィリピン家族法（抄）

〔1988年政令第209号，同227号〕

最近改正　2004年2月24日公布共和国法第9255号

第1編　婚　姻

第1章　婚姻の要件

第1条　婚姻とは，男子と女子が法に従い夫婦および家族としての生活を設立するための永久的な結合の特別な契約である。それは家族の基礎であり，その性質，効果，条件は，本法の制限内で婚姻中の財産関係を定める場合を除き，契約でなく法に従う社会制度である。

第2条　婚姻は以下の基本的要件を満たさない限り無効である。
　⑴　男女双方が法定の資格を有すること。
　⑵　婚姻をとり行う官吏（solemnizing officer）の面前での，自由意思に基づく合意。

第3条　婚姻の形式的要件は以下の通りである。
　⑴　権限のある官吏により行われること。
　⑵　本編第2章の場合を除き，有効な婚姻許可証があること。
　⑶　当事者が官吏の面前に出頭し婚姻の儀式を行うこと，および当事者が互いを夫と妻とすることを成年の2名以上の証人の前で宣誓すること。

第4条　第2条の基本的要件および第3条の形式的要件のいずれかが不存在の場合はその婚姻は絶対的に無効である。ただし第35条の場合を除く。
　②　第2条の基本的要件に瑕疵がある場合は第45条により取り消すことができる。
　③　第3条の形式的要件に従わない場合で

も婚姻の効力に影響はない。ただし，従わない当事者は民事上，刑事上および行政上の責任を負う。

第5条　18歳以上の男女は，第37条および第38条に掲げる婚姻障害がない限り婚姻をすることができる。

第6条　婚姻のための規定された形式や宗教的儀式は必要でない。ただし婚姻の当事者が官吏の前に出頭し2名以上の成人の証人の前で互いを夫とし妻とすることを宣誓することを要する。この宣誓は婚姻の当事者および証人が署名し官吏が認証した証明書に記される。
　②　「遺言による婚姻」で死の直前の当事者が証明書に署名できないときは，証人がその当事者の名を書き，官吏がその旨を証明することによる。

第7条　婚姻の儀式を挙行できる官吏は以下の通りである。
　⑴　その地区を管轄する裁判所の裁判官。
　⑵　婚姻の当事者の少なくとも一方が属する宗教の教会等から，書面により権限を与えられている一般登録所に登録された牧師等の者。
　⑶　船長または機長。ただし，第31条の場合に限る。
　⑷　牧師がついている軍隊で，戦時下にあり牧師が不在の場合の指揮官。ただし，第32条の場合に限る。
　⑸　第10条の場合における，総領事，領事，副領事。

第8条　婚姻は前条の各場合に従い裁判所，公開の法廷，教会・寺院等，総領事館，領事館等で行われる。ただし，死の間際になっての婚姻や第29条の遠隔地での婚姻，および婚姻の両当事者が文書により要求しその旨の宣誓書をつけて自らが決めた場所で婚姻を行う場合を除く。

第9条　婚姻許可証は婚姻しようとする者が居住する自治体の登録所で発行する。

ただし本編第2章の，許可証を要しない婚姻の場合を除く。

第10条　フィリピン市民間の外国での婚姻は，フィリピン共和国の総領事，領事，副領事が行う。婚姻許可証の発行その他婚姻に必要な事務は，この場合は領事館等が行う。

第11条　婚姻許可証が必要な場合は，各当事者はそれぞれ登録所に対して以下の事項を明らかにした許可証申請書を提出する。

(1)　氏名。

(2)　出生地。

(3)　年齢，生年月日。

(4)　階級。

(5)　前婚がある場合は，いつ，どこで，どのように婚姻が解消したか。

(6)　現在の住所および国籍。

(7)　婚姻当事者間の親等。

(8)　父親の氏名，住所，国籍。

(9)　母親の氏名，住所，国籍。

(10)　当事者に父母のいずれもなくその者が21歳未満である場合には，後見人，保護者の氏名，住所，国籍。

②　婚姻許可証を取得する際に，申請人，その両親または後見人は，住所を証明することは要しない。

第12条　登録所は，婚姻許可証の申請を受けた際は，当事者の出生証明書，それがない場合には洗礼証明書，または原本を保管している者が証明したその写しの提出を求めるものとする。本条で必要な証明書またはその写しは，宣誓を要せず印紙税を免除される。

②　当事者の一方が出生証明書，洗礼証明書またはその写しを，原本の汚損または紛失のため提出できない場合，またはそのような当事者または，他の者が婚姻許可申請の15日以前に請求したにも関らず出生証明書や洗礼証明書が交付されていない旨の上申書を提出した場合は，現在

の住所証明書または登録所その他公的機関の前で記し宣誓した書面による。この書面には成人2人の証人による，知り得る限りの婚姻しようとする者の氏名，住所，国籍，両親，出生地，生年月日の宣誓が記されていることを要する。この証人には婚姻当事者の最も近い親類がなり，そうした者がいない場合はその地区で風評のよい者による。

③　婚姻当事者の両親が登録所に出頭し，当事者が申請書に記されている通りの法定の年齢に達していると宣誓した場合，または登録所が当事者の外見から明らかに婚姻適齢に達していると認めた場合は，出生証明書，洗礼証明書の提出を要しない。

第13条　当事者の一方に婚姻歴があるときは，申請人は，前条で要求される出生または洗礼証明書の代わりに，前配偶者の死亡証明，離婚の判決，婚姻取消の判決，または婚姻無効の判決を必要とする。死亡証明書を入手できない場合は，その当事者はその旨および前配偶者の階級，氏名および死亡日を記した宣誓供述書を作成する。

第14条　以前の婚姻によって親権を離脱していない婚姻当事者の一方または双方が18歳から21歳である場合には，それらの者は，前諸条の要件に加え，地方身分登録官へ，それらの者の父，母，生存している親若しくは後見人，または，それらの者の法的責任を有する者の順におけるそれらの者の婚姻に対する同意を提示するものとする。かような同意は，しかるべき地方身分登録官の面前へ自ら出頭する関係当事者による書面，または，2人の証人の同席の下に作成され，かつ，法律により，宣誓を管理する権限を与えられたいずれかの官吏へ供述された宣誓供述書の形式の下に表明されるものとする。本人の表明は双方の婚姻許可申請書

307

に記録され，また，宣誓供述書は，それが代わって行われるとき，前述の申請書に添付されるものとする。

第15条　当事者が21歳以上25歳未満の場合は，その両親または後見人に婚姻についての助言を求めなければならない。助言が得られない場合，またはその助言が婚姻に反対するものであった場合は，婚姻許可証は申請を公表してから3か月経過するまでは発行されない。当事者がこの助言を求めたことの供述書，および助言書が得られた場合にはその書面も，申請書に添付する。両親または後見人が助言を拒否した場合はその事実を宣誓書に記するものとする。

第16条　親の同意または助言を要する場合には，その当事者は前条の要件に加え，牧師，僧侶その他本法第7条により婚姻を行う権限を与えられた者，または政府公認の婚姻相談員による婚姻当事者がすでに相談している旨の証明書を添付しなければならない。この証明書の添付がない場合は，婚姻許可証の発行は申請の公示の完了後3か月間停止される。この期間内に婚姻許可証が発行されてしまった場合は，発行者は行政罰を受けるが婚姻は有効である。

②　婚姻当事者の一方のみが親の同意または助言を要する場合でも，相手方は前項の相談に同席しなければならない。

第17条　登録所は，婚姻許可証の申請人の氏名，住所，その他申請書の記載の事項を公示する。この公示は，登録所構内で一般の人が立ち入れる目立つ場所にある掲示板に連続10日間掲示することにより行う。この掲示の中で，人々に対し婚姻障害について知るところを登録所に通知するように要求する。この掲示期間の満了後，婚姻許可証が発行される。

第18条　婚姻障害を登録所が知りまたは知らされた場合は，登録所は婚姻許可証申請にそのことを記すが，公示期間の満了後は，職権または利害関係人の請求による裁判所の別段の命令のない限り，婚姻許可証は発行される。

第19条　登録所は，婚姻許可証の発行の前に法律または規則に定める手数料の支払いを求める。それ以外は許可証の発行に要する手数料または税金はない。ただし，収入のない者や生計を維持し得ない者に対しては，そのことを宣誓供述書に記しまたは登録所で宣誓することにより，手数料は免除される。

第20条　婚姻許可証は，発行の日付から120日間フィリピン全土で有効であり，当事者がこれを使用しない場合は有効期間の満了により自動的に無効となる。期間が満了する日は婚姻許可証の表面に明瞭に押印される。

第21条　婚姻当事者の一方または双方が外国人である場合は，婚姻許可証を得るにはその国の大使館または領事館の発行する婚姻要件具備証明書の提出を要する。

②　無国籍者または難民は，前項の証明書の代わりに，婚姻要件を備えていることを示す宣誓供述書を提出する。

第22条　婚姻証明書には，当事者が互いに夫とし妻とすることを宣誓することのほか，以下のことが記される。

(1) 両者の氏名，性別，年齢。

(2) 国籍，宗教，住所。

(3) 婚姻した日時。

(4) 本編第2章の場合を除き，法に従い婚姻許可証が発行されていること。

(5) 当事者の一方または双方が親の同意を要する場合は，それを得ていること。

(6) 当事者の一方または双方が親の助言を要する場合は，それを得ていること。

(7) 夫婦の住居がすでにある場合は，当事者がそこに入っていること。

第23条　婚姻を挙行した官吏等は，第６条の婚姻証明書の原本を婚姻の両当事者に与え，その副本２通を婚姻後15日以内に婚姻を行った地の登録所に送付しなければならない。登録所は婚姻証明書を送付した官吏に対し受領書を発行する。官吏は婚姻証明書の写し，婚姻証明書の原本または第８条の本則以外の場所で行われた婚姻については宣誓供述書を保存する。

第24条　登録所は本編に規定する記録を備え，利害関係人に対し無料でこれを証明しなければならない。婚姻許可証の申請に関する記録と宣誓供述書は，印紙税を免除される。

第25条　登録所はそこで受け付けた婚姻許可申請を受付順に記録する。この記録簿には，申請人の氏名，婚姻許可証の発行の日付，その他必要な事項を記録する。

第26条　外国でその国の法律に従い有効に行われた婚姻は，フィリピン国内でも有効である。ただし，本法第35条第(1)，(4)，(5)，(6)号，第36，37，38条の禁止に反するものを除く。

②　フィリピン人と外国人が有効に婚姻しその後外国において離婚が有効に成立し，外国人配偶者が再婚する資格を得た場合は，フィリピン人配偶者もフィリピン法に従い再婚する資格を取得する。

第２章　許可証を要しない婚姻

第27条　当事者の一方または双方が死ぬ間際である場合は，婚姻は許可証なしで挙行され，また，その者が結果として生存し続けた場合もその婚姻は有効である。

第28条　当事者が交通手段がないため登録所に出頭できない場合には，婚姻許可証なしで婚姻を行う。

第29条　前２条の場合は，婚姻を行う官吏は，登録所または法により宣誓を管理する権限を与えられた者の前で作成した，婚姻が遺言による旨ないし婚姻の当事者

が登録所に出頭するための交通機関のない所に居住する旨，およびその官吏が当事者の年齢，親等を確認するために必要な手続をとったこと，法定の婚姻障害がないことの宣誓供述書を作成する。

第30条　前条の宣誓供述書の原本と婚姻契約書の明瞭な写しは，婚姻を行った官吏が婚姻後30日以内に婚姻が行われた地方自治体の登録所に送付する。

第31条　船舶や航空機の乗客，乗員間の遺言による婚姻は，航海中または飛行中に限らず，港，空港に停止している間も船長，機長により行われる。

第32条　軍隊の士官以上の指揮者は，軍人，文民に関らず戦時体制にある地域にいる者について遺言による婚姻を行う権限を有する。

第33条　イスラム教徒その他の異文化に属する者の間での婚姻には婚姻許可証は必要でなく，彼らの習慣，儀式によって行うものとする。

第34条　５年間以上夫婦同様に生活してきた男女で，婚姻に法定の障害事由のない者は，婚姻許可証は必要でない。当事者はこの事実を，権限を有する者の前で宣誓供述書に記する。婚姻を行う官吏は，自分が当事者の資格を調査したことおよび法定の婚姻障害がないことを宣誓する。

第３章　婚姻の無効と取消

第35条　以下の場合は婚姻は初めから無効である。

(1)　仮に両親または後見人の同意がある場合でも，当事者が18歳未満である場合。

(2)　婚姻が権限を有する官吏でない者により行われた場合。ただし，当事者の一方または双方が，その者に権限があるものと信じて婚姻した場合はこの限りではない。

(3)　前章に該当する場合を除き，婚姻許

可証なしで婚姻が行われたとき。

(4) 第41条の場合を除き，男女を問わず重婚であるとき。

(5) 人違いがある場合。

(6) 第53条により無効な婚姻である場合。

第36条 婚姻時に夫婦間の義務を果たし得ない程の精神障害のある者によって行われた婚姻は，仮に婚姻の儀式の後にその事実が明らかになった場合でも，無効である。

第37条 以下に掲げる者間の婚姻は，両者の関係の嫡出，非嫡出に関らず，近親婚であり無効である。

(1) 親等を問わず，尊属と卑属の間。

(2) 父母の一方を異にする場合も含め，兄弟姉妹の間。

第38条 以下の婚姻は政策的理由により無効とする。

(1) 嫡出，非嫡出に関らず，四親等以内の傍系親族間。

(2) 継父母とその子の間。

(3) 義父母とその子の間。

(4) 養父母とその子の間。

(5) 子とその死んだ養父母の元配偶者の間。

(6) 養親と，死んだその養子の元配偶者との間。

(7) 養子と，養親の嫡出子との間。

(8) 養親を同じくする養子どうしの間。

(9) 相手と婚姻するために，相手または自己の配偶者を殺害した者。

第39条 婚姻の絶対無効の宣言を求める訴訟または抗弁は時効にかからない。

第40条 再婚のために前婚の無効を主張するには，前婚が無効である旨の確定判決を要する。

第41条 前婚が継続している者により行われた婚姻は無効である。ただし，後婚の前に前配偶者が連続して４年間行方不明で，その者が前配偶者がすでに死亡して

いると確信している場合を除く。民法第391条に掲げるように，死亡する危険の高い場所で行方不明になった場合はこの期間は２年間で足る。

② 前項に従って再婚しようとする者は，本法に従い行方不明者が死亡したと推定されることおよび前配偶者が現れた場合は前婚の効果を害することがないことの宣誓書を作成する。

第42条 前条による婚姻は，行方不明者が現われたことの宣誓供述書が登録されることにより自動的に終了する。ただし，前婚の取消しまたは無効を宣する判決がある場合を除く。

② 行方不明者が現われたことは，利害関係人の請求により後婚の当事者が居住する地域の登録所に登録される。この登録は後婚の配偶者に通知され，また事実が争われている場合には，それが裁判により確定しており行方不明者が見つかったということに影響しないことも登録される。

第43条 前条により婚姻が終了したときは，次の効果を生ずる。

(1) 後婚が終了する前に懐胎した子は，嫡出子とみなされる。この子の監護に争いがある場合は，裁判所で適正な手続により決定する。

(2) 夫婦共同の財産がある場合は，それを解消し清算する。ただし，夫婦の一方が後婚が不可能であることについて悪意であった場合は，その者の持分は没収され，その夫婦間の子，または子がいない場合には悪意であった者の前婚中の子，それもない場合には善意の配偶者に，与えられる。

(3) 婚姻を原因とする贈与はその効力を失わない。ただし，贈与を受ける者が悪意であった場合は，贈与は法に従って取り消すことができる。

(4) 善意の配偶者は，保険金の受取人に

悪意の相手方を指定しているときは，約款で受取人を変更できないとされている場合でも，その指定を取り消すことができる。

(5) 悪意の配偶者は，遺言の有無に関らず善意の相手方を相続することができない。

第44条 双方が悪意で婚姻した場合は婚姻は無効であり，夫婦間のあらゆる贈与および遺贈は法に従い取り消すことができる。

第45条 婚姻は以下の事由のうちの1つでも，婚姻の一時点において存する場合は取り消すことができる。

(1) 当事者の一方が18歳以上21歳未満で，両親，後見人，その他の法定代理人の同意なしに婚姻を行った場合。ただし，21歳に達していない本人が任意に夫婦同様の生活を続けている場合を除く。

(2) 当事者の一方に精神障害のある場合。ただし，その障害が回復しないまで任意に夫婦同様の生活を続けている場合を除く。

(3) 当事者の一方が詐欺により婚姻した場合。ただし，その事実が明らかになった後も任意に夫婦同様に生活を続けている場合を除く。

(4) 当事者の一方が強迫により婚姻した場合。ただし，その強迫が止んだ後も任意に夫婦同様に生活を続けている場合を除く。

(5) 当事者の一方が性的に不能で夫婦生活をすることができず，それが治癒する見込みのない場合。

(6) 当事者の一方が重い伝染病の性病にかかっており，それが治癒する見込みのない場合。

第46条 以下に掲げるような場合には，前条第(3)号の詐欺があったものとする。

(1) 過去に有罪の確定判決を受けている

ことを隠していた場合。

(2) 妻が，婚姻の時に別の男の子を妊娠していることを隠していた場合。

(3) 種類を問わず，婚姻の時に伝染病の性病にかかっていることを隠していた場合。

(4) 婚姻の時に，麻薬中毒者，アルコール中毒者，同性愛者であることを隠していた場合。

② 前項以外の健康，階級，財産，貞操等に関する秘匿，虚偽の申告は婚姻取消しの訴えの原因となりうる前条第3号の詐欺には該当しない。

第47条 婚姻の取消しの訴えは，以下の者がそれぞれ規定の期間内に訴えなければならない。

(1) 第45条第(1)号の理由による場合は，両親や後見人の同意を得なかった当事者が21歳に達してから5年以内の間に，または，同意を与えなかった両親，後見人その他の法定代理人が，当事者が21歳に達するまでの間に，訴えを起こさねばならない。

(2) 第45条第(2)号の理由による場合は，相手方の異常を知らなかった正常な方の配偶者，または異常のある者の親族，後見人その他の法定代理人が，婚姻の両当事者が生きている間に，または異常のある配偶者本人が，自分が正気に戻っている間または完全に治癒した後に，訴えを起こさねばならない。

(3) 第45条第(3)号の理由による場合は，詐欺を受けた当事者が，詐欺に気づいてから5年以内の間に訴えを起こさねばならない。

(4) 第45条第(4)号の理由による場合は，強迫を受けた当事者が，その強迫が止んでから5年以内の間に訴えを起こさねばならない。

(5) 第45条第(5)号および第(6)号の理由による場合は，異常のない当事者が，婚

姻から5年以内の間に訴えを起こさねばならない。

第48条 婚姻の取消しまたは無効確認の訴訟においては，裁判所は原告となる弁護士または国の代理人として選任された検事に対し，当事者の共謀を防ぎ，証拠の捏造，隠滅が行われないように注意するように命ずる。

② 前項の裁判においては，すべての判決は事実や裁判官の信条に拘束されず，裁量による。

第49条 裁判が係属中で，夫婦間で和解する見込みもない間は，裁判所が当事者とその間の子を保護する。裁判所は，子の精神的および物質的な福祉と，第九編により子がどちらの親のもとに残ることを希望するかの選択を考慮する。これにはもう一方の親が子と面会する権利も含まれる。

第50条 第43条第(2)，(3)，(4)，(5)号および第44条に規定する効果は，第40条，第45条に従い無効確認または取消しの確定判決があった場合にも適用される。

② この判決の中では，夫婦共有財産の清算と分配，子の監護養育，およびその裁判中の養育費用の支払いについても決定される。ただし，それらの事項がすでに別の判決により確定している場合を除く。

③ 夫婦および夫婦共有財産についてのすべての債権者は，清算手続の通知を受ける。

④ 分配に際し，夫婦の住居およびその敷地については，第102条および第129条に従い決定される。

第51条 財産の分配に際し，判決言い渡しまでの日数により計算された子の養育費用は，金銭，現物または証券により支払われる。ただし，当事者が，裁判所でも認められた合意によりすでにその履行を行っている場合を除く。

② 子，その後見人または財産の受託者は，判決の強制執行を求めることができる。

③ 親が死亡した場合に生ずる子の相続権は，裁判中の養育費のために減殺されることはない。ただし，婚姻の取消しまたは無効の判決によりすでに受けている財産については養育による受益が考慮される。

第52条 婚姻の取消しまたは無効の判決，夫婦財産の分割，子の養育費の支払いは，市民登録所と財産登記所に記録される。さもなければ，第三者に対して効力を生じない。

第53条 前条の要求を満たした後は，当事者はそれぞれ再婚することができる。そうでない再婚は無効である。

第54条 第36条による婚姻の取消しまたは無効の判決が確定し執行される前に出生または懐胎した子は，嫡出子とする。第53条により再婚した後に懐胎または出生した子もまた，嫡出子である。

第2編 法定別居

第55条 以下の事情がある場合には，法定別居を申し立てることができる。

(1) 申立人，夫婦間の子，申立人の連れ子に対する反覆的な暴行，虐待。

(2) 申立人に宗教，政治的信条を変えさせようとする暴力，精神的抑圧。

(3) 申立人，夫婦間の子，申立人の連れ子に売春をさせようとすること，またはその行為を他人と共謀すること。

(4) 相手方が6年以上の投獄の確定判決を受けた場合。ただし，刑が免除された場合も含む。

(5) 相手方が麻薬中毒，アルコール中毒であること。

(6) 相手方の同性愛。

(7) フィリピン国内，国外を問わず，相手方が後から重ねて婚姻した場合。

(8) 姦通または性的倒錯。

⑼　申立人を殺害しようとした場合。
⑽　正当な理由なしに，１年間以上申立人が遺棄されている場合。
②　本条において「子」とは，実子と養子の双方を含む。

第56条　以下の事由がある場合は，法定別居の申立ては却下される。
⑴　迫害されている当事者がその行為を許容している場合。
⑵　迫害されている当事者の同意に基づいてその行為が行われている場合。
⑶　法定別居事由となる迫害行為を，夫婦が共謀している場合。
⑷　夫婦の双方に法定別居の有責事由がある場合。
⑸　法定別居の命令を得るために夫婦が共謀している場合。
⑹　迫害行為が命令により中止された場合。

第57条　法定別居の訴えは，その事由が発生してから５年以内に起こさなければならない。

第58条　法定別居の訴えは，調停の申立て後６か月を経過するまでは提起することができない。

第59条　裁判所は，夫婦に対し和解を勧告しそれにも関わらず和解の見込みがなくなった後でなければ，法定別居の命令をすることができない。

第60条　法定別居の命令は，事実や裁判官の良心に拘束されず，裁量が認められる。
②　裁判所は，原告の弁護士または検事に対し，当事者の共謀を防ぎ証拠の捏造，隠滅が行われないよう注意することを命ずる。

第61条　法定別居を申し立てた後は，夫婦はそれぞれ別々に生活することができる。
②　夫婦間に文書による合意がない場合は，裁判所は夫婦の一方または第三者を

夫婦共有財産を管理するために選任する。この管財人は，後見人と同様の権利義務を有する。

第62条　第49条の規定は，法定別居の訴えの係属中の夫婦の保護および夫婦間の子の監護にも適用される。

第63条　法定別居の命令は，以下の効力を有する。
⑴　夫婦は互いに別居することができる。ただし，夫婦の関係は断絶しない。
⑵　夫婦共有財産は解消し清算される。ただし，有責配偶者は共有財産から生じた利益に対する持分はなく，それは第43条第２号に従い没収される。
⑶　未成年の子の監護は，本法第213条の規定に従い，有責でない配偶者がこれを行う。
⑷　有責配偶者は，有責でない配偶者の法定相続人となる資格を持たない。さらに，有責でない配偶者の意思による有責配偶者に有利な遺言は法により取り消される。

第64条　法定別居の命令が確定した後は，有責でない配偶者は有責配偶者に対する贈与を取り消すことができる。また，有責配偶者を受取人とする保険証券の指定も，約款でこれを取り消せないとしている場合でも，取り消すことができる。贈与の取消しは，その財産の所在地の財産登記所に登記される。取消しの登記前に善意でなされた譲渡，先取特権，抵当権の登記がある場合は，これが優先する。保険金の受取人の取消し，変更は被保険者に文書で通知された時からその効力を生ずる。
②　本条による贈与の取消しは，法定別居の命令が確定してから５年以内にしなければならない。

第65条　夫婦が和解する場合は，両者が宣誓し署名した文書を，法定別居を審理し

ている裁判所に提出する。

第66条 前条に述べた和解により以下の結果が生ずる。

(1) 係属中の法定別居手続は，それがどの段階まで進んでいても，終結する。

(2) 確定した法定別居の命令は取り消されるが，すでに効力を生じた財産の分配および有責配偶者の持分の没収には影響しない。ただし，夫婦が以前の財産制を復活することを合意している場合を除く。

② 以上の事項を含む裁判所の命令は，登録所に記録される。

第67条 前条に述べる，以前の夫婦財産制の復活の合意は，宣誓のもとに以下の事項を特定することを要する。

(1) 新たに付加される財産。

(2) 夫婦それぞれに分配されていた財産。

(3) 知れたる債権者すべての氏名，住所，債権額。

② 財産制の復活の合意書とその承認の申請書は，そこに名を記した債権者に送付した両方の書面の写しとともに，法定別居手続を行った裁判所に提出する。裁判所は，聴聞を経て債権者に順位をつけてその利益の保護をはかる。この順位は，財産登記所に登記される。

③ 財産登記所の順位の登記は，通知を受けていない債権者の利益を害することはできない。ただし，債務者である夫または妻が，その者に対する債務を弁済するに足る個人の財産を有する場合を除く。

第3編 夫婦間の権利および義務

第68条 夫婦は同居し，相互に愛し尊敬し誠実を尽くし扶助し合わなければならない。

第69条 夫婦は家族の住居を決定する。同意が成立しない場合は，裁判所で決定する。

② 裁判所は，夫婦の一方が外国に居住する場合その他正当でやむを得ない事由がある場合は，別居を許可する。ただし，そのことにより家族の結束を害する場合はこの限りではない。

第70条 夫婦は連帯して家族を扶養する義務を負う。この扶養およびその他の夫婦の義務の費用は共有財産から支出され，それがない場合には各自の収入や財産の果実から支出する。それでも不足する場合には，各自の財産から支出する。

第71条 家事は夫婦双方の権利であり義務である。この費用は，第70条に従い支出される。

第72条 夫婦の一方が義務を果たさず，または配偶者や家族に対し危険，不誠実，傷害を与える行為を行っている場合は，侵害を受けた者は裁判所に救済を申請することができる。

第73条 夫婦はそれぞれ相手方の同意なしに正当な職業につきまたその他の事業や活動を行うことができる。相手方は，それが正当か，真剣か，道徳的かについてのみ異議を述べることができる。

② 夫婦間で意見が一致しない場合，裁判所は次のことを決定する。

(1) 異議が正当なものかどうか。

(2) 反対することにより家族に利益が生じたかどうか。利益が生ずる場合，それまでの損失は，同意を得なかった配偶者個人の財産が負担する。

③ 以上の規定は，善意の第三者の権利を害しない。

●著者紹介

株式会社ACROSEED（アクロシード）

日本における外国人の法務サービスに特化したコンサルタント会社。
行政書士法人，社会保険労務士法人，税理士法人を併設し，お客様のご要望にワンストップで対応。
バイリンガルスタッフによる英語，中国語，韓国語での業務対応も可能。

【サービス】

●法人向けサービス
　(1)　外国人社員の採用・労務管理
　(2)　外国人社員の研修サポート
　(3)　外国企業の日本進出サポート
　(4)　外国人技能実習制度の法務サポート

●個人向けサービス
　(1)　外国人との結婚サポート
　(2)　外国人のビザ申請
　(3)　外国人の起業・会社設立
　(4)　外国人の離婚・死別・相続サポート

【著　書】

「第5版　よくわかる入管手続─基礎知識・申請実務と相談事例─』（日本加除出版，2017）
『改訂　外国人のための起業・会社設立支援マニュアル』（日本加除出版，2015）
『外国人研修・技能実習生支援マニュアル』（日本加除出版，2013）
『外国人のための雇用・受入れ手続マニュアル』（日本加除出版，2011）
『外国人のための国際結婚手続マニュアル』（日本加除出版，2011）
『すぐに使える！　事例でわかる！　外国人雇用 実戦ガイド』
（レクシスネクシス・ジャパン，2015）
『こんなに面白い行政書士の仕事』（中央経済社，第4版，2014）
『外国人雇用マニュアル』（すばる舎リンケージ，2010）　など

【原稿提供】

「労政時報」「労務事情」「企業実務」「月刊総務」「労働新聞」　その他

【連絡先】

株式会社ACROSEED
東京都千代田区平河町二丁目6-1　平河町ビル8階
URL：http://www.acroseed.co.jp　TEL：03-6905-6370（代表番号）

著者紹介

佐野　誠（さの　まこと）
（株式会社ACROSEED　代表取締役
　行政書士法人ACROSEED　代表社員・行政書士）

主な著書：『第5版　よくわかる入管手続―基礎知識・申請実務と相談事例―』（日本加除出版，2017）
『改訂　外国人のための起業・会社設立支援マニュアル』（日本加除出版，2015）
『外国人研修・技能実習生支援マニュアル』（日本加除出版，2013）
『外国人のための雇用・受入れ手続マニュアル』（日本加除出版，2011）
『外国人のための国際結婚手続マニュアル』（日本加除出版，2011）
『すぐに使える！事例でわかる！外国人雇用　実戦ガイド』（レクシスネクシス・ジャパン，2015）
『こんなに面白い行政書士の仕事』（中央経済社，第4版，2014）
『外国人雇用マニュアル』（すばる舎リンケージ，2010）など

宮川　真史（みやがわ　まさし）
（行政書士法人ACROSEED　行政書士）

主な著書：『外国人のための雇用・受入れ手続マニュアル』（日本加除出版，2011）
『外国人のための国際結婚手続マニュアル』（日本加除出版，2011）
『外国人雇用マニュアル』（すばる舎リンケージ，2010）
『すぐに使える！事例でわかる！外国人雇用　実戦ガイド』（レクシスネクシス・ジャパン，2015）など

　国際結婚，帰化申請，在留特別許可，永住申請，外国人の起業支援などの「婚姻・身分」に関する在留資格手続を専門とする。顧客の立場からのコンサルティングに高い評価を得ている。

改訂　外国人のための
国際結婚手続マニュアル

定価：本体2,900円（税別）

平成23年3月1日　初版発行
平成29年11月29日　改訂版発行

著　　者	佐宮	野川	真	誠史
発 行 者	尾	中	哲	夫

発行所　日 本 加 除 出 版 株 式 会 社

本　　　社　郵便番号 171-8516
　　　　　　東京都豊島区南長崎3丁目16番6号
　　　　　　Ｔ Ｅ Ｌ　（03）3953 - 5757（代表）
　　　　　　　　　　　（03）3952 - 5759（編集）
　　　　　　Ｆ Ａ Ｘ　（03）3953 - 5772
　　　　　　Ｕ Ｒ Ｌ　http://www.kajo.co.jp/

営 業 部　郵便番号 171-8516
　　　　　　東京都豊島区南長崎3丁目16番6号
　　　　　　Ｔ Ｅ Ｌ　（03）3953 - 5642
　　　　　　Ｆ Ａ Ｘ　（03）3953 - 2061

組版・印刷　（株）郁 文 / 製本　牧製本印刷（株）

落丁本・乱丁本は本社でお取替えいたします。
ⓒ M. Sano, M. Miyagawa 2017
Printed in Japan
ISBN978-4-8178-4439-2 C2032 ¥2900E

JCOPY　〈出版者著作権管理機構　委託出版物〉
　本書を無断で複写複製（電子化を含む）することは，著作権法上の例外を除
き，禁じられています。複写される場合は，そのつど事前に出版者著作権管理
機構（JCOPY）の許諾を得てください。
　また本書を代行業者等の第三者に依頼してスキャンやデジタル化することは，
たとえ個人や家庭内での利用であっても一切認められておりません。

〈JCOPY〉　ＨＰ：http://www.jcopy.or.jp/，e-mail：info@jcopy.or.jp
　　　　　　電話：03-3513-6969，ＦＡＸ：03-3513-6979

初任者がまず読むべき一冊！
実務経験者が基本に立ち戻る際にも有用な必備書

第5版 よくわかる入管手続
基礎知識・申請実務と相談事例

基礎知識から在留手続、在留資格、帰化申請まで

佐野秀雄・佐野誠 著

2017年7月刊 A5判 384頁 本体3,600円＋税 978-4-8178-4411-8
商品番号：40229 略号：入実

- 法律や関係省令などの解釈・解説はもちろん、申請手続のポイント、依頼者に対する対応などの実務ポイントまでを具体的に解説。
- 在留資格ごとに概要や必要書類、よくある事例等を図表を交えて解説。
- 相談事例を元にした具体的Q&A112問も収録。

【収録内容】

第1編　入管法を知るための基礎知識
　第1章　入管法を知るために（基礎知識）
　　　　〜入法法の基本を押さえておこう

第2編　申請手続の基礎知識
　第1章　上陸手続
　第2章　在留手続（外国人が日本に在留するための手続等）

第3編　在留資格ごとの基準と必要書類
　第1章　就労が認められる在留資格
　第2章　原則として就労が認められない在留資格
　第3章　個別の許可を内容とする在留資格
　第4章　就労活動に制限のない在留資格

第4編　帰化申請を知るために

第5編　入管手続の相談事例　Q&A
　1　「経営・管理」Q&A　12問
　2　「技術・人文知識・国際業務」Q&A　15問
　3　「企業内転勤」Q&A　7問
　4　「興　行」Q&A　4問
　5　「技　能」Q&A　9問
　6　「短期滞在」Q&A　4問
　7　「研修」「技能実習」Q&A　7問
　8　「家族滞在」Q&A　6問
　9　「特定活動」Q&A　5問
　10　「永住者」Q&A　11問
　11　「日本人の配偶者等」Q&A　11問
　12　「定住者」　4問
　13　「不法滞在と手続（在留特別許可、上陸特別許可を含む。）」Q&A　9問
　14　「帰　化」Q&A　9問

日本加除出版

〒171-8516　東京都豊島区南長崎3丁目16番6号
TEL（03）3953-5642　FAX（03）3953-2061（営業部）
http://www.kajo.co.jp/